D0887775

LA CHISPA

KRISTINE BARNETT

LA CHISPA

UN RELATO MATERNO SOBRE EDUCACIÓN, GENIALIDAD Y AUTISMO

AGUILAR

El papel utilizado para la impresión de este libro ha sido fabricado a partir de madera procedente de bosques y plantaciones gestionadas con los más altos estándares ambientales, garantizando una explotación de los recursos sostenible con el medio ambiente y beneficiosa para las personas.
Por este motivo, Greenpeace acredita que este libro cumple los requisitos ambientales y sociales necesarios para ser considerado un libro «amigo de los bosques». El proyecto «Libros amigos de los bosques» promueve la conservación y el uso sostenible de los bosques, en especial de los Bosques Primarios, los últimos bosques vírgenes del planeta.

Título original: *The Spark*
Primera edición: febrero de 2016

Los nombres de muchos de los niños y padres que aparecen en este libro han sido cambiados y algunos detalles biográficos han sido alterados. Un pequeño número de los individuos descritos no son reales.

Printed in Spain - Impreso en España

ISBN: 978-84-03-01349-0
Depósito legal: B-25.955-2015

Impreso en Romanyà Valls, S. A., Capellades (Barcelona)

AG 1 3 4 9 0

Penguin
Random House
Grupo Editorial

Para Michael, que hace posible lo imposible todos los días.
Y para todos aquellos a quienes alguna vez se les
ha dicho que no pueden hacer algo

INTRODUCCIÓN

Me encuentro en una clase universitaria de física, sentada en la parte de atrás, mientras los estudiantes se apiñan en pequeños grupos en torno a las pizarras del aula, dispuestos a abordar la ecuación del día.

El trabajo avanza a trompicones. Se borra mucho. Los equipos de estudiantes empiezan a discutir, y yo entreveo a mi hijo, de nueve años, en la parte delantera del aula, hablando relajadamente con el profesor. El nivel de frustración entre los alumnos va en aumento. Finalmente, mi hijo acerca una silla a una pizarra y se sube encima de ella. Aun así, tiene que ponerse de puntillas y estirar el brazo al máximo.

Es la primera vez que se enfrenta a esa ecuación, como les ocurre a los demás estudiantes de la clase, pero no se para a pensar. Al contrario, los números le brotan con fluidez y soltura del rotulador. Pronto todos le miran. Los estudiantes de los otros equipos dejan de trabajar para observar a ese niño con la gorra de béisbol al revés. Mi hijo no ve a los boquiabiertos espectadores porque está feliz, enfrascado en los números y símbolos que saltan a la pizarra. Estos van acumulándose a una velocidad increíble: cinco, diez, quince líneas que invaden el espacio blanco de la pizarra del grupo que está al lado del suyo.

Enseguida se dirige a los otros miembros de su equipo, señalando, explicando y haciendo preguntas inductivas, como lo haría un profesor. Una mujer de gesto serio y trenza francesa se aparta de su grupo y se acerca a escuchar. La sigue un joven de hombros caídos que asiente enérgicamente con la cabeza a medida que va comprendiendo.

En cuestión de minutos, todos los estudiantes de las primeras filas del auditorio se han apiñado alrededor de mi pequeño. Cuando señala dónde radica la dificultad de la ecuación, da botes de alegría. Un estudiante con barba hace una pregunta. Yo miro al profesor, que está apoyado en la pared con una sonrisa en la cara.

Ahora que entienden el problema, los universitarios vuelven a sus grupos respectivos, y también ellos empiezan a utilizar los rotuladores, pero la tensión de su lenguaje corporal es inconfundible: nadie en el aula disfruta tanto con la ecuación como mi hijo.

Termina la clase y el auditorio se vacía. Mi hijo recoge sus rotuladores mientras habla animadamente con un compañero sobre un videojuego nuevo de la NBA que quieren los dos. Cuando suben las escaleras en mi dirección, el profesor se acerca y me tiende la mano.

—Señora Barnett, llevo tiempo queriendo decirle lo mucho que me alegra tener a Jake en mi clase. Saca lo mejor de los otros estudiantes; no están acostumbrados a que les enseñen así. Para serle sincero, no estoy muy seguro de que ni yo mismo ¡pueda mantenerme a su nivel!

Nos echamos a reír los dos.

—¡Cielos! —exclamé—. Acaba de describir la historia de mi vida.

Me llamo Kristine Barnett, y a mi hijo se le considera un prodigio de las matemáticas y las ciencias. Empezó a hacer cursos de matemáticas, astronomía y física de nivel universitario a los ocho años, y a los nueve fue admitido en la universidad. Poco después, empezó a trabajar en una teoría original en el campo de la relatividad. Las ecuaciones de mi hijo eran tan largas que se salían de su enorme pizarra e invadían las ventanas de nuestra casa. No sabía muy bien cómo ayudarle, así que pregunté a Jake si había alguien a quien poder enseñar su trabajo, y un renombrado físico, con el que me puse en contacto de su parte, accedió generosamente a revisar un primer desarrollo. Me confirmó que, en efecto, Jake estaba trabajando en una teoría original y dijo también que, si la teoría resultaba ser válida, seguro que le propondrían para el Premio Nobel.

Aquel verano, Jake, con doce años, entró en la universidad como becario de investigación en física. Fue su primer empleo de verano. A la tercera semana, había solucionado un problema no resuelto de la teoría de retículos, trabajo que fue posteriormente publicado en una revista de alto impacto.

Unos meses antes, en la primavera de ese año, había aparecido un minúsculo artículo en un periódico local sobre una pequeña organización benéfica que mi marido, Michael, y yo habíamos fundado. De manera un tanto inesperada, dicho artículo dio pie a otro sobre Jake en un periódico de mayor tirada. De buenas a primeras, nos encontramos con que había varios operadores de cámara apostados en nuestro césped. El teléfono no paraba de sonar, llamaba gente del mundillo cinematográfico, de programas de entrevistas, medios informativos, agencias de cazatalentos, editores, universidades de élite..., reporteros y productores ansiosos todos por entrevistar a Jake.

Estaba perpleja. Sinceramente he de decir que en aquella época Michael y yo no teníamos ni idea de por qué había tanta gente interesada en nuestro hijo. Claro que sabíamos que Jake era inteligente. Nos dábamos cuenta de que su capacidad para las matemáticas y las ciencias era elevada y de que no era «normal» que Jake estuviera en la universidad. Pero Michael y yo estábamos totalmente concentrados en celebrar otras victorias: el hecho de que Jake tuviera un promedio de bateo aceptable, un círculo íntimo de amigos de su edad a quienes les gustaba jugar a *Halo: Reach* y ver películas juntos en el sótano de nuestra casa, y (aunque me matará por mencionarlo) su primera novia.

Para nosotros, esas cosas de la vida de Jake son las más extraordinarias, por eso nos quedamos desconcertados cuando nos invadieron los medios de comunicación. Hasta que no hablamos con algunos periodistas, leímos u oímos los reportajes que escribieron, no empezamos a tomar conciencia de lo que ocurría. Lo cierto es que hizo falta toda esa atención mediática para que Michael y yo nos diéramos cuenta de que la trayectoria de nuestra vida con nuestro hijo había cambiado.

Pero lo que los periodistas no entendían era que la insólita mente de Jake es aún más extraordinaria por el hecho de que se dio casi por perdida. Cuando los medios de comunicación aparecieron en el césped de nuestra casa, aún vivíamos inmersos en el autismo que le habían diagnosticado a Jake cuando tenía dos años. Habíamos contemplado impotentes cómo nuestro hijo, tan alegre y precoz, poco a poco fue dejando de hablar, desapareciendo ante nuestros ojos y encerrándose en su propio mundo. El pronóstico pasó rápidamente de sombrío a totalmente negro. Cuando el niño tenía tres años, el objetivo que los expertos le marcaron consistía en que fuera capaz de atarse los cordones de los zapatos a los dieciséis años.

Este libro cuenta la historia de cómo, a partir de aquello, hemos llegado hasta aquí, la historia del viaje de una madre con su extraordinario hijo. Pero para mí, trata sobre todo del poder de la esperanza y de las deslumbrantes perspectivas que se presentan cuando somos abiertos de miras y aprendemos a extraer el verdadero potencial que todo niño lleva dentro.

LA CHISPA

UNA PULGADA, O DIEZ MIL MILLAS

Noviembre de 2001
Jake, tres años de edad

—Señora Barnett, me gustaría hablar con usted sobre las tarjetas didácticas del abecedario que le da a Jacob para venir al colegio.

Jake y yo estábamos sentados con su profesora de educación especial en el salón durante su visita mensual reglamentaria a nuestra casa. Esas coloridas tarjetas le gustaban más que nada en el mundo, y les tenía tanto apego como otros niños a sus mantas preferidas o a los ositos de peluche, deshilachadas las unas y raídos los otros a fuerza de cariño. Esas tarjetas las vendían a la entrada de SuperTarget, el supermercado donde yo compraba. Otros niños metían a hurtadillas cajas de cereales o chocolatinas en los carritos de sus madres, mientras que los únicos artículos que aparecían misteriosamente en el mío eran más y más paquetes de las tarjetas del abecedario que tanto le gustaban a Jake.

—No soy yo quien se las da; Jake las coge cuando sale por la puerta. Tengo que arrancárselas de las manos para poder ponerle la camisa. ¡Hasta se las lleva a la cama!

La profesora de Jake se revolvió incómoda en el sofá.

—Quizá debería rebajar sus expectativas con respecto a Jacob, señora Barnett. El nuestro es un programa de habilidades prácticas para la vida cotidiana. Nos centramos en aspectos como ayudarle a que aprenda a vestirse él solo algún día —hablaba con voz amable, pero estaba decidida a dejar las cosas claras.

—Claro, lo sé. Trabajamos esas destrezas en casa también, pero es que le encantan esas tarjetas...

—Lo siento, señora Barnett. Lo que le digo es que no creemos que tenga que preocuparse por el abecedario con Jacob.

Por fin —por fin— comprendí lo que la profesora de mi hijo trataba de explicarme. Quería protegerme, asegurarse de que entendía los objetivos del programa de habilidades prácticas. No decía que las tarjetas didácticas del abecedario fueran prematuras. Decía que no tendríamos que preocuparnos del abecedario con Jake, porque *pensaban que nunca llegaría a leer.*

Aquel fue un momento terrible, en un año que había estado repleto de ellos. No hacía mucho que a Jake le habían diagnosticado autismo, y yo finalmente había comprendido que nadie se atrevía a conjeturar cuándo alcanzaría Jake (o si lo haría) alguna de las fases normales del desarrollo infantil. Me había pasado casi un año decidida a afrontar la enorme y descorazonadora incertidumbre del autismo. Me había quedado mirando con impotencia cómo muchas capacidades de Jake, como leer y hablar, habían desaparecido. Pero no iba a permitir que nadie impidiera el desarrollo del potencial de ese niño a la tierna edad de tres años, tanto si era autista como si no.

Paradójicamente, no tenía esperanzas de que Jake llegara a leer algún día, pero tampoco estaba dispuesta a dejar que nadie pusiera un techo a lo que podía esperarse de él, y menos uno tan bajo. Aquella mañana, fue como si la profesora de Jake le cerrara la puerta de su futuro.

A los padres les resulta aterrador ir en contra de las recomendaciones de los profesionales, pero en el fondo de mi corazón sabía que si Jake seguía en educación especial se apagaría. Así que decidí fiarme de mi intuición y abrigar la esperanza en lugar de abandonarla. No desperdiciaría ni tiempo ni energía intentando convencer a los profesores y terapeutas de su colegio de que cambiaran sus expectativas o sus métodos. No quería luchar contra el sistema ni imponer a otros lo que a mí me parecía que era lo adecuado para Jake. En vez de contratar a abogados y expertos y defensores para conseguir los servicios que Jake necesitaba, invertiría en Jake directamente y haría todo lo que me pareciera necesario para ayudarle a desarrollar plenamente su potencial, fuera el que fuese.

En consecuencia, tomé la decisión más espeluznante de mi vida, que suponía ir en contra de los expertos e incluso de mi marido, Michael. Aquel día elegí alentar la pasión de Jake. Puede que mi hijo estuviera intentando aprender a leer con esas tarjetas didácticas que tanto le gustaban, o puede que no. Fuera como fuese, en lugar de quitárselas, iba a asegurarme de que tuviese todas las que quisiera.

Tres años antes, me había llevado una enorme alegría cuando me enteré de que estaba embarazada. Tenía veinticuatro años y me había pasado la vida practicando para ser madre.

Ya de pequeña, no me cabía la menor duda (ni a los que me rodeaban tampoco) de que los niños formarían parte de mi futuro. En mi familia siempre me habían llamado «la flautista mágica», porque adondequiera que fuese llevaba detrás de mí una estela de niños esperando a que empezase la aventura. Mi hermano, Benjamin, nació cuando yo tenía once años y, desde el principio, raro era el momento en que no le llevaba a la cadera. Para cuando cumplí los trece, ya era la niñera a la que recurría todo el barrio, y a los catorce era la encargada de la escuela dominical de la parroquia. Así pues, nadie se sorprendió cuando empecé a trabajar de niñera interna para pagarme los estudios universitarios. Después, ya casada, abrí mi propia guardería, el sueño de mi vida.

Siempre había estado rodeada de niños, y ahora estaba deseando tenerlos yo.

Lamentablemente, el camino que llevó al nacimiento de Jake no fue fácil. Pese a mi juventud, el embarazo fue delicado desde el comienzo. Desarrollé una peligrosa complicación de hipertensión arterial llamada preeclampsia, común en el embarazo pero que puede ser perjudicial tanto para la madre como para el niño. Yo deseaba tener ese bebé a toda costa, así que mi madre me echó una mano con la guardería. Pero el embarazo no hacía más que complicarse, pues me ponía de parto antes de tiempo cada dos por tres. Al final, los médicos estaban tan preocupados que tuvieron que medicarme y me recomendaron que guardara reposo absoluto si quería evitar un parto prematuro. Aun así, me hospitalizaron en nueve ocasiones.

Tres semanas antes de la fecha prevista para que diera a luz, volví a ingresar en el hospital a toda prisa, esta vez de parto irreversible. Un torrente de acontecimientos hizo que el desenlace fuera aún más incierto. Para mí, la escena era como un calidoscopio de gente que entraba y salía, alarmas que sonaban constantemente, mientras aumentaba la tensión en la cara de los médicos y enfermeras que abarrotaban la habitación. Michael dice que ese día fue cuando se dio cuenta de lo fuerte y obstinada que podía ser. No lo supe en aquel momento, pero mi médico le había llevado a un lado para decirle que el parto no iba bien y que debía prepararse, pues lo más probable era que regresara a casa, bien con una esposa, bien con un bebé, pero no con los dos.

Lo único que sabía yo era que en medio de aquella confusión de ruido, dolor, medicación y miedo, Michael estaba a mi lado, agarrándome de la mano y mirándome a los ojos. Era como un rayo tractor, focalizando mi atención, todo mi ser. Ese momento es el único recuerdo claro que tengo de aquellas horas frenéticas. Me sentía como si una cámara nos hubiera enfocado a nosotros y todo el alboroto que nos rodeaba hubiera cesado. Para mí, solo estaba Michael, fuerte como una roca y empeñado en que le oyera.

—No son dos sino tres las vidas que están en juego ahora mismo, Kris. Vamos a superar esto juntos. Tenemos que hacerlo.

Exactamente no sé si fueron las palabras que dijo o la expresión de sus ojos, pero su apremiante mensaje penetró entre la niebla de mi miedo y mi dolor. Logró hacerme entender que me tenía un amor infinito y que sacara fuerzas de él. Parecía tan seguro de que estaba en mis manos seguir viviendo que lo hizo realidad. Y de alguna manera aquello fue algo sagrado; y, de modo solemne, prometió que a cambio sería una fuente inagotable de fortaleza y felicidad para mí y para nuestro hijo el resto de su vida. Se comportó como el capitán de un barco durante una terrible tormenta, ordenándome que me concentrara y sobreviviera. Y lo hice.

Real o imaginado, también le oí prometerme que en adelante siempre tendría flores frescas en casa. Michael sabía que las flores me volvían loca, pero los ramos de floristería eran un lujo que solo nos permitíamos en ocasiones muy especiales. Sin embargo, al día siguiente, cuando ya tenía en brazos a nuestro precioso hijo, Michael me obsequió con las rosas más bonitas que había visto en mi vida. Han pasado trece años desde aquel día, y no hay semana que no me llegue un ramo de flores frescas, pase lo que pase.

Tuvimos suerte, fue un auténtico milagro. Entonces no podíamos saberlo, pero aquella no sería la última vez que nuestra familia se vería puesta a prueba o que superaría los pronósticos más adversos. Salvo en las novelas románticas, la gente no habla en serio de esa clase de amor que hace posible cualquier cosa. Pero Michael y yo nos tenemos esa clase de amor. Aun cuando no estemos de acuerdo, ese amor es nuestro atracadero en aguas turbulentas. En lo más profundo de mi corazón sé que fue la fuerza del amor de Michael la que nos sacó adelante a Jake y a mí el día en que este nació, y la que ha hecho posible todo lo que ha sucedido desde entonces.

Cuando salimos del hospital, Michael y yo teníamos todo lo que siempre habíamos deseado. Estoy segura de que todas las familias primerizas se sienten de la misma manera, pero realmente nosotros nos sentíamos los seres más afortunados del mundo.

De camino a casa, con nuestra flamante criaturita, nos detuvimos a firmar los últimos papeles de la hipoteca de nuestra primera casa. Con ayuda de mi generoso abuelo John Henry, nos mudábamos a una modesta casa al final de una calle sin salida en un barrio obrero de Indiana, lugar en el que también iniciaría un servicio de guardería.

Levantando la mirada de la vellosa cabecita de recién nacido de Jake hacia un sonriente Michael, recordé de repente que Michael y yo nos encontramos el uno al otro por pura serendipia, y más si tenemos en cuenta que nuestro primer encuentro fue muy poco afortunado.

Michael y yo nos conocimos cuando éramos universitarios. Nuestro aparente «encuentro fortuito» fue en realidad una estratagema de mi entrometida hermana, Stephanie. Sin yo saberlo, se había sentido obligada a hacer de casamentera, una idea de lo más absurda, dado que de ninguna manera buscaba yo pretendiente. Al contrario, me encontraba a punto de comprometerme oficialmente —o eso esperaba— con un joven maravilloso llamado Rick, mi príncipe azul. Nos sentíamos muy dichosos juntos, y yo estaba deseando dar el sí quiero.

Sin embargo, Stephanie tenía una corazonada con respecto a mí y a un chico de su clase de debate, un chico que no solo era brillante sino también arrebatador, un chico del que estaba convencida que era mi alma gemela. Así que urdió un plan.

La tarde en la que iba a tenderme la trampa, yo estaba ocupada en su tocador, preparándome para salir con Rick, con al menos veinte tonos de lápiz de labios y ocho pares de zapatos entre los que escoger. Cuando por fin salí, me encontré con que la persona que tenía delante no era mi novio, sino un chico al que jamás había visto. Allí, en el minúsculo apartamento de mi hermana, de manera fraudulenta, Stephanie me presentó a Michael Barnett.

Perpleja ante aquella visita inesperada, miré a mi hermana pidiéndole explicaciones. Ella me llevó a un lado para confiarme en susurros cosas que no tenían ningún sentido. Me dijo que había invitado a aquel chico con el fin de que nos conociéramos. Incluso había llamado a mi novio con una excusa para cancelar nuestra cita de aquella tarde.

Al principio me quedé tan estupefacta que no supe cómo reaccionar. Cuando caí en la cuenta de que Stephanie estaba intentando hacer de Cupido, realmente creí que se había vuelto loca. ¿A quién se le ocurre buscarle novio a alguien que espera que su prometido le proponga matrimonio de un momento a otro?

Me puse furiosa. No nos habían educado para que nos dedicáramos a «tantear el terreno». De hecho, estaba ya en la universidad cuando tuve mi primera cita. Tampoco nos habían inculcado que fuéramos deshonestas ni desleales. ¿En qué estaba pensando? Sin embargo, por mucho que quisiera gritarle o irme de allí con cajas destempladas, a las dos nos habían enseñado a ser educadas, y Stephanie contaba con ello.

Le tendí la mano al chaval, que era tan títere como yo en aquella farsa, y me senté con él y con mi hermana en el cuarto de estar. Se inició una conversación un tanto forzada, aunque en realidad yo no estaba prestando atención. Cuando finalmente miré a aquel chico, fijándome en él por primera vez, reparé en la gorra de béisbol que llevaba del revés, en sus ojos brillantes y en su ridícula perilla. Con aquel aspecto despreocupado y desaliñado, di por hecho que carecía de enjundia. El contraste con la formalidad de niño bien de mi novio no podría haber sido más pronunciado.

¿Por qué quería Stephanie que nos conociéramos? Yo era una chica de pueblo, perteneciente a una familia que durante generaciones había llevado una vida sencilla y modesta. Rick me había descubierto un mundo muy diferente, con áticos lujosos, servicio de coches, vacaciones en la nieve, bonitos restaurantes y galerías de arte. No es que eso importara. Stephanie podría haber llevado a Brad Pitt, y me habría enfadado igualmente con ella por no respetar la relación que mantenía yo en aquellos momentos. Pero el contraste entre aquel despeinado universitario y el rutilante pimpollo con el que yo salía hizo que comprendiera aún menos en qué demonios estaba pensando mi hermana.

Poco después, Stephanie me arrancó de mi silenciosa postura y, buscando un poco de intimidad en su minúsculo estudio, me reprendió duramente.

—¿Qué ha sido de tu buena educación? —me preguntó—. Enfádate conmigo después si quieres, pero ten la gentileza de conversar con este chico como Dios manda.

Me dio vergüenza reconocer que mi hermana tenía razón. Ser grosera con un desconocido —¡un invitado!— era inaceptable. La amabilidad y la cortesía eran cualidades que nos habían inculcado desde pequeñas nuestros padres, nuestros abuelos y la pequeña comunidad en la que nos habíamos criado, y hasta ese momento mi comportamiento había sido frío como el hielo.

Abochornada, volví a mi asiento y me disculpé con Michael. Le dije que ya tenía una relación y que ignoraba cómo se le había podido ocurrir a Stephanie organizar aquel encuentro. Dejé bien claro que, por supuesto, no estaba enfadada con él, solo con mi hermana por habernos puesto en aquella ridícula situación. Aclaradas las cosas, nos reímos de lo absurdo que era todo aquello y nos maravillamos del atrevimiento de Stephanie. La tensión que se respiraba en el cuarto disminuyó considerablemente, y los tres entablamos una conversación distendida. Michael me habló de sus clases y de la idea que tenía para un guion.

Fue entonces cuando me di cuenta de lo que Stephanie quería que viera.

La pasión y el empuje que Michael transmitía cuando hablaba de su guion era algo completamente nuevo para mí. ¡Era como si me estuviera oyendo a mí misma! Se me puso un nudo en el estómago y sentí una especie de vértigo. Al instante supe que mi futuro, tan seguro momentos antes, no discurriría según lo planeado. No me casaría con mi novio. Aunque era un hombre maravilloso, esa relación había terminado. No tenía más remedio. Conocía a Michael Barnett desde hacía menos de una hora, y, con una certeza imposible de explicar o defender, ya sabía que pasaría con él el resto de mi vida.

Michael y yo nos fuimos a una cafetería y estuvimos hablando toda la noche. Puede que parezca cursi, pero los dos nos sentimos como si volviéramos a sintonizar con alguien a quien creíamos perdido. Estar con Michael fue como volver a casa. Nos prometimos tres semanas después y nos casamos a los tres meses del compromiso. Y todavía, tras dieciséis años de matrimonio, me parece tan inexorable y acertado estar con Michael como me lo pareció en aquella increíble noche en que nos conocimos.

El resto de mi familia no aceptó a Michael inmediatamente, o al menos no aceptó nuestro noviazgo relámpago y compromiso repentino. Pero ¿qué demonios le pasaba a la sensata de su hija? Incluso Stephanie, responsable de que nos hubiéramos conocido, estaba tan preocupada y confundida como todos los demás. Era cierto que se había visto obligada a presentarnos, pero no comprendía cómo podíamos estar tan seguros de querer comprometernos para siempre en tan poco tiempo. Nuestras diferencias eran obvias para todo el mundo, incluso para nosotros dos: yo era una joven de campo y profundas raíces espirituales, criada entre algodones y con la estabilidad que proporciona una familia afectuosa, mientras que Michael era un chico de ciudad, que había crecido en un barrio conflictivo de Chicago y con una dura vida familiar.

Mientras que yo no salía de casa, ni siquiera para ir a la tienda de la esquina, sin estar perfectamente arreglada, a Michael, un inconformista de chaqueta de cuero, la apariencia exterior le traía sin cuidado. También me gustaba tener la casa impecable. De pequeña, era más fácil encontrarse un pollo vivo en la cocina que un rollo de papel de cocina o una pila de servilletas de papel, algo no muy distinto de lo que ocurre hoy en mi casa. Mi mundo le era totalmente ajeno a Michael, que había crecido comiendo de cualquier modo, rara vez sentado a la mesa, y era una fuente inagotable de chistes.

La perspicacia y el humor irónico y mordaz de Michael sin duda contribuyeron a acrecentar el desasosiego de mi familia. Sin embargo, su capacidad para hacerme reír, sobre todo cuando las cosas se ponían difíciles (o cuando empezábamos a tomarnos a nosotros mismos un poco demasiado en serio), fue una de las cosas que me enamoraron de él al instante.

La profunda y abierta preocupación de mi familia era unánime, con una excepción. El abuelo John Henry había visto algo en Michael y le cayó bien inmediatamente. Era su opinión la que más me influenciaba, y significó mucho para mí que me dijera que él confiaba en mi intuición y que yo debía hacer otro tanto.

La vida con Michael era mi destino y una certeza que no ponía en duda, pero nuestro amor tuvo una consecuencia desgarradora: la ruptura con la Iglesia en la que me había educado, la Iglesia de mis padres, de los padres de mis padres, y de muchas generaciones anteriores de mi familia.

Me formaron en la fe de los Amish, no los de la calesa tirada por un caballo, sino los Amish urbanos. Como muchos otros Amish de su tiempo, mis abuelos quisieron adaptarse al mundo moderno a la vez que se aferraban a sus antiguas tradiciones y creencias. Así, pues, pasaron a formar parte de un nuevo orden de Amish, en ocasiones llamado de los Nuevos Amish, que mantenían su fe y su comunidad al tiempo que hacían algunas concesiones a la vida moderna. Vestíamos ropa corriente, disfrutábamos de las comodidades modernas e íbamos a colegios públicos. Pese a todo, para nosotros la Iglesia no era solo un acontecimiento dominical, sino parte esencial de nuestra vida cotidiana.

Según la fe Amish, si no te casas con alguien de la Iglesia a la que perteneces, no puedes seguir siendo miembro de dicha Iglesia. Mi querido abuelo John había sido expulsado de la suya cuando se casó por amor. (Aunque mi abuela era Amish, no era de la misma comunidad). Mi padre no era Amish, pero cuando propuso matrimonio a mi madre ingresó en su Iglesia para que ella pudiera permanecer en el redil.

Por difícil que me resultara la idea de romper con una tradición tan importante, siempre supe que la costumbre Amish de los matrimonios concertados sencillamente no iba conmigo. Aunque muchos pretendientes habían pedido mi mano, mi padre (para disgusto de mi madre) los había rechazado a todos. Él tampoco creía en los matrimonios concertados, y menos para sus hijas. Por mucho que amara a mi Iglesia y nuestra forma de vida, si no podía casarme con Michael y permanecer en ella, no me quedaba otra alternativa que marcharme.

UN BEBÉ

Desde el primer día, Jake fue tan cariñoso y se le veía tan lleno de curiosidad como cualquier otro niño. Empezó a hablar muy pronto y enseguida aprendió el poder de la palabra «¡Hola!». Mi hermana, Stephanie, se reía por cómo embelesaba a los clientes de un restaurante saludando a todo el que pasaba con un risueño gesto de la mano. Le encantaban los animales de peluche y le gustaba esconderse entre un montón de ellos, chillando de alegría cada vez que le descubrían.

Ni que decir tiene que yo ya conocía el lado más dulce de Michael, pero incluso a mí me enternecía ver con qué entusiasmo se había zambullido en el papel de abnegado padre. Por entonces trabajaba en Target hasta altas horas, pero aunque hiciera un turno doble o le tocara uno de noche, siempre sacaba fuerzas para luchar con Jake, al estilo de la lucha libre, encima de un montón de cojines tirados en el suelo del cuarto de estar. Uno de los juegos preferidos de Jake era «compartir» un trozo de tarta, que consistía básicamente en restregarle a Michael por la cara el glaseado de azúcar y reír como loco mientras su padre fingía zampárselo con las manos.

Yo volví a trabajar en la guardería al cabo de una semana escasa de que naciera Jake. Estaba deseando regresar al trabajo porque me encantaba, y como había tenido que guardar reposo en cama durante tanto tiempo, me preocupaba tomarme aún más días de baja. No quería perder la confianza de las familias que me habían entregado a sus hijos para que cuidara de ellos. Algunos días estaba en la guardería desde las seis de la mañana hasta la siete de la tarde, y tenía a Jake conmigo. Los niños le trataban como a un Muñeco Repollo. Le disfrazaban, le cantaban canciones y le enseñaban a jugar a hacer tortitas. Yo me reía al ver lo territoriales que podían ser algunas niñas en particular.

—Debería ponerla en nómina —le dije a una madre una tarde en que a su hija le estaba resultando difícil dejar a «su» niño, Jake, conmigo.

Jake dio pronto señales de ser muy inteligente. Aprendió el abecedario antes que a andar, y le gustaba recitarlo hacia atrás y hacia delante. Para cuando cumplió el año, ya repetía palabras cortas como «gato» y «perro» él solo. A los diez meses, se ponía de pie apoyándose en el brazo del sofá para introducir su CD-ROM preferido en el ordenador. En él había un programa que «leía» *El gato con sombrero*, de Dr. Seuss, y, desde luego, a nosotros nos parecía que seguía la pelotita amarilla que rebotaba encima de las palabras y leía al mismo tiempo.

Una noche me encontré a Michael parado en la puerta de la habitación de Jake después de haberle acostado. Se llevó un dedo a los labios y me llamó con un gesto. Me acerqué a él sigilosamente y oí a nuestro hijo, echado en su cuna, musitando medio dormido algo que sonaba a japonés. Sabíamos que se había aprendido de memoria todos sus deuvedés, y le habíamos visto cambiar de idioma con el control remoto, pero lo que realmente nos sorprendió fue darnos cuenta de que había memorizado no solo las versiones en inglés, sino, por lo visto, también gran parte de las españolas y japonesas.

Asimismo, nos había impresionado la precisión y la destreza de Jake, especialmente a una edad en la que la mayoría de los niños enredan como pequeños Godzillas. Jake no; él a menudo se sentaba en silencio y se dedicaba a poner meticulosamente en fila sus cochecitos de juguete en una perfecta línea recta a lo largo de la mesita de centro, sirviéndose de un dedo para asegurarse de que dejaba el mismo espacio entre ellos. Otras veces colocaba miles de bastoncillos de un extremo a otro de la moqueta, creando complicados diseños, a manera de laberintos, que cubrían el suelo entero de una habitación. Pero si a veces sentíamos una oleada de orgullo cuando daba la impresión de que Jake iba un poco más adelantado que otros niños de su edad, también éramos conscientes de que todos los padres primerizos creen tener el niño más extraordinario del mundo.

Sin embargo, cuando Jake tenía unos catorce meses, empezamos a notar pequeños cambios en él. Al principio eran mínimos y podíamos explicarlos fácilmente. Parecía que no hablaba ni sonreía tanto, pero quizá era porque estaba de mal humor, o cansado, o echando los dientes. Ese año tuvo unas terribles y dolorosas infecciones de oído, una tras otra, lo que ayudaba a explicar por qué no parecía reírse tanto cuando le hacía cosquillas, o por qué se alejaba como aturdido cuando me tapaba los ojos para jugar al cu-cu... ¡tras! Ya no le entusiasmaba tanto pelearse con su padre, un juego por el que antes dejaba cualquier cosa que estuviera haciendo; pero quizá, sencillamente, no estaba de humor. Y a medida que pasaban las semanas se le veía cada vez más inactivo, con menos curiosidad y menos alegre de lo que siempre había sido. Se diría que era otro niño.

Jake parecía perderse en algunas de las primeras cosas que habían despertado su interés. Siempre le habían fascinado la luz y las sombras y las formas geométricas. Pero, ahora, a mí me daba la impresión de que su fascinación con esas cosas era diferente.

Cuando era muy pequeño descubrimos que, por ejemplo, le encantaba el estampado escocés. En aquella época la funda de nuestro edredón era de cuadros escoceses, y era la única cosa que le calmaba cuando le dolían los oídos. Al igual que otras madres no salían de casa sin un chupete para sus niños, yo siempre llevaba encima un trozo de tela a cuadros. Pero, después de ese primer año, empezó a tumbarse de costado y a mirar fijamente la funda, con la cara a escasos centímetros de las líneas, y permanecía así durante todo el tiempo que le dejáramos. Otras veces le encontrábamos con la atención fija en un rayo de sol reflejado en la pared, con el cuerpo rígido de concentrado que estaba, o tumbado boca arriba, moviendo la mano entre la luz del sol, contemplando las sombras que hacía. Me había sentido muy orgullosa e intrigada por las tempranas señales de independencia que había dado, pero ya no me parecía que estos comportamientos tuvieran nada que ver con la independencia. Era como si le estuviera engullendo algo que yo no podía ver.

Jake siempre había sido el «hermanito» mimado del grupo de la guardería, y él había disfrutado con ello en todo momento. Había pasado su primer año entero manchándose los dedos de pintura con los niños de la guardería y dando brincos a su lado cuando jugaban al «baile de las estatuas». Dormía la siesta al mismo tiempo que ellos, y tomaba la merienda cuando ellos comían la suya. Pero me di cuenta de que ahora prefería mirar las sombras en lugar de gatear tras sus amiguitos, e ignoraba los graciosísimos intentos de aquellos por llamar su atención.

Michael estaba seguro de que yo me preocupaba sin necesidad, señalando con toda razón que los niños atravesaban diferentes etapas.

—No le pasa nada, Kris. Sea lo que sea, lo superará —me decía para tranquilizarme, estrechándonos a los dos fuertemente entre sus brazos... y consiguiendo que Jake diera un grito de alegría al hacerle cosquillas en la barriga con la cara.

En realidad, mi madre fue la primera persona de la familia en sospechar que fuera lo que fuese lo que le ocurría a Jake no se trataba de que estuviera atravesando alguna extraña etapa infantil. Aún no lo sabíamos, pero nuestro mundo perfecto estaba empezando a desmoronarse.

ALGO PASA

Crecí en la región central de Indiana, en territorio granjero. Incluso teníamos algunos animales en la parte de atrás de la casa, por lo general una cabra o un gallo. En primavera, mi madre pedía prestada una cría de ave en una granja para tenerla en casa durante un día. Era una tradición que a mí me encantaba de pequeña y que todos los años esperaba con impaciencia, así que estaba deseando compartirla con Jake.

En la segunda primavera de Jake, el precioso polluelo era un patito. Jake, de catorce meses, estaba sentado a la mesa de la cocina de la casa de mi abuela, llenando páginas y páginas de cartulina con centenares de círculos dibujados a mano. Eran bonitos en cierto modo, pero extraños también, más parecidos a los garabatos que podrían encontrarse en los márgenes del cuaderno de notas de un arquitecto que a los dibujos de un crío que aún no había cumplido dos años.

Mientras mi madre cogía con ternura al patito para sacarlo del cesto de mimbre, yo apenas podía contener la emoción. Riéndose de mí, se llevó un dedo a los labios, se acercó sigilosamente a Jake por detrás y le plantó la adorable bolita de pelusa encima del papel en el que estaba dibujando.

Pero la reacción que esperábamos no se produjo. Jake no explotó de alegría ante el suave y sedoso patito que caminaba a escasos centímetros de su nariz. Lo que hizo mi hijo fue empujar suavemente al patito con un dedo para apartarlo del papel. En ningún momento dejó de dibujar sus círculos.

Mi madre y yo volvimos a cruzar la mirada, pero esta vez había preocupación en sus ojos.

—Yo creo que deberías llevarle al médico, Kris —dijo.

Nuestro pediatra enseguida encargó que le hicieran una prueba de audiometría, pero Jake no tenía problemas de audición, aunque ya por entonces no confiábamos en que respondiera cuando le llamábamos por su nombre. Todos coincidimos en que iba siendo hora de que le examinara un especialista en psicología del desarrollo. El médico nos aconsejó que nos pusiéramos en contacto con First Steps, un sistema estatal de intervención temprana que proporciona evaluaciones y terapias a niños menores de tres años que muestran retrasos en el desarrollo.

Una primera evaluación evidenció la existencia de importantes retrasos, así que todas las semanas acudía a casa un logopeda de First Steps para hacer terapia con Jake. A pesar de esas sesiones, el niño hablaba cada vez menos y se le veía cada vez más recluido en un mundo particular y silencioso. El logopeda aumentó a tres el número de sesiones semanales, el máximo permitido por First Steps, y poco después se incluyó en el equipo a un terapeuta del desarrollo. Habilitamos una zona en la cocina para la terapia, y compré un enorme calendario de pared para que no se me pasara ninguna cita. Por entonces, Jake apenas hablaba ya.

A Michael no le molestaba el torrente de especialistas que desfilaba por nuestra casa a diario, pero en el fondo pensaba que era excesivo: un signo de los tiempos, una reacción exagerada.

—Los niños van a su ritmo, Kris. Tú misma lo has dicho. No hace mucho, a nadie le habría llamado la atención. Sea lo que sea, se le pasará. —Pero si el Estado estaba dispuesto a proporcionar todos esos servicios para agilizar el proceso, tampoco ponía ninguna pega. Michael tenía la certeza de que a Jake le iría bien de todas formas.

También yo me sentía más optimista, animada por el hecho de contar con nuestra brigada personal de terapeutas. Uno de los niños de los que había cuidado cuando trabajé de niñera interna había tenido algunos problemas del habla, y yo había visto a su logopeda obrar maravillas en poquísimo tiempo. Seguro que con todos aquellos expertos ayudándonos y un poco de esfuerzo y paciencia, nuestro niño volvería a ser el mismo.

Además, había otra razón para alegrarse. Mi guardería, Acorn Hill Academy, iba viento en popa. Acorn Hill no era la típica guardería; se parecía más al espacio entre bastidores de un teatro preparándose para una función. No podía permitirme comprar todo lo necesario para estimular los impulsos creativos de los niños en una tienda de materiales didácticos, así que andaba siempre a la caza de otros ingeniosos recursos que me sirvieran para ese fin. La cantidad de posibilidades que tiene, digamos, el embalaje de un frigorífico es asombrosa, y descubrí que, mientras estuviera dispuesta a llevármelos, a la gente no le importaba dármelos.

Varias tiendas empezaron a guardarme las cajas de «objetos desechables», unas cajas que estaban llenas de tesoros. Un establecimiento de alfombras nos tenía bien provistos de retales de muestra, y una tienda de pinturas nos regaló viejos catálogos de papel pintado, así como mezclas especiales de pintura que la gente había encargado pero no recogido y brochas defectuosas. Siempre teníamos algún proyecto especial o alguna aventura en marcha: un enorme mural, por ejemplo, o un juego de ajedrez (¡otro donativo!) que ocupaba toda la habitación, con unas figuras y piezas tan grandes que los niños tenían que desplazarlas entre varios.

A los padres no pareció importarles que los niños estuvieran cubiertos de pintura de los pies a la cabeza cuando vieron el gigantesco y complicado castillo que un día nos dedicamos a construir con embalajes de frigoríficos. Pasaron por alto la ropa sucia cuando sus niños, radiantes de orgullo, les ofrecieron una visita guiada por la vistosa fortaleza, que constaba de varias dependencias.

Y lo que era aún más emocionante: me había quedado embarazada otra vez, y Michael estaba contentísimo. Nuestro sueño de una casa repleta de niños empezaba a hacerse realidad.

Aunque no me di cuenta en su momento, esa burbuja de felicidad doméstica recuperada no era más que el ojo del huracán. Caí en la cuenta de la gravedad de lo que le pasaba a Jake —esa cosa que no podíamos nombrar ni entender— unas semanas más tarde, mientras los tres asistíamos a la fiesta de cumpleaños de otro niño.

Pocas cosas emocionan tanto a los niños como interactuar con un personaje que conocen y aman de los libros o la televisión, y la fiesta de cumpleaños de Clifford el Gran Perro Rojo de nuestro vecino no fue una excepción. Cuando el gran perro rojo entró, los niños que había en la habitación se pusieron como locos de la alegría. Michael bromeó diciendo que fue como toparse con Michael Jackson en un centro comercial.

Ninguno de los niños podía apartar los ojos del gran perro rojo... excepto mi hijo, que no se despegó del libro del abecedario que se había llevado. Intentamos que participara —«Mira, Jakey, ¡es Clifford!»—, pero Jake ni siquiera levantaba la vista. En una habitación llena de niños chillones, adornada desde el suelo hasta el techo con globos y serpentinas, con enormes cuencos repletos de caramelos por todas partes —por no hablar del hombre de un metro y ochenta centímetros con el peludo disfraz del perro rojo—, Jake estaba ensimismado en la letra K.

Mi nivel de ansiedad iba en aumento.

—Súbetele a los hombros para que pueda ver —le rogué a Michael, y lo hizo, saltando y cantando al unísono el Feliz Cumpleaños de Clifford. Pero Jake sencillamente volvió a abrir su libro y lo apoyó en la cabeza de Michael. En un intento desesperado por conseguir que Jake participara, Michael le abrió los dedos con suavidad para darle un globo. El niño bajó la mirada hacia la cinta roja que tenía en la mano, luego la levantó hacia el brillante globo plateado, y a continuación la centró de nuevo en el libro. Abrió despacio los dedos y soltó la cinta. Me quedé mirando a mi hijo, silencioso, serio, absorto en su abecedario, mientras el globo se elevaba hacia el techo, y en ese instante supe que mi madre tenía razón: a mi hijo le pasaba algo.

Varios terapeutas de First Steps siguieron trabajando con Jake en casa. Yo todavía guardaba las formas, claro, pero después de aquel día en la fiesta de cumpleaños, la sensación de optimismo se me había desinflado como el globo que nos habíamos llevado a casa. Ya no confiaba en que la terapia fuera suficiente para revertir lo que le estuviese ocurriendo a Jake. Parecía estar retrayéndose todavía más, y nada podía detener aquella espiral descendente.

Una hora con el terapeuta podía inducir a que emitiera una palabra o un sonido; a veces coreaba al azar letras de canciones o repetía como un papagayo alguna frase que uno de nosotros había dicho. Pero la verdadera comunicación con Jake —cualquier cosa remotamente parecida a una conversación, incluso algo tan sencillo como «Hola» o pedir una galleta— no existía.

Mirando hacia atrás, me doy cuenta de que Jake daba muestras inequívocas de autismo: el cambio gradual en el habla, la incapacidad para establecer contacto visual o para relacionarse con nosotros o con los terapeutas. Pero esto ocurría en 1999, antes de los programas especiales de la cadena PBS, antes de que nadie supiera que nos enfrentábamos a una epidemia. En 1999, la mayoría de la gente relacionaba el autismo con una cosa: *Rain Man*, pero yo no encontraba similitudes entre nuestro hijo y el personaje que Dustin Hoffman interpretaba en esa película.

Aunque aún no sabía cómo llamarlo, en mi fuero interno había empezado a aceptar la gravedad de lo que estaba ocurriendo. Pero para mí era esencial mantener las costumbres que definían nuestra vida familiar.

Una de esas costumbres, y quizá la más importante para mí, era la comida dominical en casa de mis abuelos. Mi madre era contable en una empresa, lo que suponía que no solo trabajaba muchas horas, sino que tenía que viajar con frecuencia a Nueva York, así que pasábamos mucho tiempo con mis abuelos, que vivían al otro lado de la calle. Inventor irrefrenable, maravilloso y excéntrico, a mi abuelo lo que más le gustaba era jugar con nosotros. Convertía la vida de los que le rodeaban en una interminable sucesión de aventuras.

El abuelo John Henry era un hombre increíble; no solo era operario, ingeniero e inventor, sino también experto artesano y carpintero. Tras el periodo que sirvió en la marina de los Estados Unidos durante la Segunda Guerra Mundial, regresó a su ciudad natal de Mansfield (Ohio) a trabajar de operario en la cadena de montaje de la fábrica de herramientas y troqueles de Westinghouse, como había hecho su padre antes que él. Además de su trabajo habitual, el abuelo John se sacó el permiso de contratista y empezó a construir edificios comerciales y residenciales. En la prensa local se le describió como el arquetipo del espíritu dinámico de los Estados Unidos, la prueba viviente del optimismo y la iniciativa del emprendedor que ha hecho grande a nuestro país. Y eso fue antes de que llevara a cabo su contribución más importante.

Cuando el abuelo empezó a trabajar en Westinghouse, no pudo evitar fijarse en las ineficiencias que se daban en el proceso conocido como recocido. Para horadar el acero, los trabajadores tenían que calentar el metal para ablandar el lugar donde iba a hacerse el taladro. Con mucha frecuencia, una vez que se enfriaba el acero, el agujero realizado con precisión se deformaba, con lo que había que repetir todo el proceso. Les ocurría a los fabricantes de acero de todo el mundo, y, conociendo al abuelo John, aquello debía de sacarle de sus casillas.

Nunca le vimos sin una pequeña libreta en el bolsillo, unas libretas que llenaba de dibujos, ideas y proyectos en los que estaba trabajando. No sé el tiempo que le llevó ni cuántas libretas le hicieron falta, pero el abuelo John y un compañero resolvieron el rompecabezas al inventar una nueva serie de herramientas y un nuevo procedimiento que permitió a los trabajadores perforar acero duro y que revolucionó la industria de este material.

La Compañía Automovilística Ford se fijó en el invento del abuelo John y fue la primera en comprar a aquella pareja de inventores los derechos sin exclusiva. Posteriormente también se lo vendieron a otras grandes compañías, y hoy día no hay coche en las carreteras ni tostador en las cocinas que no se haya beneficiado de esa innovación.

La Ford le cambió la vida a mi abuelo, que se mudó directamente desde el taller mecánico de Mansfield al famoso edificio de cristal de la compañía en Dearborn (Michigan). Incluso cuando se convirtió en ejecutivo, el taller mecánico siguió siendo el lugar preferido del abuelo. Al final, la Ford le preguntó si estaba dispuesto a trasladarse a Indianápolis a dirigir la sucursal de herramientas y troqueles de su mayor fábrica productora, y así fue como terminó viviendo (primero él y luego nosotros) en Indianápolis.

El invento de mi abuelo y su puesto en la Ford, que mantuvo hasta los setenta y pico años, le convirtieron en un hombre acaudalado. Pero nunca se compró una casa lujosa ni viajó por el mundo. El abuelo vivió en la misma casa de ladrillo de una planta en la zona este de Indianápolis a la que él y mi abuela se mudaron desde Dearborn, y aún hoy mi abuela sigue viviendo en ella.

Lo que sí se permitió mi abuelo con el dinero que ganó fue la libertad de tomarse cinco años de excedencia para ayudar a mis padres a cuidar de Stephanie y de mí cuando surgió la necesidad, y todos los días el abuelo John nos transportaba a un mundo de fantasía. Era el único adulto que conocíamos que poseía una inventiva y una energía a la altura de la nuestra. Con él a nuestro lado, transformábamos nuestras fantasías en juguetes tan tangibles como el suelo que teníamos bajo los pies.

Verdaderamente el abuelo John podía construir *cualquier cosa*. Al mismo tiempo que ayudaba a criarnos, trabajaba también en otro proyecto muy querido para él. El único exceso que se había permitido fue comprar una parcela de tierra con el fin de levantar un santuario para la comunidad de Nuevos Amish de Indiana. La iglesia era un proyecto muy práctico para él. El abuelo John había crecido en una cultura de construcción de graneros y carpintería, y tenía licencia de constructor, así que fue muy propio de él que insistiera en construir todos los bancos de la nueva iglesia él mismo. Como el equipo responsable de lijar y barnizar las vigas de madera del techo no realizó el trabajo con el nivel de calidad requerido, él volvió a hacerlo con la ayuda de su familia, e incluso nos enroló a Stephanie y a mí, los miembros más jóvenes. Acudía a la obra casi todos los días, la mayoría de las veces con nosotras a remolque. Hacíamos pequeñas estatuas con serrín humedecido y tornillos desechados mientras él respondía a preguntas o le consultaban sobre los planos, y luego íbamos con él al lago que había en los terrenos de la iglesia a pescar robaletas y percas en una barca que mi abuelo había construido con sus propias manos.

Cuando no estábamos en la obra, estábamos a su lado en el magnífico caos de su taller del garaje. Puede que otros niños hayan fantaseado con el taller de Santa Claus, pero yo crecí en uno de verdad. En el garaje había pilas de madera fragrante colocadas sobre fuertes soportes, a la espera de que mi abuelo echara mano de ellas para hacer una cuna al recién nacido de la familia, o una muñeca para nosotras. Martillos, tornillos y otras pequeñas herramientas, pomos bruñidos tras años de buen uso... colgaban sin orden ni concierto de clavos en la pared. En cajones de roble, hechos a mano, con tiradores de reluciente latón se escondían miles de tornillos, arandelas y pernos de todo tipo y tamaño, mientras que en armarios caseros se guardaban los esmaltes y pinturas, brochas y piedras de afilar, cinceles y cualquier cosa que pudiera necesitar para convertir lo imaginado en realidad.

Por las tardes, cansadas de los largos días que pasábamos con el abuelo, Stephanie y yo nos dedicábamos a las relajantes rutinas de la cocina inmaculada de mi abuela Edie. Un poquito severa en contraste con el espíritu libre del abuelo John, la abuela reclamaba nuestra ayuda a finales de verano para enfrascar maíz y bayas y hacer encurtidos. Más adelante, preparábamos grandes recipientes de compota de manzana especiada con manzanas Yellow Transparent y Lodi que recogíamos en otoño. En las noches de invierno, hacíamos dulce de cacahuete, caramelo de maíz y, cuando las temperaturas descendían por debajo de cero, elaborábamos una especie de tofe.

Después de cenar, pasábamos los últimos momentos del día en el salón de mis abuelos, donde a veces nos dábamos un festín de queso cheddar y manzanas o de alguna de las muchas increíbles delicias alemanas que la abuela Edie horneaba. A Stephanie y a mí nos encantaban sobre todo las galletas de hojaldre espolvoreadas con azúcar y canela y que nosotras llamábamos «rodilleras». En verano, el helado de vainilla casero de la abuela estaba repleto de fresas recién cogidas, y en invierno nos llenaba los cuencos de los melocotones que ella había envasado.

En esa habitación, mi abuela nos enseñó a Stephanie y a mí a guatear y también a bordar, desenredando con paciencia los hilos de colores cuando se enmarañaban. Cuando la familia entera se sentaba a cenar los domingos por la noche, lo hacíamos a una mesa que el abuelo había construido, lijado y barnizado hasta dejarla como un espejo. En la mesa se ponían mantelitos de lino individuales y servilletas que las mujeres de la familia habían bordado. En aquella mesa siempre había delicadeza en los detalles, y también amor.

Como la relación con mis abuelos era tan importante para mí, me parecía de lo más natural que Jake creciera también cerca de ellos. Así que todas las semanas, nuestra pequeña familia se reunía los domingos para cenar, como cuando yo era niña.

A Michael le gustaba asistir a esa cena dominical tanto como a mí. Antes de conocerme, nunca había experimentado lo maravilloso que es venir del frío invernal de la calle y entrar en una casa calentita llena de los embriagadores aromas de la carne asada y los postres de frutas hechos al horno. Nunca había dado las gracias a una mesa puesta con velas caseras de cera de abeja ni bromeado con los familiares mientras todos colaboraban en llevar la comida a la mesa antes de que se enfriara. Pronto me di cuenta de que acoger a Michael en ese círculo doméstico fue uno de los regalos más importantes que pude hacerle.

Michael no era el único que disfrutaba con nuestras excursiones dominicales. Por muy quisquilloso con la comida que fuera, Jake se atizaba un enorme pedazo de la tarta de manzana que hacía la abuela..., y dos si le dejábamos. Le encantaba jugar con los preciosos juguetes de madera que el abuelo John había fabricado para sus nietas cuando éramos pequeñas. El circuito de canicas era el preferido de Jake, como también lo había sido el mío. Y estaba segura de que, cuando fuera mayor, le vería con el abuelo John en el banco de trabajo del garaje, mirando juntos las libretas de notas de mi abuelo.

Un domingo por la tarde en que a Michael le llamaron del trabajo, Jake y yo fuimos solos a la cena familiar. Normalmente, mi abuelo salía a la puerta a recibirnos, pero esa noche no lo hizo. Supuse que estaba terminando un proyecto o lavándose y arreglándose. Mi abuela nunca le permitía acercarse a la mesa hasta que no se hubiera quitado de las manos la grasa de motor o el polvo de la madera con jabón negro arenoso y puesto una de las suaves camisas de franela que ella le tenía siempre planchadas y cuidadosamente apiladas. Pero cuando apareció finalmente a la cabecera de la mesa para trinchar el asado, me quedé atónita al verle en una silla de ruedas.

A lo largo del año anterior, había sufrido una serie de pequeños derrames cerebrales y habíamos visto cómo decaía poco a poco. Pero me impresionó que estuviera tan débil que no pudiera tenerse en pie. Se me encogió el corazón, pero el orgullo con que mostraba la ingeniería de la silla a mi hermano, Ben, me hizo ver que seguía siendo el mismo de siempre.

Esa noche se dio una curiosa coincidencia. El terapeuta ocupacional de mi abuelo le había dado una masilla blanda para que, al apretarla repetidamente, pudiera recuperar la fuerza en la mano que tenía afectada. Cuando la sacó, Jake abrió los ojos de par en par, y empezó, de manera un tanto increíble, a tararear en voz baja una pequeña melodía.

—¿Qué canción es la que está canturreando? —me preguntó mi abuela, desconcertada. Era el único sonido que le habíamos oído a Jake aquella noche. Yo sonreí y me puse a cantar con él:

—Haz una serpiente, haz una serpiente. —Era la canción que Michael y yo le cantábamos para animarle a estirar la misma masilla siguiendo las instrucciones que nos había dado *su* terapeuta.

Sin embargo, la alegría no duró mucho. Aquella misma noche, un poco más tarde, mientras sentaba a Jake en su sillita del coche, mi madre me pasó un artículo de periódico en el que se describía el comportamiento de un niño con autismo. Mientras lo leía, se me encogió el corazón: muchas de las conductas que se enumeraban me resultaban muy familiares. De camino a casa, tuve que detenerme porque lloraba tanto que no veía la carretera.

HABILIDADES AISLADAS

Todos los padres saben lo que es distraerse un momento mientras hacen la compra. Piensas: «¡Qué vestido más mono! ¿Lo tendrán de mi talla?», y cuando te das la vuelta, no ves a tu hijo por ninguna parte, como si se hubiera desvanecido en el aire. Esa sensación de creciente terror que te agarrota la garganta cuando te pones a gritar su nombre enloquecidamente es semejante a la del momento en que ves desaparecer a tu hijo en el oscuro pozo del autismo. Pero en lugar de esos espantosos segundos que transcurren antes de que su carita surja de repente por detrás de un perchero de jerséis, el momento de desesperación e impotencia puede durar años, o toda una vida.

Michael no lo aceptaba. Seguía empeñado en no dejarse vencer por la oscuridad que nos iba cercando, luchando con uñas y dientes por mantener nuestra vida perfecta de postal. Después de todo, se trataba de su pequeño colega, de su Jake, de su *chico.* Así que cuando una terapeuta usó la palabra «autismo» refiriéndose a Jake —el primer profesional de la salud en hacerlo—, Michael la despidió en el acto. No nos sentimos orgullosos de aquello, pero es una reacción corriente.

Sin embargo, a lo largo de las siguientes semanas, ambos nos dimos perfecta cuenta de que estábamos perdiendo a Jake. En octubre de 2000, First Steps acudió a nuestra casa a realizar una evaluación oficial.

La noche anterior, me encontraba tan mal que Michael llamó a mi hermano, Ben, para que viniera a darme ánimos. Ben siempre está urdiendo algún plan descabellado, ya sea convertir la habitación de invitados en un estudio de yoga o cubrir de tiras de carne cada rincón de su casa para hacer cecina casera. Pero hasta el alegre y bromista de Ben estaba serio el día de la evaluación de Jake, y nadie en el mundo podría haberme arrancado una sonrisa.

Mientras estrechábamos la mano a la terapeuta evaluadora, Stephanie Westcott, yo era muy consciente de que todo nuestro mundo dependía de las horas siguientes. El juicio de aquella mujer nos llenaría de alegría o nos adentraría aún más en el desierto..., y habíamos visto ya lo suficiente para saber exactamente lo desolador que podía ser ese paisaje. Me temblaban tanto las manos que Michael tuvo que apretármelas con fuerza entre las suyas para que dejaran de hacerlo.

A media mañana, me sentía físicamente enferma. No nos hacía falta saber mucho para ver lo mal que iba la evaluación. Jake apenas respondía cuando Stephanie le hablaba. No la miraba a los ojos. No señalaba el círculo, ni ponía la estrella en el molde correspondiente, ni encajaba los anillos en la torre. No colocaba los objetos según la forma o el color, a pesar de que pasaba mucho tiempo haciendo esa clase de actividades por su cuenta. Tampoco cantaba con ella para llamar a Witsi witsi araña ni le mostraba con los dedos cómo sube la araña por el canalón.

Cuando recitó el abecedario, me animé un poco. Pero a Stephanie no pareció impresionarle tanto como yo esperaba ni siquiera cuando lo recitó al revés. En un momento determinado, cuando intentó llevar a Jake hacia una nueva actividad después de jugar en el suelo con lápices de colores, el niño gritó y se negó, poniéndose rígido. Para cuando le hubo convencido de pasar al siguiente ejercicio, yo tenía la blusa empapada de sudor.

Luego Stephanie pidió a Jake que hiciera un rompecabezas de madera con ella. Expulsé un aire que no sabía que estuviera conteniendo, y Michael y yo nos permitimos intercambiar una mirada de alivio. Ambos teníamos la seguridad de que eso lo haría bien. A Jake le encantaban los rompecabezas desde que sus rechonchas manos no eran aún lo bastante grandes para coger las piezas, y era un hacha haciéndolos. El rompecabezas que la terapeuta le estaba pidiendo que hiciera era parecido a alguno de los que tenía él —más fácil, incluso—, así que teníamos la seguridad de que finalmente, al menos en eso, Jake anotaría puntos.

Pero justo en ese momento, cuando por fin tuvo la oportunidad de brillar, se puso a jugar con su abecedario de imanes.

Jake estaba obsesionado con los vistosos imanes de plástico que teníamos en la puerta del frigorífico. Tenía decenas de ellos y se los llevaba a todas partes. Con el fin de que no se distrajera durante la evaluación, habíamos guardado los imanes en una caja y la habíamos puesto en un estante, pensando que si no los tenía a la vista tampoco se acordaría de ellos. Por desgracia, la táctica falló, y la atención de Jake se centró completamente en hacerse con aquellos imanes de la estantería.

Jake se levantaba e iba derechito a por la caja, y Stephanie, con suavidad pero con firmeza, le hacía volver a la mesa. La batalla se prolongaba mientras pasaban los minutos. No podía ni mirar, así que clavé la vista en la mano con la que Michael agarraba la mía; tenía los nudillos de un blanco alarmante. Finalmente, después de un buen rato, Jake accedió a quedarse sentado, pero estiraba el cuerpo por encima de la silla hacia la caja de los imanes. Tras un poco más de persuasión, hizo por fin el rompecabezas..., sin mirarlo siquiera, ni tampoco a Stephanie, sentada frente a él, sino asomado por el respaldo de la silla, con la vista puesta en la caja.

Sentí como si el mundo entero se hubiera desmoronado. Después de todo, eso era algo que Jake *podía* hacer, algo que se le daba bien. Confiábamos en que ese rompecabezas fuera una nota brillante en lo que hasta ese momento había sido una actuación insatisfactoria. Me di cuenta de lo mucho que confiaba en que el éxito en aquella tarea pudiera de alguna manera suponer una diferencia importante en los resultados finales, y Michael debía de sentirse de la misma manera.

—Oiga —dijo Michael—. Perdone que le interrumpa, pero es que está distraído. Lo está haciendo al tacto, con la mano izquierda, y ¡él es *diestro!* Dele otra oportunidad para que vea la rapidez con que puede hacerlo.

Stephanie miró a Michael con incredulidad.

—Señor Barnett, normalmente los niños de la edad de Jake tardan unos dos minutos en hacer un puzle de esta complejidad.

Nos dijo que Jake había tardado, pese a usar su mano no dominante y mirando hacia atrás, en dirección a la caja de imanes durante todo el tiempo, solo catorce segundos.

—¡Vamos! —exclamó Michael chocando un puño contra la palma de la otra mano, y yo también sentí como si me quitaran un peso de encima. ¡Había sobresalido en una actividad! Ahora íbamos por el buen camino. Estaba segura de que en cuanto Stephanie viera de lo que era capaz Jake, esos puntos fuertes compensarían todas las tareas que no había sabido o no había querido hacer. Por primera vez en varias semanas, abrigué un poco de esperanza. Haríamos más terapia. Haríamos todo lo que nos pidieran. Lo que yo quería oírle decir era que mi niño se pondría bien.

Cuando, tras varias horas, terminó la evaluación, Stephanie se sentó con nosotros y nos dijo, con cara seria:

—Jacob tiene síndrome de Asperger. —Me invadió una oleada de alivio; me había preparado para algo peor.

—Eso es una buena noticia —respondí—. Temíamos que tuviera autismo.

Stephanie explicó que el síndrome de Asperger era una forma de autismo. En última instancia, sin embargo, la distinción no importaba. El diagnóstico de Jake pronto pasaría de Asperger a autismo en toda la extensión de la palabra.

Aquel día fue nuestra iniciación al concepto de habilidades aisladas. Stephanie nos explicó que es muy corriente que los niños autistas tengan un comportamiento excelente en algunas áreas, aunque deban enfrentarse a retrasos significativos. A los dos años, por ejemplo, Jake podía hacer un complicado laberinto mucho más deprisa que yo, pero no era capaz de mantener contacto visual, que es un obstáculo del desarrollo que normalmente un bebé salta entre el primer y el tercer mes de vida..., y que Jake también fue capaz de hacer hasta los seis meses, más o menos, momento en que empezó a experimentar una regresión. La expresión para esos picos y retrocesos en las fases normales de desarrollo, nos informó Stephanie, es «habilidades aisladas». A los niños se les diagnostica según el espectro autista cuando sus habilidades, en lugar de progresar ordenadamente, son como islotes en el mapa del desarrollo.

Fue entonces cuando se me vino el mundo encima. De pronto comprendí que los puntos sobresalientes en los que Michael y yo habíamos puesto nuestras esperanzas durante la evaluación no subirían la puntuación ni cambiarían el resultado de la valoración. De repente, todo estaba muy claro: todas esas pequeñas cosas de las que nos sentíamos tan orgullos —el que Jake aprendiera a leer tan pronto, la velocidad con que hacía los rompecabezas, la capacidad para concentrarse durante largos periodos— no contradecían el diagnóstico de autismo, sino que lo confirmaban.

Los talentos de Jake estaban inextricablemente unidos a aquellas terribles carencias, y por primera vez me enfrenté a la espantosa realidad de lo que esas carencias significarían para Jake y la vida que habíamos soñado para él. Me sentí como una tonta. ¿Qué importaba ahora que pudiera hacer un rompecabezas más deprisa que otros niños si eso suponía que nunca podría pedir a una chica que saliera con él o estrechar la mano de quien fuera a entrevistarle para un trabajo?

El informe de Stephanie Westcott de aquel día decía en parte: «Interesado en sombras, en luces brillantes. Gira sobre sí mismo. Respuesta limitada a dolores leves».

Nos fuimos a la cama completamente destrozados. Michael me abrazó con fuerza, pero no pude cerrar los ojos en toda la noche. Cuando no me moría de preocupación por el futuro de Jake, me angustiaba pensando si al hijo que esperaba —otro niño, nos habían dicho hacía poco— le aguardaría el mismo destino.

PRISIONEROS DEL DIAGNÓSTICO

El autismo es un ladrón. Te quita a tu hijo. Te despoja de la esperanza y te roba los sueños.

Todo lo que una madre hace con su hijo, yo lo hice con el mío. Le llevé al zoo infantil y al acuario. Le compré un precioso conjunto con el sombrero a juego y me preocupaba de buscar los mejores pañales. Éramos una familia normal, y Jake era un niño normal que disfrutaba de una infancia normal. Entonces empezó a aislarse de nosotros, y con el primer diagnóstico de síndrome de Asperger desapareció cualquier esperanza de normalidad.

Para cuando tenía dos años y medio, Jake ya no era ni la sombra del niño que había sido. Muchas veces parecía como si no estuviera en la habitación. Había dejado de hablar por completo. Ya no miraba a nadie a los ojos ni respondía cuando se le hablaba. Si le abrazabas, te apartaba de un empujón. Como mucho podías aspirar a que te dejara abrazarle durante los segundos en que, sin hacerte caso, se quedaba mirando las sombras de la pared. No pedía de comer ni de beber siquiera, y solo comía alimentos sencillos preparados y servidos de determinadas maneras. Tenía que llevar la cuenta de lo que bebía para que no se deshidratara.

Se ponía a dar vueltas hasta que se mareaba. Hacía girar objetos en la mano o sobre una superficie plana, y a veces se quedaba mirándolos con tal intensidad que le temblaba todo el cuerpo. Esas conductas estereotipadas son características de este trastorno, y se las llama «de autoestimulación» o «estimulantes» en el ámbito del autismo. Le encantaban las tarjetas pedagógicas de cualquier tipo, sobre todo las que tenían las letras del alfabeto, y se las llevaba a todas partes. Estaba obsesionado con los cilindros, y pasaba horas introduciendo objetos más pequeños en un jarrón vacío. Su preocupación con las sombras, los espejos y la luz le absorbía por completo. Podía pasarse la mañana entera caminando de un lado a otro junto a las sillas dispuestas alrededor de la mesa de la cocina, con la cabeza agachada, observando las sombras que los barrotes del respaldo proyectaban en el suelo y cómo cambiaban cuando él se movía.

Muchos de esos nuevos comportamientos eran realmente desconcertantes. Incluso de muy pequeño, Jake había mostrado una curiosa afición a volcar cualquier caja de cereales a su alcance. Ninguna caja de cereales estaba a salvo: por astutamente que yo las escondiera, él las encontraba, las abría y les daba la vuelta, tirando el contenido al suelo. En cuanto se me ocurría mirar, algún niño de la guardería estaba pisoteando alegremente un buen montón de cereales que Jake había derramado. Nunca se barría lo suficiente. Michael y yo terminamos acostumbrándonos a encontrar Cheerios sueltos en los lugares más inverosímiles: las botas de invierno, la guantera, la bañera...

No obstante, Jake pasaba la mayor parte del tiempo metido en su propio mundo de silencio. Cuando cogía su suave mantita —una de punto abierto— no era porque le hiciera sentirse seguro, como habría ocurrido con la mayoría de los niños. Lo que él hacía era fijar la atención en ella durante largos periodos de tiempo, contemplando, pienso yo ahora, las figuras geométricas que creaba la urdimbre del tejido. Su obsesión por los cuadros y cualquier otro estampado de líneas rectas era tan extrema que resultaba alarmante. Yo tenía mucha experiencia con niños pequeños, por lo general tan activos y revoltosos que era difícil mantenerles quietos el tiempo necesario para calzarles. Pero Jake podía pasarse las horas muertas contemplando en silencio la figura de una sombra en la pared o en el suelo sin mover un músculo.

Al igual que a muchos niños autistas, a Jake le gustaba estar en pequeños espacios cerrados. La parte inferior de su armario era su lugar preferido para poner en fila sus cochecitos de juguete. Cuanto más pequeños eran los rincones, mucho mejor. A menudo se metía en el estante inferior del mueble que teníamos en el cuarto de estar, o en uno de los pequeños contenedores de plástico donde guardábamos los juguetes.

Una tarde me pasé cuarenta y cinco espantosos minutos buscándole desesperadamente. Estaba a punto de llamar a la policía cuando le encontré cómodamente acurrucado encima de unas toallas recién dobladas en un pequeño cesto de la ropa. En mi fuero interno, trataba de convencerme de que no había nada que temer en nuestra casa cuidadosamente diseñada a prueba de niños, donde normalmente Jake tenía al menos dos pares de ojos puestos en él a todas horas. Pero durante aquellos horrorosos minutos, que se me hicieron insoportables, aquel niño que parecía desaparecer un poco más cada día había desaparecido *por completo* en un abrir y cerrar de ojos.

Ese mismo año, un poco más adelante, tras otra evaluación oficial realizada por otra terapeuta, se revisó el diagnóstico de Jake. Esta nos explicó que probablemente a Jake le habían diagnosticado síndrome de Asperger (una forma más suave de autismo caracterizado por un funcionamiento relativamente alto) en lugar de autismo en sentido amplio porque su cociente intelectual era muy alto, un asombroso 189 que rebasaba todos los límites en la escala de inteligencia Wechsler para niños. Michael y yo habíamos visto ese número cuando estudiamos minuciosamente los informes de la primera serie de pruebas, pero no lo habíamos tenido en cuenta, en parte porque estábamos distraídos con las demás cosas que había en los informes, pero también porque ninguno de los dos creía que la escala llegara tan alto. Sencillamente pensamos que se trataba de una errata.

No se trataba de un error. Pero ¿qué importancia tenía? Un cociente intelectual astronómico no estaba evitando que Jake se hundiera cada vez más en su aislado mundo. Para cuando le hicieron la segunda evaluación, justo antes de su tercer cumpleaños, el diagnóstico era de autismo en toda regla, entre moderado y grave. A pesar de su extraordinario cociente intelectual, las puntuaciones en la escala de funcionalidad le situaban en el ámbito de individuos con «retraso».

Cuando mi hermano, Ben, se enteró del nuevo diagnóstico, dijo: «Prepárate, Kris. Esta va a ser una batalla para toda la vida». Aunque siempre había sido la conciliadora de la familia, él sabía —quizá incluso mejor que yo— que lucharía por Jake. Pero ninguno de nosotros entendíamos todavía la magnitud de lo que se nos avecinaba.

Cuando te dan un diagnóstico de autismo, algo terrible se apodera de la familia. Se respira autismo por todas partes. Luchas con el autismo a todas horas, y te duermes sabiendo que podías, que *deberías* haber hecho más. Como hay muchos indicios de que la mejoría depende de la intervención que se haga con un niño antes de cumplir los cinco años, la vida con un niño autista se convierte en una permanente carrera contra el reloj para hacer más, mucho *más*.

Durante el año anterior a su tercer cumpleaños, Jake recibió tratamiento (proporcionado por el Estado) para los trastornos del habla y del lenguaje una hora diaria, cinco días a la semana. Contó también con un terapeuta ocupacional, un terapeuta físico y un terapeuta del desarrollo, que venían a casa una vez a la semana, durante una hora o más cada uno de ellos. Independientemente de su trabajo con First Steps, nosotros iniciamos otro protocolo terapéutico llamado Análisis Aplicado de la Conducta, que requería cuarenta horas largas a la semana —¡la semana laboral de una persona normal!—, sumadas a las de la otra terapia. Por recomendación de Marilyn Neff, una maravillosa terapeuta que trabajó con Jake, más adelante nos decidimos por un tipo diferente de terapia llamada Floortime, la cual está más enfocada a los niños y rigurosamente basada en estilos naturales de juego. Esta terapia requería menos ejercicios, pero llevaba muchísimo más tiempo.

Era casi imposible encontrar un hueco para las horas adicionales de Floortime entre tantas citas, terapias e intervenciones. El calendario de pared de la cocina estaba tan atiborrado que solo yo podía leer la letra microscópica que utilizaba para apuntarlo ahí todo. Un día una amiga que trabajaba de secretaria para un atareado ejecutivo le echó un vistazo y aseguró que el día más tranquilo de mi hijo hacía que el peor de su jefe pareciera un paseo por el parque.

Además de las horas con los terapeutas, la familia entera (incluso Ruby, la joven que trabajaba conmigo en la guardería) estaba aprendiendo el lenguaje estadounidense de los signos, con la esperanza de que algún día Jake pudiera comunicarse con nosotros de esa manera. Todas las paredes de nuestra casa estaban empapeladas con materiales didácticos del lenguaje de signos. Mi embarazo era cada vez más prominente, pero yo seguía dirigiendo la guardería, y Michael trabajaba la jornada completa. Estábamos exhaustos.

Parecía que ninguno de los dos podía tomarse nunca un respiro. Todo empezaba nada más desayunar: sonaba el timbre, anunciando la llegada del primer terapeuta del día. Luego, durante varias horas, Jake se sentaba a la pequeña mesa que habíamos instalado en la cocina. Los terapeutas le animaban a establecer contacto visual o a etiquetar lo que hacía o lo que veía: «dentro», «pez» o «uno». A menudo recurrían a una técnica llamada «mano sobre mano», que consistía en mostrar, usando las manos, la forma de realizar tareas sencillas como abrir una caja.

Era evidente lo frustrante que le resultaba todo. Sabía que muchos niños autistas se disgustaban durante la terapia; arrojaban juguetes, gritaban o cogían berrinches. Jake no hacía nada de eso. A él se le veía indiferente, interesado como siempre en las sombras de la pared. Solo se disgustaba algunas veces, por lo general cuando el terapeuta hacía algo de manera distinta a como él estaba acostumbrado. Una de las pocas veces que le recuerdo perdiendo los estribos fue cuando su terapeuta del desarrollo, Melanie Laws, le pidió que hiciera uno de sus rompecabezas preferidos al revés.

Por lo general ponía cara de fastidio, sin más, y hoy pienso que ¡con razón! En lo único que se hacía hincapié un día y otro día era en lo que Jake *no podía* hacer. No podía sostener un lápiz como es debido. No podía subir las escaleras primero con una pierna y luego con la otra. No era capaz de imitar los aplausos, como tampoco las expresiones faciales o los sonidos que hacían los terapeutas. Aquellos compasivos y entregados terapeutas se sentaban a aquella pequeña mesa con Jake y trabajaban horas y horas. Pero a pesar de su paciencia y determinación, él les miraba como si no estuvieran allí.

No acababa nunca. Cuando Jake se iba a dormir, Michael y yo pasábamos horas leyendo libros o rastreando Internet en busca de nuevos trabajos de investigación, nuevas terapias u otros grupos de padres. La información era aún más sombría de lo que pensábamos. Michael puso a un foro de discusión el memorable apodo de PadresSinEsperanza.com.

Aquel año vivimos prisioneros del diagnóstico. El autismo causa estragos entre las familias con un hijo autista, y las secuelas que deja son bien conocidas. Todo el mundo sabe que, cuando a un niño se le diagnostica este trastorno, los índices de divorcio se disparan. Menos mal que Michael y yo no estábamos entre esas víctimas. En todo caso, el diagnóstico de Jake nos unió aún más. No siempre estábamos de acuerdo, pero en ningún momento dejamos de ser un refugio el uno para el otro. Yo estaba completamente volcada en Jake, haciendo todo lo que podía por él, y Michael canalizaba su preocupación cuidando de mí. A veces traía la cena a casa, y después de acostar a Jake, extendíamos una manta en el suelo del salón y organizábamos una merienda. Y todas las semanas llegaba, sin falta, un ramo de flores.

Pero aún nos esperaban más desgracias. Mi infatigable abuelo, octogenario ya, estaba perdiendo la batalla contra los derrames que le habían dejado maltrecho a lo largo del año anterior. Tuvo que mudarse a una residencia. Yo pasaba mucho tiempo allí con él; con frecuencia cogía el coche para ir a visitarle en cuanto se marchaba el último niño de la guardería. A veces me sentaba con él mientras dormía.

Cuando hablaba, a mí me parecía el de siempre. Desde luego, aún conservaba su sentido del humor y le encantaba hacer bromas con mi creciente barriga. (Y con el resto de mi persona. Soy de natural menuda, pero gané ¡Cuarenta kilos durante aquel embarazo!).

Se me hacía difícil creer que estuviera muriéndose, que aquel pilar de fortaleza y sensatez —el baluarte de mi infancia— pudiera estar ahora tan delicado. Una tarde fui en coche hasta la iglesia que él había construido a llevar unos platos horneados para mi madre, que esa semana se encargaba de preparar el almuerzo de la parroquia. Al salir del coche, oí el ruido del tractor que se utilizaba para segar el terreno.

Mi abuelo nunca había contratado a nadie para ajardinar los terrenos. Se enorgullecía de mantener la propiedad bonita para la gente que hacía uso de ella. Meticuloso como era, siempre convertía la tarea en una diversión, haciendo ochos y eses en la hierba para que el nieto que llevaba sentado en la rodilla diera gritos de felicidad.

El corazón reaccionó antes que el cerebro, y me giré, esperando verle venir hacia mí a toda velocidad en el tractor que tantas veces había arreglado. Pero otra persona conducía el vehículo, recortando seriamente los bordes del césped de la iglesia, y ver aquello me entristeció sobremanera.

Fue de él de quien había aprendido el valor de mantener siempre viva la curiosidad, el placer que se deriva del trabajo duro y la importancia de la familia. Había sido testigo de la determinación con que dedicó su vida a grandes ideales, y de la satisfacción que encontraba en ello. Aunque su declive me producía una enorme tristeza, me sentía muy agradecida por haber tenido la oportunidad de decirle lo mucho que había significado para mí.

Una tarde, mientras cambiaba el agua del jarrón de flores que había en su habitación, me preguntó: «¿Qué es el autismo?». La pregunta me sobresaltó. Como no quería preocuparle, no le había dicho nada del diagnóstico oficial de Jake. Por lo visto, alguien de la familia sí lo había hecho, y ahora él buscaba la manera más sencilla de abordar el asunto.

—Jake no puede hablar con nosotros, y dudo que llegue a hacerlo algún día —le expliqué.

Mi abuelo asintió con la cabeza y se quedó callado durante un rato. Luego puso una de sus nudosas manos sobre la mía, me miró a los ojos y dijo:

—Todo se arreglará, Kristine. Jake se pondrá bien.

Verdaderamente creo que aquellas palabras fueron el último regalo que me hizo. Ese comentario, en cualquier otra persona, habría sonado a lugar común, a esa clase de comentarios que la gente hace cuando no sabe qué decir. Pero cuando mi abuelo me dijo que Jake se pondría bien, lo dijo con absoluta convicción, y yo le creí. Por un momento, en aquella habitación de hospital, volví a ser una niña, y él fue una fuente de fortaleza, la persona que podía arreglarlo todo en la mesa de trabajo de su garaje. Me abandoné al consuelo de la idea de que mi enérgico y brillante abuelo sabía algo sobre mi hijo que yo no alcanzaba a ver.

UN FINAL Y UN PRINCIPIO

El funeral de mi abuelo fue precioso. Se le quería mucho en la comunidad, y la suya había sido una vida digna de celebrarse.

Sin embargo, yo estaba deshecha. Aunque había podido decirle todo lo que quería, su muerte había dejado un enorme vacío en mi vida. Le echaba mucho de menos, y el hecho de que nunca conocería al hijo que esperaba me sumió en el desconsuelo.

Después del funeral, mi hermana, Stephanie, debía llevarme de vuelta a la casa de mis abuelos para la comida en su recuerdo. Nos unimos a la comitiva en el cementerio, pero cuando estaba a punto de girar a la derecha, le puse una mano en el brazo.

—Gira a la izquierda. —Mi hermana se volvió hacia mí, confundida—. Tenemos que ir al hospital —dije—. El niño está a punto de nacer.

Aún faltaba un mes, pero daba igual. Había notado los primeros dolores mientras bajaban a tierra el ataúd de mi abuelo para darle sepultura.

John Wesley nació al día siguiente. Michael y yo decidimos llamarle John por mi abuelo.

La sensación de aquellos primeros días con mi hijo Wes se me quedó grabada en la memoria para siempre. Pese a que aún lloraba la muerte de mi abuelo, la pura alegría de tener aquel maravilloso bebé en casa atemperó incluso aquella terrible tristeza. Michael y yo no nos cansábamos nunca del delicioso olor a leche de Wesley. Nos quedábamos asombrados con aquellos piececitos increíblemente diminutos y nos maravillaban las graciosas expresiones, como de adulto, que le pasaban por la cara. Al abuelo John, con la firmeza de su fe, le habría gustado la simetría: terminaba una vida y empezaba otra.

Como ya había hecho cuando nació Jake, volví a abrir Acorn Hill a los pocos días de dar a luz a Wes. De nuevo, los niños de la guardería tenían otro bebé con el que jugar. Desde el principio, no hubo ninguna duda de que Wesley era un chico en toda regla. Aviones, trenes, coches: si tenía ruedas, le encantaba. Michael le sostenía en la parte trasera de uno de los descomunales camiones de juguete de Jake mientras yo lo deslizaba por la habitación. Esto provocaba estallidos de contagiosa risa de bebé, y cuanto más deprisa íbamos, más fuerte se reía Wes. Pataleaba y gritaba entusiasmado siempre que nuestro cachorro de beagle (adorable, sí, pero tan inútil como perro guardián que Michael insistía en llamarle, irónicamente, *Cujo**) entraba en la habitación. No teníamos más remedio que reirnos también.

Jake parecía imperturbable ante la llegada de Wesley, lo cual no dejaba de ser inquietante. Era la primera vez (aunque no la última) que, con cierta nostalgia, confié en que hubiera un poco de rivalidad fraterna entre los dos. Pero después de tantos meses de nerviosismo y preocupación, Michael y yo dábamos gracias por aquellos ratos normales y corrientes que pasábamos con nuestro nuevo hijo.

Pronto nos dimos cuenta de que Wesley, cuando le dábamos de comer, parecía atragantarse y toser más de lo normal. No le perdía de vista ni un momento, me lo llevaba a todas partes,

---

* *Cujo.* Película dirigida por Lewis Teague, en 1983. Está basada en la novela homónima de Stephen King. En ella, un San Bernardo contrae la rabia al ser mordido por un murciélago.

acurrucado en una mochila portabebés. Tenía unos dos meses y medio, cuando un día, mientras le daba el biberón, no solo dejó de moverse sino que empezó a ponerse azul, como si estuviera muerto.

Dejé a mi ayudante, Ruby, al cuidado de la guardería, y me fui rápidamente, con hielo en las carreteras, a urgencias del hospital St. Vincent Carmel. Michael me esperaba allí. Habíamos pasado por mucho, y no nos asustábamos fácilmente, pero aquello era aterrador. Casualmente, nuestro pediatra se encontraba fuera, así que esperamos y vimos cómo un equipo de médicos suplentes le hacía una prueba tras otra. Nadie podía decirnos qué le ocurría. Al final, alguien nos dijo que nuestro médico volvía en avión de sus vacaciones para hablar con nosotros en persona.

Nuestro médico, consciente de lo que ya habíamos pasado, no sabía cómo darnos más malas noticias. Nos explicó que Wesley padecía una enfermedad llamada distrofia simpática refleja, un trastorno neurológico que puede afectar a todos los sistemas del organismo. Aunque no se sabe a ciencia cierta qué causa esta enfermedad, el médico explicó que la opinión más extendida era que se debía a una disfunción del sistema nervioso.

Sin dejar de mirarme, siguió diciendo que la DSR apenas se daba en niños pequeños. Cuando ocurre, puede ser catastrófica, porque puede interferir en el sistema nervioso autónomo, es decir, en todas esas acciones esenciales que nuestro organismo realiza sin que nosotros intervengamos o las controlemos conscientemente, como mantener una temperatura corporal normal, un ritmo cardiaco constante y una respiración regular.

Nuestro médico sabía que Michael y yo éramos luchadores, pero con delicadeza nos explicó que él solo había conocido otros dos casos de DSR a lo largo de toda su carrera, y que en ambos casos los niños habían muerto antes de cumplir el año. No sé cómo logramos salir de su despacho y llegar a casa. Nos dejamos llevar por la desesperación durante un rato, y luego seguimos adelante, decididos a ayudar a nuestro hijo a luchar contra viento y marea.

Wesley empezó a sufrir colapsos, a veces ocho o nueve al día. Su precioso cuerpecito parecía estar rígido todo el tiempo, y nosotros teníamos la impresión de que sentía dolor casi constantemente. Él también comenzó a tener su propio ejército de terapeutas que venía a casa a administrarle tratamientos para el desarrollo neurológico: ejercicios de estiramientos pensados para mejorar la amplitud de movimiento y entrenar los músculos.

Yo sabía que el tratamiento era necesario, pero no hay nada peor para una madre que oír llorar a su bebé, lo que significaba que la terapia de estiramientos era una tortura para los dos. Mi pobrecito Wes no dejaba de gritar, y yo me paseaba por la cocina, con los puños pegajosos y el corazón desbocado. Tuve que hacer acopio de toda la fe que tenía para creer que estábamos haciendo lo mejor para nuestro hijo, y no empeorando las cosas.

Michael me sorprendió un día llegando a casa en medio de una de las sesiones de Wesley, para ver cómo iban las cosas. Durante la sesión, yo estaba, como siempre, preocupadísima en la cocina: pálida, temblorosa y hecha un mar de lágrimas. Ni que decir tiene que le había contado lo espantosas que eran las sesiones, pero nada podía haberle preparado para lo que vio.

Me miró y me dijo: «Ejercicios para estirar. Cualquiera diría que son para chillar». Entonces Michael cogió el teléfono para llamar a su jefe. Aquella tarde organizó su horario de trabajo de manera que pudiera estar en casa durante las sesiones terapéuticas de Wesley. Eso suponía que no le quedaría otra que trabajar los sábados, pero Wes tendría todo el cuidado que necesitaba... y yo podría estar en la guardería, fuera del alcance del oído.

Fue una época angustiosa. Durante meses acudimos a urgencias un par de veces a la semana. Wes no podía tragar líquidos, y sobrevivió a base de leche infantil espesada con harina de arroz. Me era imposible dormir. Estaba convencida de que, si no se le vigilaba constantemente, Wesley dejaría de respirar, así que pasaba las noches junto a su cuna. No podía confiar su cuidado a nadie más; sabía que si le pasaba algo jamás podría perdonárselo a nadie ni perdonármelo a mí misma. Todo esto sucedía en medio de lo que ocurría con Jake. Y cuando me ocupaba de la guardería, no dejaba ni un momento de llevar a Wesley en la mochila portabebés.

ARCOÍRIS

Los urgentes problemas de salud de Wesley no cambiaron las necesidades de Jake, claro está, así que también era importante que mantuviéramos su programa de actividades y sus rutinas diarias. Seguíamos pasando horas y horas a la pequeña mesa de la cocina, pero no veíamos que hubiera mucha mejoría..., y desde luego nada acorde con la tremenda cantidad de trabajo que se estaba haciendo. La vida era doblemente difícil en aquella época debido a la guardería, donde estaba rodeada de niños normales. Recuerdo quedarme mirando a un niño, mucho más pequeño que Jake, que pasaba volando por su zona de terapia y sin esfuerzo metía una bola en una copa, una habilidad en la que los terapeutas de Jake llevaban trabajando seis meses, en vano. Intentaba aceptar el que una niña a la que conocía desde hacía tan solo una semana me diera un enorme abrazo de despedida al final de la jornada cuando mi propio hijo ya ni siquiera parecía darse cuenta de que yo estaba en la habitación. Pero no era fácil.

De todos modos, no podía evitar fijarme en que cuando los terapeutas de Jake se habían marchado y él jugaba solo, daba la impresión de estar completamente concentrado en algo. A otras personas podría parecerles como que estaba ido, sencillamente, pero yo no veía que tuviera la expresión perdida. Cuando hacía girar una bola en la mano, o dibujaba figuras geométricas una y otra vez, o volcaba las cajas de cereales en el suelo, a mí me parecía que estaba completamente embelesado. Su atención no parecía dispersa ni vacía. Más bien daba la impresión de estar enfrascado en alguna tarea seria e importante. Por desgracia, no podía decirnos de qué se trataba.

Sin embargo a veces lograban penetrar algunos destellos de luz y, cuando eso ocurría, eran extraordinarios.

Al tener la guardería, yo contaba siempre con ingentes cantidades de lápices de colores que guardaba en grandes latas, y a Jake le encantaba tirarlos todos al suelo y luego colocarlos en filas, como hacía con sus cochecitos de juguete. Un día, a última hora de la tarde, mientras recogía el cuarto de estar, me paré un momento a descansar y a contemplar la precisa y armoniosa figura que Jake había dejado en la alfombra, un precioso despliegue que transformaba cientos de sencillos lápices de colores en un arcoíris.

Cuando me agaché a recogerlos, lata en mano, me vino a la cabeza de repente algo que aprendí en la clase de ciencias del instituto: la regla mnemotécnica ROYGBIV*, para los colores rojo, naranja, amarillo, verde, azul, añil y violeta. Un escalofrío me recorrió la espalda. El dibujo que Jake había hecho no solo *parecía* un arcoíris, *era* un arcoíris. El rojo teja estaba situado junto al siena tostado, el azul cadete junto a la majestuosidad del malva silvestre. Los lápices de colores no solo estaban colocados meticulosamente, lo que ya habría sido bastante insólito en un niño de dos años y medio, sino que lo estaban en el orden exacto de los colores del espectro.

Jake estaba sentado a la mesa del desayuno cuando, a la mañana siguiente, le hablé a Michael del arcoíris de lápices. Sinceramente, estaba un poco alucinada.

—¿Cómo sabe él el orden de los colores del espectro? —pregunté—. ¡Yo casi ni me acordaba de la regla mnemotécnica!

* En español, sería: RNAVAAV.

Como si quisiera responder, Jake alargó la mano y, delante de Michael, inclinó el vaso de agua para que se reflejara en él la luz matutina que entraba por la puerta corredera, con lo que se formó un precioso y completo arcoíris en el suelo de la cocina. Los tres nos giramos para mirar aquel intenso arcoíris.

—Supongo que así es como lo ha aprendido —dijo Michael.

Otro día, por aquella misma época, mientras yo estaba en una tienda de juguetes buscando un regalo apropiado para Wesley antes de que empezara a alborotar, Jake se entretenía junto a un estante lleno de cajas de música, levantando las tapas y escuchando las canciones. Cuando me disponía a pagar, Jake se acercó al piano electrónico enrollable que la tienda tenía expuesto junto a la caja registradora. Mientras la dependienta envolvía el regalo, Jake ladeó la cabeza y, sin fallar ni una sola nota, se puso a tocar las melodías que acababa de oír. La dependienta se quedó boquiabierta. Mi hijo era capaz de tocar una canción tras oírla una sola vez. Eso no dejaba de ser ya bastante asombroso, pero lo que la dependienta no sabía era que Jake no había visto nunca un teclado.

En ocasiones me parecía que yo era la única persona capaz de apreciar las aptitudes especiales de Jake. Los informes de los terapeutas eran cada vez más alarmantes, y el distanciamiento de Jake con respecto a Michael y a mí era casi total. Nuestro antes cariñoso hijo ahora no hablaba con nosotros, no nos abrazaba, no nos decía que nos quería. Ni siquiera nos miraba a menos que casualmente le estorbáramos las sombras que estaba contemplando.

Daba la impresión de que cada vez eran menos las actividades en las que quería —o podía— participar. Pero yo no desistía de ninguna de ellas. Como Michael trabajaba en el comercio minorista, tenía un horario de locura. Durante las vacaciones, por ejemplo, podía trabajar de tres de la tarde a tres de la mañana. Siempre que el trabajo le privaba de pasar tiempo con la familia, Jake y yo le despertábamos para darle un abrazo de buenos días antes de empezar nuestra propia jornada. No tengo palabras para describir lo feliz que me hacía abrir la puerta de nuestro dormitorio y ver cómo a Jake se le iluminaba la cara en cuanto veía a Michael. «¡Papá!», gritaba, y Michael, al oír la voz de su hijo, abría los ojos, y también los brazos.

Por descontado, nada de eso ocurría ya, pero yo perseveraba, confiando en que Jake volviera a tender la mano hacia su padre. Una mañana, con la mano en el pomo de la puerta de nuestro dormitorio, pensé en la cara de cansancio que Michael tenía la noche anterior, y me pregunté si era justo que le despertara para nada. Pero, al final, giré el pomo. Seguir con las costumbres cotidianas que en otro tiempo nos habían deparado tanta dicha era nuestra manera de mantener viva la llama en la ventana que iluminaría el camino para que Jake volviera a nosotros.

No era fácil. Todas las noches, me metía en la ducha después de recoger el espacio de la guardería y haber entregado a los niños, y me echaba a llorar, de cansancio, de miedo, de impotencia, sabiendo que había pasado otro día y que yo no había hecho lo suficiente, y que tendría que levantarme al día siguiente y volver a lo mismo una vez más. Aquel año fue tan difícil que algunas noches me quedaba llorando en la ducha hasta que se agotaba el agua caliente.

Algunos días, costaba muchísimo mantener la fe. A Joey, un niño de casi la misma edad que Jake que había tenido en la guardería desde que era un bebé, le diagnosticaron autismo más o menos al mismo tiempo que a Jake. Empezamos a trabajar con Joey y Jake juntos, y cuando oímos hablar de que las dietas sin caseína y sin gluten estaban dando buenos resultados, la probamos con los dos a la vez.

Jake no respondió a la dieta en absoluto, pero a Joey le funcionó, y con tanta rapidez que parecía un milagro. A las dos semanas, Joey ya hablaba. Todos los padres de hijos autistas sueñan con volver a oír la voz de sus hijos, y cuando Joey empezó a hablar, lloré dando gracias. Más tarde, aquella misma noche, me eché a llorar otra vez, porque mi hijo seguía sin hablar y porque empezaba a creer que ninguno de los terapeutas y expertos que trataban a Jake creía de verdad que fuera a volver a hacerlo.

UN GRAN AVANCE

El programa estatal de First Steps termina cuando el niño cumple tres años, entonces cesan todos los servicios. Es posible solicitar una prórroga para mantener parte de la terapia, pero hay una larga lista de espera. He sabido de casos en los que se concedió la ayuda adicional cuando el niño ya había cumplido doce o trece años.

El cumpleaños de Jake es en mayo. Como le habían diagnosticado autismo, tenía derecho a recibir terapia en un centro de desarrollo infantil —educación especial— en otoño. Pero al haber finalizado la atención de First Steps, nos encontramos con todo un verano por delante antes de que empezara el colegio, y yo no tenía intención de desperdiciarlo.

Todas las investigaciones apuntan a que el periodo más favorable para llegar a estos niños autistas es antes de que cumplan cinco años. Por eso cada día era para nosotros una carrera contra el reloj. Todos conocemos la leyenda urbana de la madre que sacó fuerzas para levantar un coche y salvar a su hijo. Esa era exactamente la clase de impulso que yo sentía, y estaba dispuesta a hacer todo lo que estuviera en mis manos para que el estado de Jake no empeorase aún más.

Michael y yo sabíamos, como la mayoría de los padres, que debíamos continuar con el protocolo básico. Pero queríamos hacer más. Algunos terapeutas de Jake, como Melanie Laws, se habían convertido en amigos y respondían amablemente cuando les acosábamos a preguntas. Aún quedaba mucho por aprender. Por la noche, Michael y yo nos quedábamos levantados hasta tarde, leyendo todos los libros que caían en nuestras manos. Nuestro dormitorio parecía una habitación estudiantil en época de exámenes, con libros y cuadernos por doquier.

Aquel verano, cuando empezamos a trabajar con Jake por nuestra cuenta, me propuse encontrar la manera de volver a comunicarme con él. Desgraciadamente, pese a que toda la familia lo había aprendido, nuestros esfuerzos con el lenguaje de signos habían sido inútiles. Observando a Jake durante las sesiones terapéuticas, me di cuenta de que para él aquellos eran gestos vacíos, y al final, en un estado de total frustración, arranqué todos los pósteres del lenguaje de signos.

En un foro de debate de Internet leí que habían desarrollado una serie de tarjetas pedagógicas para pacientes con derrame cerebral. Llamadas Sistema de Comunicación por Intercambio de Imágenes (PECS, por sus siglas en inglés), las tarjetas aún no se habían utilizado mucho con niños autistas, y eran carísimas. Pero yo seguía pensando en las tarjetas del alfabeto que a Jake tanto le gustaban y en cómo le atraían las imágenes, y se me ocurrió que quizá ese sistema de tarjetas funcionara con él.

Y así fue. En el plazo de unas semanas, era capaz de señalar la tarjeta correcta cuando le decíamos la palabra que correspondía a esa imagen. Aquello parecía un tremendo avance. Después de un año sin prácticamente ninguna comunicación, Jake estaba respondiendo.

Así que me apresuré a llenar el vacío. Recuerdo que entré en la cocina, donde me encontré a Michael, con expresión de perplejidad, echando un vistazo unas fotos que había recogido en la tienda. En el sobre, junto con varias fotos de Wesley y Jake en el zoo y en una granja (de esas en las que se puede entrar a coger manzanas), y unas cuantas instantáneas de Jake colocando sus coches de juguete en la mesita de centro, había otras fotografías de objetos inanimados que había pedido que me imprimieran en el papel alargado que se usaba para las panorámicas. Entre ellas había una de un cesto lleno de lápices de colores, otra de una garrafa de leche junto a una tacita de aprendizaje, otra de un plato de macarrones con queso, y otra de un reproductor de cedés con algunos cedés al lado. Michael tenía en las manos un enorme retrato de nuestro cuarto de baño. Me reí y le expliqué que yo misma había intentado elaborar unas cuantas tarjetas PECS adecuadas para Jake, con idea de que las empleara para indicar lo que quería hacer.

Melanie estaba entusiasmada por lo bien que habían funcionado las tarjetas y me aconsejó que siguiera utilizándolas.

—Hay que intentar que vuelva a estar en la parte más alta del espectro —dijo—. No debe perder más terreno.

Así pues, entre las dos pusimos en marcha un programa sensorial para Jake. Michael y yo no podíamos hacerlo todo solos, así que conseguimos que los alumnos destacados de la National Honor Society de mi antiguo instituto vinieran a casa a ayudarnos. Ellos tenían que hacer trabajo de voluntariado y nosotros necesitábamos voluntarios.

Los chavales eran estupendos, pero nadie se divertía mucho. Aunque Jake no hablaba, no hacía falta que ningún profesional cualificado interpretara cómo se sentía respecto a las actividades que le pedíamos que hiciera. Se aburría. A veces Melanie y yo nos reíamos porque se parecía mucho a un adolescente hastiado, apoltronado lejos de la mesa, con la barbilla apoyada en el pecho. En ocasiones, cuando ella iniciaba un ejercicio, él volvía la cabeza con exasperación, como diciendo: «¿Otra vez?». Si hacía el ejercicio, era evidente que estaba complaciéndonos.

—Vamos, Jake, haz esto conmigo, colega —decía Melanie, bromeando y tratando de ganársele. A veces bostezaba delante de ella. No obstante, yo seguía notando que cuando jugaba él solo su concentración era intensísima.

No pueden hacerse muchas generalizaciones sobre los niños autistas, pero yo me atrevo a aventurar esta: les encantan las cuerdas. Jake echaba mano de mi cestillo del punto y se pasaba horas jugando con la lana. Una mañana entré en la cocina a ponerme un café y lo que vi me dejó sin respiración.

Jake había llenado la cocina de lanas de diferentes colores, pasándolas por el tirador del frigorífico y alrededor del cubo de la basura, por las patas de la mesa y las sillas, los pomos de los armarios y los mandos de la cocina. El resultado era una serie de intrincadas y vistosas redes superpuestas. Con unos cuantos metros de lana, había creado no un embrollo de aquí te espero, sino un complejo diseño de una belleza y una sutileza increíbles. Me quedé anonadada.

Esa fase duró meses. Puede que pareciera una pequeña locura dejar que se adueñara de la casa de aquella manera. Había días en los que yo no podía ni entrar en la cocina. Pero aquellos intrincados diseños eran imponentes, y cuando el sol entraba a raudales por las ventanas, las sombras que se formaban se movían y cambiaban conforme avanzaba el día, inundando la habitación de un complejo juego de luces y sombras. Esas creaciones eran para mí la prueba de que mi hijo seguía ahí, atareado en algo grande. A través de ellas podía vislumbrar su mundo interior y su mente extraordinaria.

El contraste con su comportamiento durante la terapia era muy marcado. Cuando se afanaba con las lanas, a Jake se le veía enfrascado y atento. No le frustraban los obstáculos, y nada podía distraerle ni desviarle de su propósito. Era imparable. Empecé a darme cuenta de que si Jake había pasado un tiempo tejiendo sus redes por la mañana, después se mostraba mucho más dispuesto a afrontar la terapia que tuviera que hacer ese día.

Me importaba mucho también que estuviera cómodo, incluso durante la terapia. Como a muchos niños autistas, a Jake le gustaba sentirse abrazado. Había leído los trabajos de investigación en que se demostraba que la compresión física reconfortaba a las personas con autismo. Conocía la historia de la maravillosa activista en derechos de los animales y temas relacionados con el autismo, la doctora Temple Grandin, y la «máquina de abrazar» que había diseñado para apretujarse a sí misma cuando era pequeña. Así que le hice a Jake una especie de saco plegando una hamaca, cosiéndola por los lados y colgándola del techo. El saco le envolvía por completo, pero, al estar tejido, podía ver el exterior. Eso era importante para mí, porque suponía que, cuando se encontraba cómodamente acurrucado en su interior, seguía estando en la habitación con nosotros. Le balanceaba dos o tres veces, lo cual le encantaba, y a continuación yo sostenía en alto dos tarjetas, nombraba el objeto de una de ellas y le pedía que señalara la tarjeta correcta. Su capacidad para concentrarse en los juegos de reconocimiento era siempre mucho mejor cuando estaba en su columpio.

Aprovechábamos cualquier ocasión que se nos presentara para realizar ejercicios como quien no quería la cosa. Yo sacaba el circuito del tren de juguete de madera que tenía en la guardería, pero en lugar de llenarlo de trenes, lo cubría con una manta aterciopelada y luego echaba encima miles de alubias que había comprado a granel en el supermercado. Uno de los rituales que más tranquilizaban a Jake, sobre todo si había habido algo que le hubiera estresado, como un cambio en la programación de sus actividades, era apoyarse en el circuito, empujando las alubias para hacerse sitio, con un libro del alfabeto. Y como a los otros niños de la guardería también les gustaba jugar con las alubias (era como una pista de arena, solo que más fácil de limpiar), le pedía a Jake que dejara el libro por un momento para que les pasara un embudo o algún juguete de playa, incorporando así ciertas finalidades sociales en lo que de otro modo sería un juego solitario.

El otro cambio que pusimos en marcha aquel verano fue más sutil, pero, en mi fuero interno, es al que yo atribuyo el que Jake saliera del autismo.

Una tarde, Jake trabajaba con uno de los estudiantes del instituto en su pequeña mesa del salón. Era el primer día verdaderamente caluroso del verano, así que decidimos poner los aspersores para los niños de la guardería. Tras el largo invierno que habían pasado encerrados todos juntos, salieron disparados al patio, patinando en la hierba húmeda con los pies descalzos mientras reían, gritaban y se salpicaban. Fue un momento maravilloso. Mientras les veía por la ventana, me sobresalté al caer en la cuenta de que esa era la clase de vivencia infantil que Jake no había tenido desde que le diagnosticaron.

La visión y el ruido de aquellos niños saliendo, por fin, al aire libre, patinando y chillando mientras disfrutaban bajo el agua fría, me cogió desprevenida. Desde hacía año y medio, siempre que Jake estaba despierto, todo giraba alrededor del autismo: ejercicios, terapia y reconocimiento de patrones para trabajar en sus capacidades menos desarrolladas. Pero nos habíamos olvidado de algo esencial: la *infancia*.

Las típicas vivencias de la niñez —por ejemplo, ver cómo se te arrugan los dedos bajo el agua fría de un aspersor en el primer día de calor del verano— son importantes para todos, no solo para los niños normales. Es bueno que todas las familias tengan tradiciones especiales para celebrar quiénes son y las cosas que consideran importantes. Sabía por propia experiencia que no hacía falta que esas tradiciones fueran nada del otro mundo para ser importantes. Algo tan sencillo como meter en una nevera unos sándwiches de mantequilla de cacahuete y marcharse a la playa a volar una cometa puede llegar a constituir un valioso recuerdo familiar. Pero nosotros no estábamos haciendo ninguna de esas cosas con Jake, y de pronto me di cuenta de que si yo no luchaba por que mi hijo tuviera una infancia, nunca la tendría.

Cogí el teléfono y llamé a Michael al trabajo.

—Cariño, necesito que te encargues de Wesley tú solo esta noche. Yo tengo una cita.

Michael se alarmó. Wesley estaba tan enfermo que no me había separado de él ni diez minutos desde que había nacido. Pero aquella tarde, después de cenar, lo hice. Mientras Michael ponía el pijama a Wesley, yo metí a Jake en el coche, quité el techo corredizo para que entrara el dulce aroma del verano y me dirigí a la campiña de Indiana.

En unos minutos, dejamos atrás nuestro barrio. La estrecha carretera que teníamos por delante era de un solo carril en cada sentido, flanqueada por una pared de altos maizales a un lado y kilómetros de soja verde al otro. Cuando la carretera asfaltada dio paso al camino de grava, no se veía más coche que el nuestro, y las únicas luces que se divisaban a lo lejos eran las de las granjas. La gente siempre dice que va al campo en busca de paz, pero lo cierto es que la noche campestre está llena de sonidos, y el chirrido de los grillos y el murmullo del viento entre los maizales inundaban nuestro coche.

Me dirigía hacia la extensión de tierra que rodeaba la iglesia de mi abuelo, hacia aquellos kilómetros y kilómetros de campo abierto que había en torno al lago donde al abuelo John le encantaba pescar. En verano, a menudo se llevaba allí a sus nietos; nos subía a los trece en la camioneta, con una caja de zumos de uva y las latas de café llenas de gusanos de tierra que nos pedía a Stephanie y a mí que cogiéramos, con nuestros ponchos puestos, cuando llovía. Pasé muchos días felices con mi hermana en ese lago. Nos dedicábamos a perseguir mariposas y ranas, y cuando se ponía el sol, cazábamos luciérnagas y las metíamos en botes de mermelada para iluminar nuestros fortines. Era un lugar tan poderosamente asociado a mi infancia que me parecía el sitio adecuado para que Jake empezara la suya.

Puse las luces antiniebla y sintonicé una emisora de jazz a todo volumen. Dejé los zapatos en el coche, saqué a Jake y le cogí en brazos. Mientras bailaba con él en la calidez de la noche al ritmo de *Takes Two to Tango*, de Louis Armstrong, sentí que hacía muchísimo tiempo que no estábamos juntos sin trabajar en nada.

Cuando se me cansaron los brazos de balancearle, nos tumbamos en el capó del coche, y saqué unos polos de la enorme nevera que había llevado. Nos resbalaban por el cuello gotas frías y pegajosas de los polos mientras estábamos echados contemplando la inmensidad del cielo. Señalé las constelaciones que conocía, y cuando ya no pude nombrar ninguna más, me quedé allí en silencio, mirando hacia lo alto. No hay mucha contaminación lumínica procedente de Indianápolis en ese remoto lugar, y aquella noche las estrellas se veían tan cerca y tan brillantes, que parecían al alcance de la mano.

Jake estaba extasiado con las estrellas. Desde que habíamos empezado la terapia, nunca le había visto tan relajado y contento. Yo me sentía igual. Estaba cansada y asustada, pero por primera vez tuve la seguridad de estar haciendo lo correcto.

Aquel verano completábamos las largas, duras y agotadoras horas de terapia del día con algunas otras de distendida diversión infantil por la tarde. No era fácil. Después de la terapia, ya no quedaban muchas horas, y yo no quería que se difundiera lo que estábamos haciendo. La opinión generalizada era unánime: cuando los niños están truncados, el trabajo sustituye al juego. Las otras madres con niños autistas que conocía se habrían escandalizado si se hubieran enterado de nuestras escapadas, y la mayoría de los expertos también. Oía sus voces escandalizadas en mi cabeza: «Pero ¿y el horario? ¿Has cumplido el horario a rajatabla?».

Me aseguraba de que dedicásemos el tiempo necesario a la terapia, eso por descontado, pero algo me decía que también era importante que Jake tuviera la oportunidad de jugar y sentir la tierra entre los dedos de los pies. Yo me había propuesto darle las dos cosas. Hubo veces en que habría sido fácil no dar prioridad a la infancia de Jake, y dedicar una hora más a la terapia ocupacional en el gimnasio o pasar un poco más de tiempo a la mesa de los ejercicios de terapia. Pero si tenía que elegir entre un poco más de terapia o soplarnos el uno al otro flores de diente de león en el patio, optábamos por las flores de diente de león sin dudarlo. Realmente creo que esa decisión fue un factor que contribuyó a que fuera posible que Jake se reincorporase al mundo, y es el que nos ha guiado y animado siempre que Michael y yo hemos tenido que tomar otras decisiones, grandes y pequeñas, que concernían a nuestro hijo, en los años que siguieron.

Muchos niños pasan el verano jugando en la playa. Jake no podía hacerlo sin comprometer su terapia, ya que la playa quedaba muy lejos. Pero sí que podíamos construir castillos en el cajón de arena del patio, aunque tuviéramos que hacerlo a la luz de la luna. Teníamos un pequeño brasero en el patio. No era de fuego de verdad, pero sí lo bastante bueno como para que Jake se diera el gusto de lamerse el chocolate derretido de los dedos y pudiera probar las empalagosas esponjitas tostadas mientras los mosquitos nos acribillaban las piernas.

Viajábamos con frecuencia a la propiedad de mi abuelo. Allí la presencia del abuelo John se sentía con tanta fuerza que era como si hubiéramos ido a visitarle. Cuando tenía miedo y me sentía sola, como me ocurría a menudo en aquella época, me consolaba pensando en que él me había asegurado que Jake se pondría bien.

A Jake le encantaban aquellos viajes. Se me ocurre ahora que quizá toleraba los bailes bajo las estrellas porque él también conseguía hacer lo que realmente le gustaba: contemplar el cielo nocturno. Pero no podía decírmelo, y yo intentaba que, en el tiempo libre que tuviéramos, hubiera sitio para todos aquellos juegos de siempre.

Fue durante aquellas salidas al campo cuando volví a encontrarme con mi hijo. Seguía sin hablar y sin hacer contacto visual, pero hacia el final del verano, a veces le oía tararear la música de jazz que yo ponía, y se reía cuando daba vueltas con él bajo las centelleantes estrellas. Mientras estábamos tumbados en el capó del coche mirando el cielo estrellado, él se volvía en busca de los polos, pasándome la caja para que la abriera. Quizá no parezca gran cosa, pero no nos habíamos relacionado de aquella manera desde hacía todo un año. Entonces, justo antes de empezar la educación infantil especial, hubo otro hecho importante.

Muchos padres se quejan de que les cuesta mucho mandar a sus hijos a la cama. Nosotros no. A menos que Jake y yo estuviéramos disfrutando de una de nuestras aventuras nocturnas, él mismo se acostaba puntualmente a las ocho en punto todas las noches.

A decir verdad, a veces eso resultaba un poco molesto. En Indiana, los días estivales son largos. Los fines de semana los niños corretean por ahí hasta las nueve o las diez de la noche, cogiendo a hurtadillas otro helado de la nevera mientras los adultos charlan con los vecinos en torno a una barbacoa. Jake no. Si estábamos en casa de alguien, él se echaba a dormir en el suelo, o, como en un Halloween memorable, se acostaba en la cama vacía de Allison, la hija de nuestro amigo Dale.

No nos dimos cuenta de lo estrictamente puntual que era hasta que una noche intenté acostarle temprano. A la mañana siguiente teníamos que salir de viaje fuera del estado para asistir a una boda, lo que significaba que todos tendríamos que levantarnos pronto y salir de casa antes de lo habitual. Pensando que a todos nos convenía dormir bien esa noche, metí a Jake en su camita Volkswagen Escarabajo, y cuál no sería mi sorpresa cuando me encontré con que no había manera de que se tumbara. Perpleja, llamé a Michael. Entre los dos intentamos convencerle de que se acostara, pero, como siempre, no nos hizo caso y se puso a mirar las sombras de la pared. En la habitación de Jake no había reloj, pero a las ocho en punto se acostó y él mismo se tapó.

—¡Fíjate! —le dije a Michael—. La sombra de la pared... es un reloj.

Comprobamos mi teoría en las noches siguientes poniendo toallas encima del decodificador y el reloj de la cocina y volviendo el despertador de nuestro dormitorio de cara a la pared. Todas esas noches, Jake se acostó exactamente a las ocho; no a las ocho menos tres minutos ni a las ocho y tres minutos, sino a las ocho en punto.

Teníamos establecidas unas costumbres a la hora de dormir. Como muchos niños autistas, a Jake le gustaba que todos los acontecimientos de su vida fueran previsibles. Por eso yo hacía exactamente lo mismo cuando le arropaba. Me inclinaba hacia él, le daba un beso en la frente y le decía: «Buenas noches, ángel mío. Eres mi cielo y te quiero mucho».

Cuando era pequeño, Jake respondía con un abrazo, pero con el tiempo se había vuelto totalmente indiferente. La gente pregunta qué es lo más difícil de tener un niño autista, y para mí la contestación es sencilla. ¿Qué madre no quiere oír a su hijo decirle que la quiere o sentir sus brazos alrededor del cuello? Y entonces una noche, unos seis meses después de haber empezado a hacer esas excursiones al campo, mi deseo se hizo realidad. Estaba acostando a Jake, inclinándome a besar y a desear buenas noches a mi cielo, cuando, sin previo aviso, levantó los brazos y me abrazó.

Nunca en la vida olvidaré ese momento. Fue el primer signo de afecto, o de interés siquiera, que había mostrado hacia mí en más de un año. Me impresionó tanto que, conteniendo los sollozos, no me atreví a moverme por miedo a que parase. Podría haberme quedado allí para siempre, con las lágrimas rodándome silenciosamente por las mejillas y sus bracitos apretados alrededor de mi cuello.

Y entonces, notando su cálido aliento en la oreja, mi hijo habló por primera vez en dieciocho meses. Y lo que dijo fue: «Buenas noches, *bagel** mío».

Entre lágrimas, me eché a reír y una vez que empecé, ya no pude parar.

---

* En inglés, *bagel*, una especie de bollo con forma de rosquilla, tiene una pronunciación parecida a la de *angel*, «ángel».

UN PASO ATRÁS

Todos los progresos que habíamos hecho durante el verano fueron de lo más esperanzadores. Incluso nos habíamos divertido un poco. Pero el verano se acabó y, cuando lo hizo, dio comienzo la educación especial. Y Jake empezó a ir a un centro de desarrollo infantil.

Desde el principio, aquellas clases prácticas de capacitación para la vida diaria me dieron mala espina. En un jardín de infancia normal, al principio se hace especial hincapié en ayudar a los niños a separarse de sus padres por primera vez. Pero en un centro de educación especial esos lujos no existían. En nuestro caso, el primer día, apareció a nuestra puerta el pequeño autobús amarillo, Jake se subió a él, y varias horas después el mismo autobús nos le dejó de nuevo en casa. Lo que sucedió en ese intervalo siempre fue en gran parte un misterio para mí.

Para ser sincera, supongo que la ansiedad por la separación era más un problema mío que de Jake. A excepción de aquel tierno abrazo a la hora de dormir, él seguía sin apenas acusar mi presencia cuando me hallaba en la habitación, por no hablar de cuando salía de ella. Pero, como madre que era, me resultaba aterrador que se subiera a aquel autobús. Con tres años y medio, era muy *pequeño*, un bebé, realmente. Y aunque había empezado a decir alguna palabra aislada de vez en cuando, dialogar con él era aún impensable. Jake no podía contarme cómo le había ido en el colegio, lo que había ocurrido o cómo se había sentido. No podía comunicar sus temores, ni sus angustias, ni sus preocupaciones. Ni siquiera podía saber si le había gustado el almuerzo de un día determinado. Así que tuve que depositar mi confianza en el sistema.

Lamentablemente, mantener esa confianza se hizo cada vez más difícil. No tenía nada en lo que basarme salvo en cómo se comportaba Jake cuando estaba en casa, y lo que veía me llenaba de incertidumbre. No mejoraba. De hecho, daba la impresión de estar perdiendo lo que había ganado durante los meses anteriores. A finales del verano, me había atrevido a confiar por primera vez en que se había iniciado una mejoría. Rezaba para que las pocas palabras que habíamos conseguido arrancarle significaran que seguirían otras más, y cada vez me sentía más optimista respecto a que pudiera volver a hablar. Pero cuando empezó el colegio y pasaron las semanas, las esperanzas se desvanecieron.

El inicio de la educación especial infantil coincidió también con una serie de comportamientos nuevos que me parecían preocupantes. Uno de los más llamativos ocurrió la tarde en que le llamé para cenar y Jake se tumbó en el suelo, negándose a moverse. Cuando fui a levantarle, me encontré con que había relajado los músculos, y era casi imposible llevarle. No lloraba ni se le veía disgustado..., solo desmadejado. Con el tiempo, me fijé en que cada vez lo hacía más a menudo, siempre cuando le pedía que realizara alguna tarea que él no deseaba hacer.

Su profesora venía a hacernos la visita reglamentaria una vez al mes, y, en la siguiente que tuvimos, le hablé de ese nuevo comportamiento. Ella se rio y dijo:

—Oh, debe de haberlo aprendido de Austin, otro niño de la clase. Austin tiene parálisis cerebral, y cuando no quiere cooperar afloja los músculos.

Por un lado, era consciente de que el asunto tenía gracia; pero, por otro, me parecía realmente preocupante. ¿Cuánta atención especializada podía dispensarse a cada uno de los niños si se les agrupaba a todos en una clase, sin tener en cuenta sus necesidades especiales? Y ese comportamiento en particular me resultaba de lo más inquietante. El objetivo no era que Jake fuera cada vez *menos* receptivo.

Michael compartía mi preocupación, hasta cierto punto, y tenía la paciencia de hacer de caja de resonancia siempre que afloraban mis dudas sobre el progreso de Jake en educación especial. Se convirtió en el sereno portavoz de todos los mismos sentimientos que me repetía a mí misma una y otra vez cuando él no estaba: «Ellos son los expertos, Kris. No cuestionaríamos a un cardiólogo o a un oncólogo. ¿No deberíamos confiar en que saben lo que es mejor para nuestro hijo?».

Así estuve durante meses. Contenía las dudas hasta que entraban en ebullición, y entonces me tranquilizaba la sensata predisposición de Michael a aguantar hasta el final y confiar en los expertos. Pero mis preocupaciones respecto al colegio finalmente alcanzaron un punto crítico unos meses más tarde, cuando la profesora de educación especial de Jake amable pero firmemente me pidió que dejara de mandar a Jake al colegio con sus queridas tarjetas del abecedario.

Ese malentendido constituyó para mí un momento clarificador. Michael y yo enviábamos a Jake al colegio para que aprendiera. Pero sus profesores —las personas responsables de su educación— estaban diciéndome que no creían que el niño pudiera aprender. Por muy delicada que la profesora de Jake hubiera sido conmigo, el mensaje implícito estaba claro: no había nada que hacer con mi hijo.

Más tarde, ese mismo día, mientras sacaba del horno un pollo para cenar, intenté hablar de ello con Michael.

—¿No va a leer? ¿*Nunca?* ¿Y por qué no intentarlo al menos? Jake es un niño para quien el abecedario constituye una obsesión sin que se le haya motivado siquiera. ¿Por qué impedir el progreso de lo que él ya hace de forma natural?

Michael estaba ligeramente exasperado conmigo.

—¡Kris! Esas personas tienen mucha más experiencia y formación que nosotros. Tenemos que dejar que los expertos hagan su trabajo.

—¿Y si el hecho de que Jake lleve las tarjetas del abecedario a todas partes es su forma de decir que quiere leer? Puede que no, pero ¿y si lo es? ¿Queremos que esté con personas que ni siquiera van a intentar enseñarle solo porque eso no forma parte del programa de formación práctica? ¿Por qué decirle que no a alguien que quiere aprender?

Comprendí que todas mis preguntas —y, por descontado, todas las constantes dudas que había sido incapaz de sofocar desde que Jake había empezado la educación infantil e incluso antes— podían reducirse a una única cuestión: ¿por qué todo gira alrededor de lo que estos niños *no* pueden hacer? ¿Por qué nadie se para a pensar en lo que *sí* son capaces de hacer?

Las razones de Michael para dejar que las cosas siguieran su curso siempre habían conseguido aplacar mis dudas... hasta aquella noche. De repente, se me disiparon todas las dudas. Al igual que cualquier madre sabría instintivamente apartar a su hijo del borde de una hoguera, yo sabía que tenía que apartar a mi hijo de la educación especial.

Michael percibía un cambio en la marea, y se alarmó.

—Kris, cariño, entiendo que estés descontenta y disgustada, pero tienes que ser razonable —dijo. Confiaba en mí a la hora de tomar decisiones, pero esta vez vio que me dirigía a unas profundidades en las que él no se sentía cómodo, y menos cuando era tanto lo que había en juego. Yo entendía su postura. Al fin y al cabo, veinticuatro horas antes estaba de acuerdo con él. Pero en aquel momento a mí me parecía de una claridad meridiana que la opción que él consideraba más prudente y racional resultaría nefasta para nuestro hijo.

A juzgar por el aspecto, el rebelde era Michael. Él era el que conducía demasiado deprisa, el que gastaba bromas, el que llevaba vaqueros desgastados y chaqueta de cuero. Pero en nuestra relación las diferencias no siempre resultaban ser las esperables. De los dos, era Michael el que se sentía más cómodo ciñéndose a las reglas, el que necesitaba la seguridad de una serie de normas establecidas. Y resultó que yo estaba más dispuesta a escoger un camino desconocido cuando era necesario.

La conversación se prolongó hasta bien entrada la noche, aunque Michael comprendió enseguida que mi decisión estaba tomada. En los años siguientes con Jake, comprobaría una y otra vez que si una puerta se cierra, otras pueden abrirse. Pero aquella noche, mientras daba vueltas en la cama, con la voz de la profesora en la cabeza, aún no contaba con ese conocimiento para tranquilizarme; por eso, la decisión de sacarle del centro de educación especial fue la más difícil que había tomado nunca y me exigió el mayor acto de fe de mi vida.

Me levanté de la cama sin despertar a Michael y me dirigí al pequeño dormitorio verde de Jake, que tenía un jardín pintado en las paredes a imagen del de fuera. El estampado de su edredón era de cachorros de labrador montados en camionetas rojas que discurrían entre manzanos. Desparramadas por encima, como siempre, había centenares de tarjetas con letras del abecedario.

Le puse una mano en la espalda para sentirle respirar. Era un niño muy especial, único. Pero también era autista, y solo por eso, en el colegio le habían puesto una etiqueta y habían decidido prematuramente lo que podía y lo que no podía hacer. Mi hijo necesitaba que yo le defendiera, que fuera su campeona; necesitaba que hablara por él.

Al día siguiente, no subí a Jake al pequeño autobús amarillo, sino que se quedó en casa conmigo.

Michael puso el grito en el cielo.

—¿Cómo que no va al colegio? ¿Estás loca, Kris? ¿Has perdido el juicio?

—Michael, terminaremos por perderle si seguimos haciendo lo que estamos haciendo.

—Esto no es un juego, Kris. Es en el colegio donde Jake recibe tratamiento. No podemos permitirnos que venga a casa un ejército de terapeutas privados. No podemos permitirnos ni siquiera a uno solo. ¿Quién va a darle la ayuda que necesita?

—Voy a hacerlo yo.

—¿Y la guardería? ¿Y Wes?

—Nadie más lo hará, Michael. Los expertos lo hacen todo al revés, y no quiero perder el tiempo intentando que cambien de opinión.

Michael apretó la mandíbula, cruzó los brazos y no dijo nada.

Insistí una última vez.

—Puedo hacerlo, Michael. *Tengo* que hacerlo.

Aún enfadado, Michael se alejó de mí, con tensión en los hombros. Comprendía su disgusto. Yo carecía de la formación académica para administrar la clase de terapia que Jake necesitaba. Pero como todos los demás padres de un niño autista, había estado al pie del cañón con los terapeutas de Jake desde el primer día. Además, conocía a mi hijo mejor de lo que podría conocerle ningún experto. Y había visto una chispa en Jake. Cierto que algunos días apenas se atisbaba. Sin embargo, aunque no podía afirmar que comprendiera del todo las pasiones e intereses de Jake, tampoco podía justificar que se desalentaran dichos intereses solo porque los demás no los comprendiéramos, o porque no se ajustaran al llamado patrón normal del desarrollo infantil. Si queríamos ayudar a Jake, teníamos que dejar de centrarnos en lo que *no* podía hacer.

Tras unos momentos de tenso silencio, Michael se volvió hacia mí. Me di cuenta de que, más que convencerle, le había agotado. Finalmente, accedió, con la condición de que volviéramos a hacerle una evaluación en el plazo de unos meses. Imaginaba que el resultado habría sido diferente de haberse tratado de la enseñanza primaria y no de educación infantil.

—Ya verás, Michael, te lo prometo. Jake estará listo para primaria. Y no para educación especial, sino para un colegio de enseñanza primaria público normal. Me aseguraré de que así sea.

LA NUEVA NORMALIDAD

El silencio al otro extremo de la línea telefónica era inusitado. Entonces, la terapeuta del desarrollo de Jake, Melanie Laws, preguntó:

—¿Estás segura?

Ese día, antes de coger el teléfono, me senté en la sala y procuré recordarme que siguiera respirando: aspirar y expulsar, aspirar y expulsar. La enormidad de aquello a lo que me había comprometido me golpeó con fuerza. Me había enfrentado a Michael al adoptar esta postura, y había ganado..., pero ¿y ahora qué? No había ningún libro, ningún *Cómo integrar a su hijo autista en diez pasos* esperándome en la estantería, y no tenía ni la más mínima idea de por dónde empezar.

Así que llamé a alguien que sabía que podía ayudarme: Melanie Laws. Pero para embarcarla, primero tenía que convencerla de que no había perdido la cabeza.

Cariñosa y maternal, Melanie había trabajado con Jake desde el principio, y las dos congeniamos enseguida. Ella ejercía esa autoridad natural que proporciona la experiencia, el haber trabajado con centenares de niños durante años, así como criado a siete hijos propios. Melanie era de esas personas que siempre van un poco más allá. Eso era algo que mi abuelo siempre me había dicho que hiciera, y me había enseñado a valorarlo en otras personas. Melanie tenía también un gran sentido del humor, y Jake, incluso en los momentos de mayor tozudez, conseguía que soltara una carcajada.

—Menuda tarea me espera a mí con este —observó irónicamente, moviendo la cabeza cuando Jake, sin establecer contacto visual en ningún momento, empujó con un dedo el ejercicio de establecer correspondencias que ella estaba intentando que hiciera y lo tiró al suelo. Y, lo que era más importante, Melanie trataba a los niños con los que trabajaba como *personas,* no como problemas que hubiera que solucionar ni como objetos de compasión.

Melanie era la persona adecuada con la que hablar por otra razón: había sido profesora antes que terapeuta, lo que significaba que sabía exactamente lo que yo tendría que hacer para preparar el ingreso de Jake en un colegio normal. Aun así, el silencio que oí cuando le dije que había sacado a Jake del centro de educación especial fue preocupante. Sus reservas eran casi idénticas a las de Michael.

—No estoy segura de que seas del todo consciente de en qué te estás metiendo —dijo Melanie—. Jake necesita mucha..., *mucha* ayuda, Kris. Y, para serte franca, es mejor que esa ayuda venga de alguien que tenga a sus espaldas varios años de formación y mucha experiencia con niños autistas. Por no hablar de que bastante tienes con la enfermedad de tu hijo pequeño.

Le expuse mis razones. Pese a lo insegura que pudiera estar cuando veía ir y venir aquel autobús escolar, seguía convencida de lo esencial. Sabía que era lo adecuado para Jake. Pero ¿bastaría con mi convencimiento? Melanie era una profesional, y, al igual que Michael, no parecía muy convencida.

Estuvimos discutiendo los pros y los contras durante un rato, y después Melanie me pidió que le diera un tiempo para pensar si quería involucrarse o no.

Al día siguiente por la mañana, oí tocar un claxon. Fuera, en la entrada de casa, estaba Melanie, descargando cajas del maletero de su ranchera. Me miró y me dijo:

—¿Vas a quedarte ahí o vas a ayudarme a llevar dentro estas cosas?

Mi vehemente razonamiento no había terminado de convencerla, pero accedió a ayudarme a que Jake se integrara. De modo que nos pasamos el día sentadas en el suelo de la guardería, con los niños jugando a nuestro alrededor, mientras Melanie me enseñaba todos los juguetes, herramientas y ejercicios que ella empleaba en las terapias. Ella señalaba lo que creía que podía ser útil, y yo no paraba de hacer listas. Había llevado libros, fichas de trabajo y manuales de cuando ella realizó sus estudios para que yo los fotocopiara.

Después me explicó paso a paso cómo era un día típico de primer curso de primaria: desde la hora del cuento a cuando tocaba levantar la mano; desde pedir permiso para ir al baño al juego del Pato, Pato, Ganso; desde guardar el almuerzo en una taquilla a la canción de despedida. Luego hice otra lista con todo lo que un niño tendría que saber hacer para que le fuera bien en un colegio convencional.

Las dos estábamos agotadas cuando, finalmente, ella se levantó para marcharse, pero en su sonrisa no había dureza al preguntarme una vez más:

—¿Estás segura de lo que haces, Kris?

Respondí que sí lo estaba.

Organicé nuevas actividades para Jake. Pero en lugar de empujarle constantemente a ir adonde no quería ir, obligándole a ejercitar una y otra vez sus capacidades menos desarrolladas, le permitía pasar mucho tiempo todos los días haciendo las actividades que a él le gustaban.

Por ejemplo, Jake había pasado de los sencillos rompecabezas de madera a otros más complicados, y se ventilaba puzles de mil piezas en una tarde. (Un sábado por la tarde, cuando intentábamos finalizar la última y exasperante parte del proyecto de reforma que teníamos para la casa, Michael mezcló todas las piezas de cinco o seis puzles en el enorme cuenco que usaba para las palomitas de maíz en las noches en que teníamos película familiar. «Eso le mantendrá ocupado», dijo. Y lo hizo, pero no por mucho tiempo).

También le encantaban esos puzles chinos llamados *tangrams*, que consisten en siete piezas planas, de formas raras, que se unen para crear figuras reconocibles. A mí me parecía increíblemente difícil colocar esas formas irregulares de manera que semejaran un animal o una casa, y yo siempre tenía que moverlas muchas veces, probando diferentes opciones, para dar con la colocación correcta. Sin embargo, Jake parecía no tener problemas en revolver y girar esas formas mentalmente. Luego colocaba las piezas fácilmente, como si aquella fuera la única forma posible. Enseguida empezamos a combinar juegos, y hacíamos figuras a gran escala que eran mucho más bonitas y complejas que las sugeridas en las hojas de instrucciones.

Pasaba mucho más tiempo haciendo puzles y *tangrams* con él que cuando hacía terapia, y poco a poco empecé a ver un cambio. Se le veía más relajado, más absorto. Al cabo de un mes, más o menos, había recuperado parte del terreno que había perdido en la escuela. En concreto, Jake empezó a recuperar el lenguaje. No mantenía una conversación —yo no podía hacerle una pregunta y obtener una respuesta, por ejemplo—, pero hablaba.

La mayoría de las veces, recitaba series de números. A Jake los números le reconfortaban. A veces se pasaba una semana llevando a todas partes un recibo del supermercado, alisando la lista de números bajo los dedos. Pero una vez que se abrieron las compuertas, Jake estaba, de hecho, muy hablador. No pasábamos el letrero numérico de una calle o una dirección que él no leyera en voz alta. Cuando le llevaba conmigo en el coche a hacer recados, se dedicaba a entonar retahílas de números desde el asiento de atrás.

Así fue como averiguamos que Jake ya sabía sumar. En algún momento, me di cuenta de que algunos de los números que decía eran números telefónicos que leía en los costados de las furgonetas y los camiones comerciales a los que adelantábamos en la carretera. Pero siempre había un número más grande al final, y casi me salgo de la carretera el día en que comprendí que el número más grande del final era la suma de los diez dígitos del número de teléfono.

En una ocasión, mientras volvíamos en el coche de una cita médica con Wesley, capté algunos fragmentos de lo que Jake iba diciéndose en el asiento trasero. Esta vez, no se trataba solo de números, sino de las matrículas de los coches que pasaban. Luego fueron los nombres comerciales: «¡Marsh!», «¡Marriott!», «¡Ritters!». A los tres años de edad, pocos meses después de que su profesora nos dijera que con él no teníamos que preocuparnos del abecedario, Jake sabía leer. Realmente yo ignoraba cómo había aprendido ni cuándo había sucedido; a lo mejor había sido con aquel CD-ROM de *El gato con sombrero*, después de todo. Lo único que sabía era que con él no había tenido que pasar por las etapas previas al aprendizaje de la lectura por las que sí pasaba con los niños de la guardería, cuando les enseñaba el abecedario y los diferentes sonidos de las letras. Con Jake nunca había tenido que deletrear ninguna palabra. Y ahora que hablaba un poco más, nos estábamos enterando de que no tendría que hacerlo.

Su memoria constituyó otra sorpresa. A Jake le obsesionaban las matrículas de los coches desde que aprendió a andar. Nuestros vecinos se habían acostumbrado a verle en el camino de entrada a sus casas, recorriendo los números de las matrículas de sus coches con los dedos. Pero en nuestros paseos vespertinos, me asombraba darme cuenta de que los números y las letras que le oía canturrear en voz baja eran de los coches que ya estaban guardados en los garajes por los que pasábamos. Por lo visto, Jake había memorizado todas las matrículas del vecindario.

Aquello tenía su gracia, pero había indicios de que algo mucho más interesante estaba sucediendo. En aquella época, tardaba una eternidad en hacer la compra cuando llevaba a Jake conmigo. Antes de echar un artículo al carrito, tenía que decirle cuánto costaba para que él pudiera repetirme el número. Eso me volvía loca. Y con Wes colgado en el portabebés, era demasiado el tiempo que empleábamos en la tarea de hacer la compra. Un día, unos seis meses después de haberle sacado de la escuela infantil de educación especial, estaba ya en caja introduciendo la tarjeta de crédito cuando Jake empezó a gritar: «¡uno-veintisiete!», «¡uno-veintisiete!». Yo no veía el momento de salir del supermercado, pero cuando lo hice y tuve presencia de ánimo para comprobar el recibo, comprendí que él debía de haber ido sumando los precios a medida que yo iba metiendo los artículos en el carrito. La cajera había marcado sin querer unos plátanos que costaban 1,27 dólares dos veces. A partir de aquel día, Jake siempre me decía el total cuando nos poníamos a la cola de la caja registradora.

Las personas «de ciencias» de nuestra familia encontraban a Jake fascinante. Un día estaba tomando café con una tía mía, profesora de geometría en un instituto, mientras Jake, sentado en el suelo, jugaba con una caja de cereales y unas pelotas de poliestireno que había comprado en una tienda de materiales educativos para que los niños de la guardería hicieran un muñeco de nieve. Jake metía las pelotas en la caja, las sacaba, y vuelta a empezar; daba la impresión de que contaba. Mi tía se preguntó en voz alta qué estaría haciendo.

Jake no levantó la vista.

—Diecinueve esferas forman un paralelepípedo —dijo.

Yo no tenía ni idea de lo que era un paralelepípedo; me sonaba a palabra inventada. En realidad, es una figura tridimensional que consta de seis paralelogramos. Jake había aprendido la palabra en un diccionario visual que teníamos en casa. Y, sí, se puede hacer uno con una caja de cereales. Mi tía no salía de su asombro, no tanto por la complicada palabra como por el complejo concepto matemático que escondía.

—Eso es una *ecuación,* Kristine —afirmó—. Nos está diciendo que se necesitan diecinueve pelotas de esas para llenar una caja de cereales.

Yo seguía sin entender la importancia de lo que Jake estaba haciendo hasta que mi tía me explicó que una ecuación era un concepto que sus alumnos de décimo curso tardaban mucho en asimilar.

La capacidad de Jake para aprender ciertas cosas nos maravillaba. Sentía curiosidad por el ajedrez, así que le enseñamos cómo se movían las piezas, y no tardó en ganar a los adultos de la familia, muy buenos jugadores algunos de ellos.

Le compramos un juego de losetas de plástico con las letras del abecedario, que era la clase de juguete que siempre le había gustado. Como siempre, se las llevaba a la cama. Al día siguiente, mientras desayunaba, se puso a juguetear con los Cheerios, colocándolos de formas diversas. No lo comprendí hasta que le acosté y me fijé en que las nuevas losetas tenían en la parte inferior una serie de pequeños puntitos en relieve. Jake había aprendido braille él solo.

Otra de las pasiones de Jake en aquella época eran los mapas. Casi no podía contenerse cuando Dora la Exploradora cantaba la canción especial del personaje. Nada le gustaba más que seguir con el dedo las carreteras entrecruzadas y las vías ferroviarias en un enorme mapa del estado. Este particular interés de Jake resultaba muy útil. A los cuatro años, ya había memorizado un mapa de carreteras de los Estados Unidos, así que si le preguntabas cómo ir de Indianápolis a Chicago, te decía que tenías que tomar la I-65 en dirección norte hasta llegar a la I-90 en el oeste, y también las pequeñas carreteras de acceso y las conexiones que había que hacer.

En la ciudad, esas habilidades suyas eran inestimables. La familia de Mike es de Chicago, así que íbamos allí a menudo. No me avergüenza reconocer que dependía completamente de Jake para orientarme en el laberinto del centro de la ciudad. Conocía todos los edificios y todos los atajos. ¿Qué hijo de cuatro años guía a sus padres entre el tráfico del centro de Chicago? Pero a Jake le encantaba decirnos por dónde ir, y así se ganó el apodo de «JPS», por «Jake Positioning System». Mucho antes de que los GPS fueran la norma en muchos coches, JPS lo era en el nuestro.

Michael y yo nos quedábamos maravillados ante las muestras de la precocidad de nuestro hijo, pero lo cierto era que la nueva normalidad seguía siendo dura. No avanzábamos mucho en lo que a la conversación se refería. Dábamos gracias por que volviera a hablar, pero recitar números y nombres de establecimientos y contestar preguntas no era lo mismo que dialogar. Jake aún no entendía el lenguaje como medio de comunicación con otras personas. Podía decirme cuántos coches azul marino había visto de camino al Starbucks, pero no cómo le había ido el día, y por eso yo siempre procuraba hacerle preguntas más concretas que tuvieran que ver con nosotros dos.

Además, las extraordinarias capacidades académicas de Jake realmente no iban a ayudarnos a que se integrara en un colegio público. Dicho claramente, en primaria las habilidades sociales son más importantes que las académicas. En los primeros años de colegio los niños pasan mucho tiempo jugando. Tienen que relacionarse con sus compañeros, tienen que seguir sencillas indicaciones y tienen que compartir. Si Jake se pasaba el día en un rincón, aunque estuviera aprendiendo la tabla periódica él solo, le mandarían de nuevo a educación especial inmediatamente.

Era imperioso que Jake aprendiera a funcionar bien en un grupo. Por descontado, pasaba mucho tiempo con los niños de la guardería, pero Melanie pensaba que le resultaría más fácil si hubiera otros niños autistas en el grupo. Con su ayuda, envié un mensaje electrónico a los padres de nuestra comunidad, con la esperanza de que algunos quisieran colaborar.

Aquella llamada a la participación me dio una primera pista de que había una verdadera epidemia de autismo. Yo esperaba cinco o seis respuestas, pero recibí centenares de ellas, de padres de niños de todas las edades. El nivel de desesperación que se percibía en los mensajes me dejó atónita. Al igual que yo, esas personas veían que lo que hacían no estaba ayudando a sus hijos. Para muchas de ellas se habían acabado las opciones que proporcionaba el sistema. No quedaba ningún lugar en el que trabajaran con ellos o con sus hijos. En la mayoría de los casos, yo era el último recurso.

«Por favor, ayúdenos», escribió una madre. «Usted es nuestra última esperanza».

Aquel fue un momento crucial para mí. Miré mi bandeja de entrada, inundada de mensajes, y pensé: «No voy a rechazaros a ninguno. Podéis venir todos». Jake iba a aprender todo lo necesario para entrar en primaria, y acogeríamos a todos los niños que pudiéramos. Y tampoco dejaríamos de lado a los niños mayores o con menor capacidad de independencia. «Vamos a formar una comunidad», pensé. «Vamos a creer en nuestros hijos, y en los hijos de los demás, y vamos a hacerlo juntos».

QUE BRILLE

—Kristine, me parece que hay una llama de verdad en el salón.

El tono de Michael era de resignación. Dos años después de sacar a Jake del programa de destrezas necesarias para la vida diaria, mi marido se había acostumbrado a la amplitud y el alcance de mis proyectos, pero nada le había preparado para aquello. Por descontado, la llama no debía estar en el salón. Se *suponía* que debía estar en el garaje, en el espacio que habíamos reformado para trasladar ahí la guardería, y que albergaba también un campamento nada ortodoxo que había organizado yo con el fin de preparar a niños autistas para entrar en un colegio normal de enseñanza primaria. Esperara lo que esperara Michael cuando le dije que estaba decidida a conseguir la integración escolar de Jake, no era esto.

Recibir aquella avalancha de correos electrónicos de aquellos padres desesperados había sido para mí una experiencia muy esclarecedora. Como respuesta, había decidido que, además de la guardería, iniciaría un nuevo programa, una serie de clases vespertinas para niños autistas y sus familias con el fin de ayudar a los niños a integrarse en la escuela pública. Gracias a Dios, Melanie Laws de nuevo se ofreció a cooperar, y me sugirió que registrara dicho programa como obra benéfica, ya que estaba decidida a que fuera gratuito. No soportaba la idea de que una familia no pudiera permitirse venir, o de que tuviera que saltarse otra terapia para poder hacerlo.

Así que todas las mañanas abría la guardería como siempre y hacía mi jornada laboral de nueve horas. Pero dos veces a la semana, después de que los niños de la guardería se fueran a casa, pasaba la aspiradora y montaba una especie de parvulario para niños autistas. Lo llamé Little Light.

Desde el principio, supe que quería abordar el autismo de una forma diferente. La terapia normal se centraba en las destrezas más básicas. La mayoría de los padres que venían a Little Light habían pasado años intentando que sus hijos progresaran en la escala de habilidades, por lo general sin mucho éxito. Yo sabía también lo que eran esas sesiones, la cantidad de horas empleadas en intentar que un niño metiera tres aros en un poste o le diera una galleta a una marioneta, en vano. Había visto a mi propio hijo quedarse dormido en una sesión, con una bola de masilla terapéutica en la mano. Así que en lugar de empeñarnos en todas esas tareas que los niños *no podían* hacer, decidí que empezaríamos por lo que ellos *quisieran* hacer.

Este enfoque estaba muy lejos de la práctica habitual. La mayoría de los terapeutas retiraban de la mesa un juguete o un puzle que le gustaba al niño para que este pudiera concentrarse en los objetivos terapéuticos; algunos incluso llegaban a esconderlo. Nosotros habíamos hecho lo mismo con los imanes con letras del abecedario de Jake durante su evaluación. Al igual que Jake estiraba todo el cuerpo hacia los imanes y rechazaba la tarea que tenía delante, yo había visto cómo se le pasaban las horas a un niño distraído buscando un juguete que no encontraba sin que hiciera el más mínimo progreso en todo el día.

Puede que el aprovechamiento de las pasiones de los niños no fuera la manera convencional de trabajar con ellos, pero se parecía mucho a cómo había trabajado yo siempre con los niños de la guardería. Creo que ese método tenía mucho que ver con cómo crecimos mi hermana, Stephanie, y yo. De pequeña, Stephanie, catorce meses más joven que yo, era un prodigio de los trabajos artísticos. Cuando tenía tres años, sus obras parecían hechas por un adulto. Para cuando cumplió los seis, tenía las destrezas de un profesional.

El talento de Stephanie nos abrió enormes mundos de creatividad a las dos. Aunque teníamos juguetes comprados, rara vez jugábamos con ellos. Nos interesaban mucho más los que fabricaba Stephanie. Las muñecas de papel y los centenares de prendas de intrincados diseños que hacía para ellas cuando estaba en preescolar eran mejores que cualquier cosa que pudiera comprarse. Yo inventaba elaborados guiones, y Stephanie pintaba los marcos detallados en los que se desarrollaban mis historias: castillos encantados, bibliotecas llenas de libros, junglas exuberantes. Si quería una casa de muñecas, no se lo decía a mi madre, sino a Stephanie.

Por desgracia, las extraordinarias aptitudes artísticas de Stephanie no le sirvieron de mucho en el colegio. Sacaba malas notas en todas las asignaturas menos en arte, y tenía pocos amigos. Como más a gusto se encontraba era o sola o conmigo.

Sorprendentemente, mi madre nunca intentó enmendar el bajo rendimiento académico de Stephanie. No es que se negara a reconocer el problema (Stephanie aprobaba a duras penas, así que no había posibilidad de negarlo), sino que se mostraba optimista.

—Si el arte no se te da bien, a nadie le importa. Pero si sacas malas notas en matemáticas, todos ponen el grito en el cielo —me dijo en una ocasión—. ¿Y eso por qué? —Me sorprendió un poco ese comentario, dado que ella era contable y le encantaban los números. Pero mi madre conocía a Stephanie.

En tercero, Stephanie echó un vistazo a las preguntas de una prueba de comprensión escrita y enseguida se dio cuenta de que no podía con ellas. Dibujó una carita con el ceño fruncido en la parte superior de la hoja, justo donde el profesor pondría la nota, dio la vuelta al examen y se pasó el tiempo restante dibujando un precioso paisaje en el dorso. Cuando mi madre se enteró de lo que Stephanie había hecho, se echó a reír.

La reacción de mi madre me dejó perpleja. ¿Cómo podía tomárselo tan a la ligera?

—Porque tu cerebro funciona de esta manera —dijo, señalando las preguntas de la comprensión escrita—, y el de Stephanie de *esta* otra. —Dio la vuelta a la hoja del examen para mostrar el dibujo del paisaje—. ¿Y sabes una cosa? A las dos os irá bien.

En aquel momento, claro está, no tenía ni idea de que hubiera nada extraordinario en la reacción de mi madre respecto de las diferencias de Stephanie. Sencillamente, así eran las cosas. Pero creo que fue de ella de quien aprendí que cada persona tiene un don natural, algo que aportar, aunque sea de una manera inusitada. Y empezaba a creer que el potencial de cada persona para conseguir grandes cosas depende de que se estimule ese don en la infancia.

Quizá mi madre se habría preocupado más si el talento de Stephanie hubiera sido menos pronunciado o menos obvio a primera vista. Pero el caso era que la belleza del trabajo de mi hermana impresionaba a los mayores, y más de una vez emocionó hasta las lágrimas a algún observador casual. En cualquier caso, en lugar de acomplejar a Stephanie por sus fracasos, mi madre se centró en sus dotes artísticas, proponiéndose hacer todo lo posible por fomentar la pasión de Stephanie. Mis abuelos eran generosos, pero poco amigos del derroche, así que no nos sobraba el dinero. Sin embargo, Stephanie no tenía solo un pincel; tenía diez, de todos los tamaños, grosores y clases, además de una enorme caja de caros lapiceros de colores europeos.

Cuando Stephanie cumplió ocho años, mi madre puso unos armarios de cocina en el lavadero, situado detrás de la casa, y ese cuarto se convirtió en el estudio de Stephanie, una zona en la que podía guardar su material de pintura y dibujar y pintar a placer. Y, lo que era más importante, todas esas cosas se pusieron a su disposición sin que se esperase nada a cambio. Stephanie nunca sintió que tuviera que producir obras maestras en su estudio; lo que mi madre hizo, sencillamente, fue proporcionarle un lugar en el que pudiera ser ella misma.

En la actualidad Stephanie es pintora y se gana la vida enseñando esa materia. Los retratos que les hizo a mis hijos están entre mis bienes más preciados. La actitud de mi madre ante los problemas de mi hermana me enseñó que mirar con un cristal diferente una situación que parece poco prometedora puede revelar un don y una vocación.

Yo siempre había alentado a los niños de mi guardería a que se tomaran en serio aquello que les apasionaba, y a lo largo de los años he visto lo sorprendentes que pueden ser los resultados cuando se les da la oportunidad y los medios para hacerlo. Cuando un día vi a Elliott, uno de los niños de mi guardería, metiendo los dedos en los agujeros de los tornillos de la parte de atrás del nuevo televisor de Michael, fui corriendo al taller de reparación de aparatos electrónicos (¿se acuerdan de ellos?) más cercano y le dije al tipo que estaba detrás del mostrador que me llevaba los casos descartados: todas las radios y televisores que no pudieran arreglarse. Siempre y cuando no fueran radioactivas ni estuvieran rotas de manera peligrosa, claro. Lo que a la mayoría de la gente podía parecerle un montón de trastos se convirtió en horas de diversión para Elliott, sobre todo cuando le entregué un flamante destornillador de seis cabezales, rojo cual manzana de caramelo, con el que desmontarlo todo.

Aquella costumbre mía de buscar cosas se convirtió en una broma familiar. Para cuando llevaba un par de años con la guardería, todo el mundo sabía que yo era incapaz de pasar por delante de ningún lugar en el que se vendieran objetos usados sin que encontrara algún regalo para los niños. Michael alzaba la vista en un gesto de impaciencia y aparcaba el coche antes de que yo se lo pidiera. En el Ejército de Salvación, encontré viejos despertadores para que Elliott los desmontara y arreglara y un juego de acuarelas, caro pero sin usar, para la artista de Claire.

Había visto la atención que los niños de la guardería ponían en las actividades que les gustaban y cómo florecían cuando se les daba el tiempo y el espacio para que desarrollaran esos intereses, así que no me causaba sorpresa que años después me llamaran madres agradecidas para ponerme al día de cómo les había ido a sus hijos. Así me enteré de que muchos niños de la guardería habían prosperado en la edad adulta. Claire, por ejemplo, estudiaba arte, con probabilidades de hacer prácticas en un museo de Indianápolis. Elliot empezó a montar ordenadores desde cero a la edad de diez años y pasó los años de instituto trasteando con Macs en el garaje de sus padres, utilizando elementos de PC para construir ordenadores híbridos que funcionaran con el sistema operativo de Apple. Durante unas prácticas en un consultorio de nuestra comunidad, diseñó un componente de un equipo médico especializado que aún se sigue usando. Hizo todas esas cosas antes de terminar los estudios de secundaria.

Yo veía constantemente que todas las capacidades de los niños se potenciaban cuando hacían lo que les gustaba. Ya desde muy niña, lo que más le gustaba a Lauren, cuando estaba en la guardería, era «jugar a las mamás». Le encantaba ayudarme a doblar la ropa o a que los niños durmieran la siesta, pero no le interesaban mucho las actividades consideradas más «académicas», como leer o hacer cuentas. Su madre siguió enviándomela para que cuidara de ella después del colegio, aun cuando ya era mayor, y empecé a enseñarle algunas cosas de repostería que Stephanie y yo habíamos aprendido a hacer en la cocina de mi abuela. Pasábamos horas pesando y removiendo, haciendo más galletas y tartas de las que podíamos comer.

A la madre de Lauren se le ocurrió un día llevar algunos de nuestros dulces a un local de comidas, pero fue idea de Lauren empezar a colaborar allí como voluntaria. A su madre le preocupaba, lo cual era comprensible, que las horas que Lauren pasaba cocinando y sirviendo en el comedor de beneficencia se las quitara de hacer los deberes, pero yo estaba segura de que sus otras capacidades mejorarían de forma natural si se la animaba a hacer lo que le gustaba, y su madre se convenció. Con once años, Lauren era una presencia fija en el comedor los fines de semana y ganó varios premios por servicios a la comunidad..., al mismo tiempo que sacaba sobresalientes en el colegio y actuaba en las funciones escolares y en producciones de un teatro local.

Sobre todo creo que ese enfoque era eficaz porque nos ayudaba a forjar relaciones cruciales con los niños. Mucho antes de Little Light, Jenny, de ocho años, empezó a venir a la guardería durante el verano. Su madre me advirtió por teléfono de que Jenny tenía dificultades para prestar atención y para hacer lo que se le pedía. Mi guardería fue, como siempre, el último recurso después de que la hubieran mandado a casa desde dos campamentos.

El primer día, Jenny y su madre llegaron bastante tarde. Esta, visiblemente agobiada, se puso a dar explicaciones.

—Esta mañana, la mando a su habitación a que se ponga las playeras, y, al cabo de media hora, baja contándome no sé qué chifladuras sobre unos elfos y un anillo encantado... ¡descalza todavía! Por eso hemos llegado tarde. Es que no escucha.

Al principio dejé a Jenny a su aire, pero cuando mi ayudante estaba preparando a los demás niños para que se echaran la siesta, le dije a Jenny que viniera conmigo al salón. Su madre había desdeñado las capacidades narradoras de Jenny, y era comprensible. Daba la impresión de haber tenido una mañana difícil. Pero yo sabía que esa niña tenía mucha imaginación y en cuanto me confiara su don, no habría problemas en hacer que escuchara ni en que fuera puntual.

Le mostré una ilustración de un antiguo libro de cuentos que había comprado por unos centavos en un mercadillo. En un bosque inundado de sol, una hermosa mujer con el pelo largo y suelto sostenía a un niño en brazos, al abrigo de las raíces de un enorme árbol cubierto de musgo. Era un dibujo precioso, pero, y eso era lo más importante, estaba pidiendo a gritos una explicación. ¿Quién era aquella enigmática mujer, y qué hacía con su hijo en aquel lugar mágico y como de otro tiempo?

Cuando Jenny vio el dibujo, le cambió la expresión de la cara, e instintivamente alargó la mano para tocar la página. Le pasé el libro y cerré los ojos.

—¿Te gustaría contarme un cuento sobre esta dama? —le pregunté.

Permanecimos un rato sentadas en silencio, y luego Jenny empezó a hablar. Yo notaba que me observaba, tratando de adivinar si terminaría por incorporarme y frenarla. Pero seguí con los ojos cerrados y una ligera sonrisa en la cara, y mientras ella se soltaba y la historia iba complicándose, se olvidó de preocuparse de lo que yo pensara.

El relato que Jenny me contó estaba lleno de magia y de monstruos, de aventuras y terribles desgracias. Había traidores villanos, malentendidos con espantosas consecuencias, y, por descontado, grandes amores. En diez minutos, Jenny creó un mundo tan complejo y fantástico y tan convincente a la vez que casi me sorprendió abrir los ojos y encontrarme de nuevo en el cuarto de estar de mi casa, con la CNN sin sonido y la tostada fría de Michael aún en la encimera.

Había grabado el cuento de Jenny en mi teléfono, y esa noche lo escribí en el ordenador. Antes de pulsar la tecla de Imprimir, fui al armario de las manualidades y cogí unas hojas de papel crema de buena calidad que guardaba para una ocasión especial. Escribí el nombre de Jenny en la portada con una letra bonita, hice tres agujeros a lo largo de uno de los bordes y encuaderné el «libro» con una cinta de raso dorada que había sobrado de algún regalo navideño. Al día siguiente, cuando entró, le dije:

—Quería darte las gracias por el cuento que me contaste ayer. No podía quitármelo de la cabeza, así que lo he convertido en un libro.

Desde entonces, no tuve problemas para que Jenny se pusiera los zapatos. Todos los días le llevaba alguna imagen que hubiera encontrado —una página arrancada de una revista, alguna foto de algo que me pareciera que podía despertarle la curiosidad, o una ilustración de algún libro— y ella me contaba un cuento. Su don alzó el vuelo, y cuando su madre aprendió a ver la capacidad de Jenny para inventar cuentos como un don en lugar de como un defecto, cesaron los problemas de comportamiento en casa. Solo hizo falta que se la animara un poco y la capacidad para reconocer ese precioso talento como lo que era.

El saber que los padres consideraban que mi humilde guardería había tenido un profundo impacto en las capacidades de sus hijos y en sus logros posteriores me resultaba emocionante. Durante años había creído que cualquier niño sobrepasará tus expectativas si encuentras la forma de alimentar su pasión. Historias como las de Lauren, Elliott, Jenny y Claire me reafirmaban en la creencia de que este enfoque podría tener el mismo efecto en niños con necesidades especiales que el que había tenido en todos los niños con los que había trabajado a lo largo de los años. Tenía en mente aquellos poderosos ejemplos cuando me propuse ayudar a los niños de Little Light a entrar en un colegio convencional.

Todos los niños de Little Light, considerados como «casos perdidos», tenían algún tema (a menudo unos cuantos) que les atraía apasionadamente. Lo único que yo necesitaba era encontrar el cristal adecuado para amplificarlo, como había hecho con los niños de la guardería. En ese concepto me había inspirado para el nombre de la obra benéfica. Me había propuesto encontrar esa lucecita en el interior de cada uno de esos niños e íbamos a dejar que brillara.

Con frecuencia esos dones especiales eran lo primero que los padres mencionaban sobre sus hijos cuando los traían a Little Light: «Billy sabe el promedio de carrera limpia de todos los lanzadores de las grandes ligas», o «Espero que no le importe que Violet no se quite sus alas; ¡le encantan las mariposas!». Pero aunque los padres hubieran reconocido el talento o la pasión de su hijo, no necesariamente lo veían como un medio para relacionarse con él o para avanzar en su desarrollo.

A Meaghan le encantaba cualquier cosa que le entrara por los sentidos. Hundía la cara en la ropa que yo sacaba de la secadora y le gustaba acariciar la suavísima manta con que cubría el sofá. ¿De qué manera podía yo utilizar el tacto para inducirle a hablar? Pensé en lo que había supuesto la pastelería para Lauren, así que llevé a Meaghan a la cocina. A pesar de tener un CI de 50 solamente, pesaba los ingredientes para hacer conmigo una plastilina casera y luego jugaba con ella mientras seguía templada al tacto. Después íbamos juntas a elegir un molde de galletas entre los doscientos que guardaba en un cajón hondo de la cocina. Ella escogía un colorante y lo mezclábamos con la masa, después añadíamos un aroma.

—¡Pingüinos morados de mantequilla de cacahuete! Tienes que contarme su historia —le decía yo. Y lo hacía.

Meaghan y yo hacíamos plastilina casera con sabor a canela y manzana, masa con aroma de romero y masa con aroma de lavanda. Yo añadía pequeñas bolitas a una tanda para darle una interesante textura desigual. Recortábamos las letras del abecedario y luego hacíamos algunas palabras cortas, incluidos nuestros nombres y los de los niños de su clase en Little Light. Investigamos cómo dos rectángulos podían convertirse en un cuadrado cuando se les juntaba, o cómo dos triángulos apilados formaban una estrella. Utilizábamos los moldes de galletas para hacer cosas animadas como perros y personas, y luego las comparábamos con objetos inanimados como barcos. Trabajábamos mucho todo el tiempo, pero hay peores formas de pasar una tarde lluviosa que en la encimera de la cocina con las manos metidas en una masa con aroma a lavanda.

Los domingos por la tarde, salía de compras y utilizaba lo que compraba para transformar el pequeño garaje completamente. Los lunes, los niños de Little Light (¡y sus padres!) estaban deseando ver lo que había hecho en su ausencia. Michael tampoco sabía nunca lo que iba a encontrarse. Una vez se trató de una excavación arqueológica con todas las de la ley, con arena de diferentes colores para representar las diferentes eras geológicas, diarios encuadernados en cuero para anotar nuestras observaciones y hacer bosquejos de los objetos encontrados, y cubos de yeso de París en el patio para hacer moldes de los huesos de dinosaurio (huesos del pollo de una cena, hervidos y blanqueados) que habíamos desenterrado. Los críos que al principio no estaban especialmente interesados en los dinosaurios terminaron entusiasmados..., y a los que ya les chiflaban se lo pasaron en grande.

Lo desmesurado de mis proyectos era una parte importante de mi forma de trabajar, vestigio, quizá, de mi propia infancia. Años antes de empezar Little Light, había tenido en la guardería a un niño llamado Francis. A él le encantaba jugar con una serie de enormes bloques que semejaban ladrillos. Pronto me di cuenta de que le frustraba mucho el hecho de que el juego tuviera solo quince bloques, suficientes para hacer una pequeña pared pero no para una construcción como es debido.

Enseguida comprendí el problema. En la tienda de mi abuelo, cualquier trozo que sobrara de un trabajo de carpintería se lijaba y pulía y se convertía en objetos de juego para los nietos. Esas piezas distaban mucho de ser aburridas. Teníamos triángulos, arcos, medialunas, cilindros, tablones largos y rectángulos macizos, y otras piezas de formas irregulares y curiosas para que resultara más interesante. El abuelo John nos hacía, además, piezas arquitectónicas como ménsulas, aguilones, ventanas en saliente y parteluces. Para cuando llegó el decimotercer nieto, la colección era considerable —de todos los tamaños, desde pequeños terrones a ladrillos del tamaño de bloques de hormigón—, y la cantidad de piezas significaba que podíamos construir una estructura lo bastante grande como para meternos dentro. Aquellas no eran piezas para apilar en una pequeña torre. Eran bloques con los que construir, y jugamos con ellos hasta mucho después de que a la mayoría de los niños se les quedaran pequeños los suyos.

Puede que yo no haya heredado el gen carpintero de mi abuelo, pero aun así pensaba que podía ayudar a Francis. Cogí dinero del tarro de la compra diaria y me hice con otros siete juegos de aquellos enormes bloques de cartón, tantos que casi no me cabían en el coche. Cuando conseguí llegar a casa, supe inmediatamente que había hecho lo correcto. Francis por fin tenía suficientes bloques con los que trabajar. Hizo puentes y pirámides. Levantó torres al estilo Jenga que llegaban hasta el techo y experimentó con bajas y alargadas casas voladizas al estilo de Frank Lloyd Wright.

Francis fue otro niño de la guardería que realizó sus sueños. Años después, vi un programa en el Discovery Channel sobre las catedrales medievales y me di cuenta de que Francis había «descubierto» el sistema de arbotantes usando aquellos bloques en mi guardería. Se me ocurrió enviar un correo electrónico a su madre para contárselo. Ella me contestó diciéndome que Francis acababa de pasar el verano haciendo un prestigioso y competitivo curso de arquitectura práctica en Inglaterra.

Al igual que en la guardería, la «desmesura» se convirtió en el sello distintivo de Little Light. A mí me parecía lógico. ¿Cómo iba a tener el mismo efecto en una criatura amante de los animales un zoológico infantil que una llama de carne y hueso (préstamo de una granja cercana), de pie junto a la mesa en la que normalmente tomaba la merienda?

Lo único que les pedía a los padres era que uno de ellos se quedara a trabajar con su hijo durante las sesiones. El dejar ver a un niño que te tomas su pasión en serio y quieres tomar parte en ella es el catalizador más poderoso del mundo. Para nosotros era fundamental trabajar con la familia en conjunto, para que los padres aprendieran a reconocer los talentos especiales de sus hijos.

Muchos niños con trastornos del espectro autista se meten a fondo en temas muy concretos, pero como el resto del mundo no está interesado en, digamos, los números de las matrículas de los coches o la historia geológica del sistema de cuevas de Indiana, no se les hace mucho caso. Del mismo modo, creo que los niños autistas oyen a sus padres hablar de empanadillas o pedir un abrazo, solo que a ellos no les interesan esas cosas. ¿Alguna vez se ha visto atrapado en una fiesta con alguien cuya conversación no le resulta especialmente interesante?, ¿de deportes, quizá, o política o coches antiguos? Creo que en gran parte la vida es así para una persona autista. Es evidente que las personas autistas están en el mismo mundo que nosotros. Lo que ocurre es que no piensan en las cosas en las que nosotros queremos que piensen.

Imagínese que vive en una cabaña construida en un árbol en un precioso bosque, y que el único lugar en el que se siente seguro y tranquilo es arriba en esa cabaña. Pero la gente no deja de importunarle. «¡Eh, sal del árbol!», le gritan. «Es una locura vivir ahí. Tienes que bajar».

Pero un día alguien entra en el bosque y no le grita ni intenta que cambie de opinión, sino que trepa hasta la cabaña y le hace ver que le gusta el sitio tanto como a usted. ¿No tendría usted una relación totalmente distinta con esa persona que con las demás? Y si esa persona le pide que baje un momento porque quiere mostrarle algo realmente asombroso, ¿no se sentiría inclinado a echar un vistazo?

Esa era la analogía que yo utilizaba para explicar lo que hacíamos en Little Light. Nosotros nos encontrábamos con los niños donde ellos estaban con el fin de que estuvieran donde tenían que estar.

Como todos pasábamos mucho tiempo juntos, los padres que trabajaban con sus hijos en Little Light acabaron formando una comunidad cercana y comprensiva. Las madres (porque en su mayoría eran madres) empezaron a conocerse, a confiar las unas en las otras, a bromear. Al poco tiempo, estaban deseando que llegaran las sesiones semanales tanto como los niños. Para muchos de nosotros, el tiempo que pasábamos juntos era un bálsamo para el miedo y el aislamiento que habíamos experimentado desde que habían diagnosticado a nuestros hijos.

Aquel primer invierno de Little Light lo recuerdo como en una nebulosa. Todos los días abría la guardería a las 6.30 de la mañana, trabajaba la jornada completa y la cerraba a las 5.30 de la tarde. Me concedía media hora para pasar la aspiradora y transformar la habitación. Luego tenía una hora de clase con cinco niños de Little Light, incluido Jake. Hacía un descanso de media hora para una rápida cena familiar; después Mike se encargaba del baño de Wesley y llegaban otros cinco niños para una segunda sesión de Little Light. Una vez que se habían ido todos, leía un cuento a Jake y a Wesley, luego bañaba a Jake y le acostaba.

Y así, todos los días. Había noches en las que me dejaba caer en la cama, cansada hasta para cepillarme los dientes. Pero comparado con lo que habíamos pasado el año anterior, pensaba que ojalá todos los problemas fueran como ese.

Cuando Little Light llevaba un año funcionando, se corrió la voz y empezaron a llegar más niños con necesidades especiales a mi guardería original. La mezcla de niños con necesidades especiales y niños normales durante el día y niños autistas por la tarde más los fines de semana hizo de mi garaje una especie de laboratorio en el que podía determinar rápidamente lo que funcionaba para llegar a los niños y lo que no. A veces los trucos que funcionaban eran sorprendentes, pero casi siempre se reducían a forjar una relación con los niños.

Jerod tenía once años cuando le conocí, y no hablaba nada. Llevaba así desde los tres años. Desde entonces, sus padres habían probado todas las terapias tradicionales, y todos los médicos a los que habían consultado le habían dicho a su madre, Rachel, que el niño no hablaría nunca. A Rachel le temblaron los labios cuando me contó: «Dicen que no hay nada que hacer».

Solo de pensar que alguien pudiera decir algo así de un niño, me ponía mala. Pasé diez minutos con Jerod y supe que se equivocaban. Vale, no hablaba, y resultaba obvio que su autismo era grave. Once años era ya muy tarde para que no tuviera ningún lenguaje, pero había algo dentro de él.

Incluso en aquel primer encuentro, mientras su desperada madre me contaba todo lo que no podía hacer, él no dejó de asomarse por detrás de ella. Se veía que tenía sentido del humor, curiosidad, y eso me llevó a creer que Jerod era capaz de mucho más de lo que dejaba entrever. Cuando le sonreía, él volvía a esconderse y a asomarse otra vez. Mientras tenía lugar aquel divertido juego del cucu-tras, su madre siguió contándome que todo el mundo le había dicho que su hijo era un caso perdido.

Rachel dijo que Jerod podía emitir algunos sonidos, y yo le pregunté que cuáles. (En otras palabras, ¿había un retraso físico o neurológico?). «¿Puede emitir el sonido K, como el de la *c* de «casa»?», le pregunté. En aquel momento, Jerod empezó a lanzar gruñidos: «Uh, uh, uh, uh». Y se puso a dar golpes en la alfombra con la palma de la mano. «Uh, uh, uh, uh».

Su madre pidió mil perdones. «Cuánto lo siento», decía, mientras intentaba tranquilizarle. «Shh, Jerod, por favor, que estamos hablando». Entonces metió una mano en el bolso, aún disculpándose. «Con esto se sentirá mejor». Sacó del bolso una caja de barritas de pollo. Jerod cogió una y empezó a comerla de una forma que le resultaría familiar a cualquiera que pasara tiempo con niños autistas: dándole vueltas, mordisqueándola por los bordes y tomando trocitos diminutos, mirándome a hurtadillas de vez en cuando. Yo sonreía porque sabía que Jerod había estado respondiendo a mi pregunta. Me había mostrado lo que podía y lo que no podía hacer.

Todo aquello me resultaba muy gracioso, y me eché a reír, y a continuación Jerod hizo otro tanto. La pobre y estupefacta Rachel se secaba las lágrimas de los ojos, intentando serenarse, y allí estábamos Jerod y yo partiéndonos de risa. Para cuando se marcharon, estaba completamente segura de que haría grandes progresos con Jerod.

Cuando vinieron la vez siguiente, se encontraron con centenares (y quiero decir centenares) de tarjetas personalizadas con las letras del abecedario esparcidas por todas partes, por la alfombra y el suelo. Preocupada por aquel desastre, Rachel me preguntó amablemente:

—¿Quiere que la ayude a recoger todo eso?

—No, gracias —respondí. Cruzando la mirada con Jerod, añadí—: En realidad, son para Jerod.

Había dos detalles importantes con respecto a aquellas tarjetas que sabía que Jerod agradecería. El primero era la ingente cantidad de ellas. El suelo parecía como el fondo de una bola de nieve. El segundo, cómo eran. La mayoría de las tarjetas con las letras del abecedario eran muy coloridas o tenían personajes de dibujos animados, porque estaban pensadas para niños pequeños que están aprendiendo a leer. Yo las había hecho más pequeñas y más sencillas a propósito: con enormes letras negras sobre cartulina blanca. Pretendía ser un gesto de respeto. Aunque Jerod no pudiera leer ni hablar, ya no era un niño, y no se merecía materiales didácticos infantiles. Como esperaba, se le iluminaron los ojos en cuanto las vio.

Aquel día —en nuestra primera sesión— puse las letras A, S y A en un tablón de anuncios de velcro azul que había hecho para él y pedí a Jerod que me buscara la letra que faltaba para escribir «casa». Él miró a su alrededor, encontró la C y vino derecho a mí. Su madre se quedó boquiabierta cuando la coloqué en el tablón para formar la palabra.

—Perfecto —dije. Luego quité la C del tablón y la arrojé por encima del hombro para mostrarle que no íbamos a repetirlo un millón de veces. Hicimos lo mismo con las palabras «pasa» y «masa». En resumen, hicimos más progresos en una hora que los que había hecho en los ocho años anteriores.

Al final de la hora de clase, le dije:

—Oye, Jerod. Quiero que hagas algo muy importante para mí. No importa cómo suene. Quiero que leamos juntos las palabras que voy a escribir. —Cogí un buen montón de aquellas tarjetas y empecé a escogerlas hasta que di con las letras que necesitaba. Luego las coloqué en el tablón de manera que se leía: «Te quiero, mamá».

—Bueno, Jerod —dije—. Vamos a hacerlo juntos. Es una tarea muy importante, ¿vale? —Me toqué la boca y luego alargué la mano para tocar la suya—. No importa cómo salga el sonido. Vamos a hacerlo muy despacio. —Y entonces (y no puedo pensar en ello sin llorar, al recordar la cara de estupefacción que puso Rachel) Jerod y yo leímos las palabras que había dispuesto en el tablón de anuncios.

Observando y escuchando con atención a los niños de Little Light, podíamos vislumbrar lo que había en su interior, y luego lo único que teníamos que hacer era ¡quitarnos de en medio! Era consciente de que los padres que participaban estaban realizando un inmenso acto de fe, y esperaba de todo corazón poder compensarles por su confianza; porque, a pesar de las apariencias, me asustaba la idea de que nuestro campamento-parvulario no funcionara. Los niños con necesidades especiales no «mejoran» inmediatamente. Más bien es como dar dos pasos hacia delante y uno hacia atrás. Si queríamos conseguir nuestro objetivo —y, en el caso de Jake, eso significaba estar listo para entrar en primaria a los cinco años—, no podíamos permitirnos perder lo que habíamos conseguido con tanto esfuerzo. Teníamos que reforzar con ahínco todos los progresos que hicieran los niños, o desaparecerían otra vez.

La llama del salón no era tanto la excepción como la regla. Mike nunca sabía lo que iba a encontrarse al llegar a casa, sobre todo porque yo misma hacía muchas de las cosas que usábamos en Little Light. Por ejemplo, me di cuenta de que a Jake le encantaba coger bolsitas rellenas y jugar con ellas, así que se me ocurrió utilizarlas para hacer ejercicios basados en los sentidos con los niños de Little Light.

Fui derecha al cesto de los retales de una tienda de telas y arramblé con toda clase de telas diferentes: suave terciopelo, bordonosa pana, resbaladizo rayón, áspera arpillera. Corté las telas en cuadrados y los cosí por tres lados para hacer bolsitas. Luego las rellené con pipas de girasol, que no eran caras compradas a granel (ni peligrosas en caso de que acabaran en la boca de alguien), y las dejé así en la cocina, con intención de coser el último lado de cada bolsita cuando Jake y Wesley estuvieran acostados. Debía de tener hechas unas cincuenta bolsitas, de diferentes tamaños y tejidos, para cuando Michael volvió a casa del trabajo. Y entonces le oí decir en la cocina:

—Kris, ¿se puede saber qué es todo esto?

Cuando fui a ver qué pasaba, me encontré con que Jake había vaciado todas y cada una de las bolsitas en una serie de floreros cilíndricos de cristal. Claro que las habilidades motrices de un niño que aún no había cumplido los cuatro años dieron como resultado el que hubiera tantas pipas en el suelo como en los jarrones. Había pipas de girasol *por todas partes.* (Unos meses antes habíamos tenido un accidente similar con bolitas de poliestireno. Dejé a los niños de la guardería que se desmadraran con ellas, y aún seguíamos encontrando trocitos por todas partes. Aprendimos la lección: al menos las pipas de girasol son biodegradables). Me llevé las manos a la cabeza, Michael abrió la puerta corredera y barrimos las pipas hasta el patio.

No puedo dejar de insistir en lo importante que era contar con el apoyo de Michael, a pesar de que al principio se opusiera a todo aquello, y a pesar de que mi trabajo en Little Light supusiera que con frecuencia se encontraba con algún que otro desastre al llegar a casa. Nada de lo que estaba haciendo habría sido posible sin él. De hecho, la guardería y la obra benéfica dominaban nuestras vidas por completo. Por ejemplo, a veces tenía que hacer la compra en mitad de la noche porque no tenía otro momento.

Una tarde, mientras estaba sentado en el coche delante del banco, rellenando unos impresos de última hora, Michael vio a un niño pequeño, de la escuela infantil contigua, que estaba solo. Estaba a un lado, mirando por la verja mientras sus compañeros jugaban a sus espaldas. Michael se fijó en él porque agitaba los brazos, un revelador indicio de autismo. Dejó a un lado el papeleo y se estuvo media hora observando al pequeño, luego se bajó del coche y entró en el colegio para sugerir algunas maneras de hacer que el niño participara en los juegos con sus compañeros. Cuando Michael llegó a casa, me abrazó con fuerza.

—Durante todo el tiempo que estuve mirando, nadie se acercó a él —explicó—. Puede que tengamos purpurina en el techo, Kristine, pero ninguno de los niños que vienen a Little Light se ha sentido nunca tan solo como ese pequeño. Nunca me habría dado cuenta de ello de no ser por ti.

Nuestro entendimiento era esencial, sobre todo porque no cobraba nada por Little Light —ni por las sesiones ni por los materiales—, lo cual nos creaba serios problemas económicos. En aquellos primeros años, Mike trabajaba en Target, y yo tenía los ingresos de la guardería. No nos sobraban 150 dólares para comprar chupetes de caramelo, aunque estos fueran magníficas herramientas para hacer ejercicios con la lengua y la boca de niños con apraxia. Pero siempre encontrábamos la manera de seguir funcionando.

A veces las familias intentaban pagarme, pero no podía aceptar dinero de ellas. Esas personas estaban sufriendo esa clase de calvario que no se puede entender a menos que se viva en carne propia, y yo no iba a contribuir a él. Me parecía entonces —y aún hoy— que mi misión en la vida era dar esperanzas a aquellas familias y ayudar a que los niños, tanto los que tenían necesidades especiales como los que no, desarrollaran al máximo sus capacidades.

El jardín que teníamos detrás de la casa era diminuto. Con frecuencia me decía que era una suerte que no fuera más grande porque, en aquel momento, no disponíamos del tiempo necesario para ocuparnos de su mantenimiento. Aun así, cuando llegó la primavera, me sorprendió ver la pequeña parcela a la que se accedía desde la cocina plagada de malezas.

—¿De dónde han salido todas esas hierbas? —pregunté a Mike una mañana mientras trataba de convencer a Jake de que se terminara el desayuno.

Michael salió a investigar, y le oí echarse a reír.

—No son malezas, Kris. ¡Son girasoles!

«¡Vaya!», pensé. «Semillas de girasol..., no solo relleno de bolsitas».

Las pipas que habíamos tirado al jardín en otoño habían germinado... y con ganas. Para alegría mía, a lo largo de aquel verano, los girasoles llegaron a alcanzar casi dos metros de altura. En agosto, para entrar al jardín, había que abrirse camino entre aquellas enormes flores, que se volvían lentamente hacia el sol.

UNA VENTANA AL UNIVERSO

La noticia de que estaba embarazada otra vez me produjo una gran impresión. Michael y yo siempre habíamos dicho que queríamos una casa llena de niños, pero mis anteriores embarazos habían sido tan difíciles y Wesley se puso tan enfermo cuando nació que parecía imposible creer que este pudiera tener un feliz desenlace. La respuesta de mi médico no fue muy alentadora. Me derivó inmediatamente a un especialista en embarazos de riesgo, diciendo: «No tolero bien que se me mueran los pacientes».

Pero entre Wesley y Jake, la guardería y Little Light, no teníamos mucho tiempo para pensar en nuestros temores. Cuando me entraba miedo, Michael me decía: «Pase lo que pase, lo afrontaremos, juntos, y día a día, como hemos hecho siempre».

En realidad, Michael y yo empezábamos a sentirnos prudentemente optimistas con respecto a nuestros hijos. Por entonces, Mike llevaba a Wesley a hacer terapia acuática, que era parecida a la terapia de estiramientos que habíamos estado haciendo con él, con la diferencia de que aquella tenía lugar en una piscina del hospital. Daba la impresión de que funcionaba. Aunque Wes, que ya tenía dos años y medio, aún no andaba, se le veía más flexible y con menos dolores. También se ahogaba menos, y aunque todavía le faltaba mucho para poder comer alimentos sólidos, empezaba a tolerar los líquidos. Por lo menos ya no me pasaba la noche en vela para asegurarme de que seguía respirando.

Para cuando Little Light iba por su segundo año, nadie nos proporcionaba más tranquilidad que Jake. No mucho después de que le sacáramos del centro de educación especial, se hizo evidente que a Jake le apasionaban la astronomía y las estrellas de manera especial. A los tres años, se sabía todas las constelaciones y estrellas. Creo que el interés de Jake por los planetas le venía de su obsesión por las luces y las sombras, que le habíamos descubierto desde que era muy pequeño.

Poco después de que iniciáramos Little Light, a Jake le llamó la atención un manual universitario de astronomía que alguien había dejado en el suelo en la librería Barnes & Noble a la que solíamos ir. El libro era enorme para un niño tan pequeño, pero él lo abrió, se sentó y se pasó una hora larga totalmente concentrado en él.

Desde luego, no era un libro para un niño de tres años. Le eché un vistazo a espaldas de mi hijo, y tenía una letra tan pequeña y un lenguaje tan críptico que se me quitaron las ganas de leerlo. La mayoría de las páginas estaban ocupadas por mapas de las diferentes partes del sistema solar. No había ninguna narración —ninguna referencia a los mitos griegos que daban nombre a las constelaciones, ni siquiera explicaciones científicas—, solo mapas. Se me empañaban los ojos según lo hojeaba. ¿Para qué lo quería Jake?

Pero cuando llegó la hora de irnos, no hubo forma de separarle del libro. Yo lo ponía en su sitio y agarraba a Jake de la mano para marcharnos, y él me soltaba y volvía derechito a la estantería. Después de varios intentos, comprendí que no saldríamos de allí a menos que nos lleváramos el libro. Cargué con aquella enormidad, agarré de la mano a Jake y nos dirigimos a caja. Menos mal que tenía un gran descuento.

Para absoluta sorpresa mía, aquel voluminoso libro se convirtió en compañero inseparable de Jake. Pesaba tanto que la única forma que tenía de llevarlo por la casa era abierto por la tapa y arrastrándolo con las dos manos. Al cabo de un tiempo, estaba tan descuajaringado que Michael tuvo que reforzar el lomo con pegamento. Cada vez que lo hojeaba, me parecía increíble que aquel manual tan técnico, claramente dirigido a estudiantes de astronomía avanzada, pudiera interesarle a mi pequeño.

Pero así era, y resultó ser una forma de acceder a él. En cierto modo, siempre me sentí como una detective en Little Light. Todo lo que les encantaba a los niños nos llevaba a seguir el rastro, con el fin de averiguar poco a poco quiénes eran realmente. Yo sabía que la fascinación de Jake por aquel libro, por impenetrable que pareciera, era una pista importante. Así que cuando leí en el periódico que el Observatorio Holcomb, un planetario cercano a nuestra casa situado en el campus de la Universidad de Butler, iba a dar un curso especial sobre Marte, le pregunté a Jake si le apetecía ir a ver Marte por un telescopio. Cualquiera diría que le había preguntado si quería helado para desayunar, comer y cenar. Se dedicó a darme la lata de tal manera que creí que nunca llegaría el día.

Era tanto nuestro entusiasmo que llegamos con bastante antelación. El terreno estaba muy bien cuidado, y vimos una inmensa ladera verde cerca del aparcamiento por la que tirarnos a rodar. Abajo, junto a un pequeño estanque, encontramos cientos de castañas de Indias tiradas en el suelo bajo los árboles. Mientras se ponía el sol, dimos una vuelta alrededor del estanque, y Jake cogió todas las castañas que pudo, guardándoselas en los bolsillos y llenando la mochila con forma de perro que llevaba a todas partes. Las castañas eran redondas y suaves, y me di cuenta de que a Jake le gustaba la sensación que le producían en las manos. Para cuando abrieron las puertas del planetario, tenía los bolsillos de los pantalones tan repletos como los carrillos de una ardilla.

El vestíbulo era espectacular, pero casi al instante deseé no haber entrado. Pensé que podríamos echar una rápida ojeada por el telescopio sin molestar a nadie, pero descubrí que, para mirar por el telescopio, teníamos que hacer un recorrido del planetario. Y además, como me enteré después de haber hecho cola y comprado las entradas, la visita incluía un seminario de una hora, de nivel universitario, que impartiría un profesor de la Butler. El nudo que se me puso en el estómago se fue agrandando conforme el vestíbulo se llenaba de gente. Una conferencia universitaria en un auditorio silencioso y atestado no era en absoluto lo que yo tenía en mente, y era el último lugar al que alguien en su sano juicio llevaría a un niño autista de tres años.

Pero se lo había prometido, y era evidente que Jake se alegraba de estar allí. Le dije que me había equivocado. Le expliqué lo de la visita y la conferencia y le pregunté si prefería ir a comer una pizza. Pero él se mantuvo firme; quería quedarse. Mientras esperábamos a que diera comienzo el programa, me agarró de la mano y me llevó a subir las curvilíneas escaleras centrales, por cuyas paredes colgaban enormes fotografías del espacio infinito. Me tuvo media hora subiendo y bajando aquellas escaleras, parloteando mientras yo le seguía a duras penas, haciendo todo lo posible por contenerle..., a él y a las castañas que de vez en cuando se le caían de los bolsillos y botaban por la majestuosa escalinata de mármol.

Pese a lo distraída que estaba persiguiendo castañas, tenía la impresión de que Jake daba convincentes explicaciones de las fotos. Empleaba unos términos y un lenguaje que me eran totalmente desconocidos, pero, aunque no habría sabido decir si se lo estaba inventando todo o imitando a alguien, resultaba impresionante.

Al final, se abrieron las puertas de la sala de conferencias, y la multitud empezó a entrar. En cuanto estuvimos dentro, pensé: «Madre mía, esto va a ser un desastre». La sala era pequeña y no se oía una mosca; estaba a punto de empezar una presentación en PowerPoint. La primera diapositiva tenía que ver con la resolución telescópica del siglo XIX. Los únicos sitios libres que quedaban estaban en la primera fila.

Me puse a revolver en mi bolso, buscando con desesperación algo —¿galletas con forma de animales?, ¿un lápiz?, ¿chicle?— que pudiera evitar una catástrofe. Cuando el conferenciante subió al estrado, yo ya estaba hecha un manojo de nervios, lo que no fue sino a peor. Comenzaron a pasar las diapositivas, y Jake empezó a leer, en voz bastante alta, algunas de las palabras que aparecían en la pantalla: «¡Año luz!». «¡Diurnal!». «¡Mariner!».

Yo procuraba acallarle, convencida de que la gente que nos rodeaba me fulminaría con la mirada, siseándome para que sacara a mi hijo de aquel lugar en el que no pintábamos nada. En efecto, las personas que teníamos a nuestro alrededor estaban empezando a mirar y a murmurar, pero enseguida me di cuenta de que más que molestas parecían divertidas y un poco incrédulas.

—¿Está leyendo ese crío? —Oí que decía alguien—. ¿Ha dicho «perihelio»?

Entonces el conferenciante esbozó una historia de las observaciones científicas sobre la posibilidad de que hubiera agua en Marte, empezando por el astrónomo italiano del siglo XIX Giovanni Schiaparelli, quien creía haber visto canales en la superficie del planeta. Al oír eso, Jake se echó a reír. Con la preocupación, pensé que iba a salirse de madre, pero cuando le miré, vi que estaba partiéndose de risa, realmente, como si la idea de que hubiera canales en Marte fuera lo más gracioso que hubiera oído en su vida. (Era la misma risita alegre que le oía cada vez que Dora la Exploradora detenía al ladronzuelo del zorro Swiper). Intenté acallarle otra vez, pero los murmullos eran cada vez más intensos y la gente empezaba a estirar el cuello para ver qué ocurría.

Luego el conferenciante hizo una pregunta a los asistentes:

—Nuestra luna es redonda. ¿Por qué creen ustedes que las lunas de Marte son elípticas, con forma de patata?

Nadie respondió, probablemente porque nadie tenía la menor idea. Desde luego, yo no la tenía. Entonces Jake levantó la mano.

—Disculpe, pero ¿podría decirme de qué tamaño son esas lunas?

—Aquello fue lo más parecido a una conversación que le había oído en la vida, pero, claro, yo nunca había intentado hablar con él sobre las lunas de Marte. El conferenciante, visiblemente sorprendido, le contestó. Para asombro de todos, incluida yo, Jake respondió—: Bien, las lunas de Marte son pequeñas, así que tienen una masa pequeña. Las fuerzas gravitacionales de las lunas no son lo bastante grandes para que estas lleguen a ser completamente esféricas.

Estaba en lo cierto.

La sala se quedó en silencio, todos los ojos clavados en mi hijo. Acto seguido, todo el mundo enloqueció, y la conferencia se interrumpió durante unos minutos.

Por fin, el profesor logró recuperar el control de la sala, pero yo tenía la cabeza en otra parte. Estaba completamente alucinada. Mi hijo de tres años había respondido a una pregunta que todos los que estábamos en la sala habíamos encontrado muy difícil, los alumnos de Butler y todos los adultos allí presentes incluidos. No podía ni moverme de lo anonadada que estaba.

Al final de la conferencia, la gente se aglomeró a nuestro alrededor.

—Que te firme un autógrafo. ¡Algún día te alegrará tenerlo! —dijo alguien. Otra persona puso un trozo de papel delante de Jake para que lo firmara, que yo le eché para atrás. Por lo general, las multitudes le intimidaban, pero Jake parecía tomarse con calma todo lo que estaba sucediendo a su alrededor, mientras contemplaba con satisfacción la última diapositiva, una imagen de satélite de una enorme montaña en la superficie de Marte.

Lo único que quería yo era salir de allí, pero cuando llegó el momento de enfilar hacia las escaleras para mirar por el telescopio, ocurrió algo sorprendente. Sin mediar una palabra, todos parecían haberse puesto de acuerdo en lo mismo: «Que suba el niño a ver Marte». Sé que puede parecer una locura, pero había una sensación como de respeto en el aire. Jake y yo subimos las escaleras, impulsados por la energía, la ilusión y la buena voluntad del grupo. Era casi como si nos llevaran en volandas.

El observatorio pronto se convirtió en una segunda casa para Jake y para mí. Aunque he estado allí muchas veces desde aquella primera noche, nunca pierde la magia. Parece exactamente lo que es, una ventana al universo. El tejado del espacio abovedado se retira al pulsar un botón. Debajo de esa franja de cielo hay un alto tramo de escaleras metálicas sobre ruedas, con un rellano en la parte superior. Para ver el firmamento, hay que mirar por un instrumento parecido a un microscopio, que está conectado a un enorme tubo metálico blanco dirigido hacia las estrellas.

Puede que Jake fuera el primero en subir por aquellas escaleras, pero era muy pequeño y no alcanzaba a ver por el ocular. De nuevo, aquellos desconocidos se ofrecieron gentilmente a ayudar. Algunos alcanzaron una escalera de mano. Dos personas le sujetaron y afianzaron la escalera mientras subía. Una incluso siguió agarrándole de la mano mientras bajaba la vista hacia la lente. Estuvo mirando durante mucho tiempo, pero no noté que nadie de los que esperaban a la cola se impacientara ni se molestara. Yo estaba abrumada. Era como si todos los allí presentes dijeran: «Tómate el tiempo que necesites. Este es tu sitio».

En el viaje de vuelta a casa, Jake no paró de hablar sobre el espacio. Finalmente pude entender lo que decía, pero aquello solo consiguió alucinarme aún más. ¿Cómo sabía este niño las densidades comparativas y las velocidades relativas de los planetas?

Después de acostar a Jake, llamé a mi amiga Alison. Melanie Laws nos había presentado porque el hijo de aquella, Jack, también era autista y de la misma edad que Jake, y nos habíamos hecho íntimas. Le conté todo lo que había sucedido aquella tarde en el planetario. Se me puso la carne de gallina al revivirlo.

—¿Qué se supone que debo hacer con este niño? —le pregunté—. ¿Debería hacer algo más, algo diferente? En serio, ¿debería llevarle a la NASA o algo así?

Al igual que la decisión de sacarle de la escuela infantil, aquel fue un momento decisivo. Podríamos haber tomado otro camino muy diferente; pero, ahora lo veo claro, nos habríamos equivocado. Le estoy muy agradecida a Alison por su sentido común.

—Haz exactamente lo que estás haciendo —me dijo—. Juega con él, y déjale ser un niño.

Mientras me dormía, me di cuenta de que Alison tenía razón. Las cosas que hacían a Jake especial no iban a marcharse a ninguna parte. Ya dejaría su impronta —eso estaba cada vez más claro—, pero en aquel momento lo que necesitaba era estar a gusto y contento en casa, con nosotros. Tenía que ir al colegio, hacer amigos, y participar en las ceremonias familiares como ir a comer tortitas y hacer sándwiches de galletas con chocolate en el jardín. Íbamos a comer ositos de goma y ver *VeggieTales.* De momento, Jake sería un niño normal.

Tras haber pasado tanto tiempo buscándole desesperadamente, por fin podía recobrar el aliento. Había encontrado a mi hijo.

Aun así, aquella tarde en el planetario, algo cambió para mí. Michael y yo comprendimos que Jake no era solo un niño inteligente; nos había dejado atónitos, a mí, al conferenciante, y a todos los que estaban en el auditorio con un nivel de conocimientos sobre el sistema solar que era francamente peculiar. De repente, era capaz de ver todas aquellas cosas ingeniosas, sorprendentes y a veces extrañas que Jake hacía como lo que eran: *extraordinarias.*

Nunca había experimentado nada parecido a la admiración y el respeto que había percibido en el público de la sala de conferencias. De alguna manera, aquello me impactó más que la respuesta de Jake o todo lo que me contó sobre el radio de Betelgeuse de camino a casa. Las personas del planetario se habían sentido inspiradas, transportadas a un lugar mejor, y había sido Jake quien las había llevado allí. Aquella noche, tuve la certeza —que ya nunca me abandonó— de que Jake aportaría algo importante al mundo con aquel increíble cerebro que tenía.

Pero mientras tanto, tenía que conseguir que entrara en el colegio.

UNA TAZA DE CALDO DE POLLO

Jake sabría mucho sobre las lunas de Marte, pero las clases preparatorias de Little Light para entrar en primaria no eran fáciles para él. Sobre todo le resultaba muy difícil permanecer en grupo. Durante cualquier ejercicio que entrañara interacción social, él procuraba irse por su cuenta. Llevó mucho tiempo —un año, quizá— conseguir que se sentara al lado de otro niño durante diez minutos, sencillamente.

Pero yo había llegado demasiado lejos para dar marcha atrás, así que seguí adelante. Ni una tarde pasaba sin que preparase a Jake para entrar en la escuela de primaria, con constancia, paciencia... y algunos trucos. Por ejemplo, compré un montón de fundas protectoras elásticas para asientos de inodoros de diferentes colores y las utilicé como marcadores visuales para los niños, de manera que supieran dónde sentarse durante las actividades en corro. Esos ejercicios de interacción social se le hicieron a Jake un poco más fáciles, así como a los demás niños de Little Light. Con la repetición, Jake empezó a hacer actividades como sentarse al lado de otros niños durante la hora del corro de manera automática. Se diferenciaban también de los monótonos e incesantes ejercicios de la terapia tradicional porque le dejaban mucho tiempo para hacer lo que a él le gustaba.

Una tarde levanté la vista y vi a Michael ante la puerta del garaje con Wes en brazos.

—Creí que debíamos seguir adelante con los expertos, que ellos sabían qué era lo mejor. Pero me equivocaba, Kris. Lo has conseguido —dijo, con orgullo en la voz. Me volví hacia la habitación, y por primera vez me di cuenta de lo que habíamos logrado. Michael me leyó el pensamiento—: Realmente parece un aula de primaria.

Jake y yo nos hicimos asiduos del Observatorio Holcomb. Hacia finales de verano, sabía cómo se llamaban la mayoría de las personas que trabajaban allí. Cuanto más expuesto a la astronomía estaba Jake, menos retraído se le veía. Se convirtió en un punto de encuentro. El poder hablar con alguien sobre su pasión por la astronomía le ayudó a establecer la relación entre hablar y comunicarse realmente, y no solo conmigo, sino también con otras personas.

Me alegraba y me emocionaba ver, por ejemplo, que en lugar de obviar mi embarazo, como había hecho cuando estaba embarazada de Wes, Jake mostraba cierta curiosidad por el niño que estaba en camino. Una vez le llevé conmigo a hacerme una ecografía. Era importante, pues íbamos a enterarnos de si el bebé era niño o niña. Como había imaginado, Jake se prendó de los aparatos.

—¡Es otro niño! —me dijo la técnico. El corazón se me salía del pecho. Durante semanas, todos me habían tomado el pelo con tener un tercer niño. Se había bromeado mucho con la idea de formar un equipo de béisbol y hacer una casa toda ella con superficies acolchadas y lavables. Sinceramente, yo esperaba que fuera una niña, pero no porque quisiera a alguien con quien ir a hacerme la manicura, sino porque, estadísticamente, otro niño tenía muchas más probabilidades de ser autista.

Qué ironía que fuera Jake quien me quitó esa preocupación de la cabeza.

—¿Por qué se empeña en llamar chico a mi hermana? —decía, lanzando miradas fulminantes a la técnico. Al parecer a él también le hacía ilusión que fuera una niña.

El tiempo que pasábamos en el observatorio resultó ser útil de otras maneras inesperadas. Sentados en el césped con la merienda aguardando a que abrieran el planetario, podía disfrutar con Jake de todas aquellas agradables sensaciones «maternales» que creía que el autismo me había arrebatado. Podía hojear con él un libro de astronomía y acariciar la suave pelusilla de sus mejillas mientras veía cómo pasaba las hojas con sus manos regordetas. Podía oler aquel maravilloso aroma infantil y notar su peso contra mi pierna. Le había echado mucho de menos, pero le había recuperado. Puede que desde fuera no pareciera gran cosa, pero en aquella media hora en la hierba, ambos estábamos alimentando una parte fundamental de nosotros mismos.

Algunas madres de Little Light estaban tan agotadas que ya ni siquiera miraban a sus hijos. Primero porque el autismo se los había arrebatado, y después por la tensión que provoca tener un hijo autista. Lo comprendía perfectamente. Durante aquel primer verano con Jake en casa, yo misma aprendí la lección. No solo Jake necesitaba las vivencias típicas de la infancia; ¡también las necesitaba yo!

Jake empezó a hablar más, y comenzamos a hacernos una idea de lo que había tenido en la cabeza durante todo el tiempo en que le creímos perdido. Por fin podía decirnos lo que había estado haciendo y pensando.

—Me va a hacer falta una taza de caldo de pollo para asimilar esta —decía yo (y aún lo digo) cada vez que nos dejaba clavados con una de sus perlas.

Por ejemplo, uno de los juegos preferidos de Jake era poner a la gente a dar vueltas. Se paseaba por la guardería, elegía a una persona, la llevaba a un sitio en concreto y luego la hacía girar como si fuera una peonza. Si estabas dando vueltas, no te podías mover de donde estabas, y tenías que mantener la velocidad. Luego colocaba a otra persona en un sitio diferente y la hacía girar también. A los niños de la guardería aquello les parecía la bomba, así que a veces todos se ponían a dar vueltas a diferentes velocidades.

Nosotros siempre lo habíamos achacado al autismo —un comportamiento repetitivo y sin sentido que le resultaba placentero—, hasta una tarde cuando ya tenía cuatro años y había empezado a comunicarse con nosotros un poco más. Yo estaba un poco fastidiada, y daba vueltas cada vez más despacio. Jake no dejaba de corregirme, hasta que me planté.

—Vale, daré vueltas, cariño, pero tengo que ir despacio.

—No puedes girar despacio, mamá —dijo, exasperado—. Los que están más cerca del sol van más rápido.

Éramos planetas. Solo cuando lo busqué en Google, comprendí que Jake utilizaba a los niños de la guardería para que hicieran de planetas, los cuales giraban a diferentes velocidades dependiendo de dónde se encontraran en relación al sol. Jake no había aprendido todo eso por ósmosis, sino por intuición. De alguna manera, mientras había estado encerrado en su autismo, había comprendido las leyes del movimiento planetario de Kepler.

Cuantas más cosas sabíamos de Jake, más me daba cuenta de que había sido una suerte no privarle de todo aquello que le servía de estímulo en los primeros tiempos. ¿Los cereales que volcaba en el suelo de la cocina? Estaba tratando de calcular el volumen de las cajas. ¿Las redes de hilos de colores que me impedían entrar en la cocina? Eran ecuaciones, mediante un sistema matemático de paralelas que se había inventado.

Tras años de lo que parecía una incesante lluvia gris, por fin teníamos un cambio. Desde el principio había habido destellos de luz, destellos de algo que a veces solo yo veía. Ahora nos estábamos enterando de que, en silencio, Jake había estado tratando de entender algunos de los grandes avances científicos. ¿Comprenden a lo que me refiero cuando digo que tenía que sentarme con una taza de caldo para asimilar todo eso con calma?

Lo que más me asombraba era la creatividad que Jake evidenciaba. Había oído hablar de los *savants,* sabios, calculadoras humanas, personas con memoria fotográfica, capaces de recordar todo lo que habían visto u oído. Pero Jake no repetía como un papagayo la información que había leído en alguna parte. Él sabía cómo analizar los datos que había aprendido; entendía lo que significaban. Antes incluso de que supiera leer, cuando creíamos que simplemente se dedicaba a mirar las sombras de la pared, Jake estaba haciendo verdaderos descubrimientos científicos. Era increíble darse cuenta de que todo aquel potencial siempre había estado ahí. Mi pequeño no andaba perdido después de todo. Sencillamente, estaba trabajando. Y ahora que empezábamos a comprender de lo que era capaz, era aún más aterrador pensar en lo mucho que podría haberse perdido.

Estoy segura de que no es coincidencia que parte del trabajo que hace Jake en física en la actualidad tenga que ver con las ondas de la luz y con cómo viajan. Él cree que su trabajo conducirá a una transmisión electrónica más eficaz de la luz. Por eso pregunto siempre a los padres con los que trabajo por los intereses primeros y más persistentes de sus hijos. En el caso de los padres cuyos hijos están totalmente encerrados en sí mismos, les pregunto qué clase de actividades les interesaban a sus hijos antes de la aparición del autismo. Tenemos un amigo que es un brillante ingeniero. No es de extrañar que su madre cuente que empezó a desmontar aparatos domésticos en cuanto sus dedos fueron bastante grandes como para sostener un destornillador. Nuestras fortalezas y habilidades están ahí, desde el principio, pero necesitan tiempo y estímulos para florecer.

Este es un aspecto importante. Debido al autismo —y a que no podíamos llegar a él— Jake tenía mucho tiempo y espacio para hacer aquello por lo que sentía inclinación de forma natural. Como estaba tan encerrado en sí mismo y era tan inaccesible, se le concedía mucho más tiempo que a los demás niños para centrarse en las cosas que le gustaban: luz y sombras, ángulos y volúmenes, y la forma en que los objetos se mueven en el espacio. Nadie le decía a Jake *cómo* aprender, porque nadie creía que pudiera hacerlo. En ese sentido, el autismo le había dado a Jake un don singular.

Creemos que estos niños están ausentes; creemos que tienen que curarse. Pero a mí me parece que curar el autismo sería como «curar» la ciencia y el arte. Siempre les decía a los padres de Little Light que si conseguían entrar en el mundo de sus hijos, en lugar de esperar a que los niños salieran de él, verían maravillas. Nosotros tenemos que construir un puente para llegar a nuestros hijos, de manera que puedan enseñarnos lo que ven y podamos empezar a traerles a nuestro mundo. En el caso de Jake, la astronomía y las estrellas me proporcionaron la relación con él por la que tanto había suspirado. Antes de la visita al observatorio, los planetas siempre me habían parecido unos globos aburridos. Pero cuando Jake empezó a dejarme entrever ese mundo a través de sus ojos, me di cuenta de lo espectacular que era. Poco después de que cumpliera cuatro años, me llamó un día para enseñarme imágenes de una nebulosa en el ordenador. Estaba interesado en el estudio químico de la luz y los colores, y lo que me mostró me dejó atónita. Las nebulosas eran como fuegos artificiales, o espectaculares vidrieras.

Ver a mi pequeño señalar las huellas químicas de los gases fue toda una revelación. Me di cuenta de que para él aquello era arte, una experiencia tan conmovedora e intensa emocionalmente como para un aficionado a la arquitectura ver la catedral de Chartres por primera vez, o como para un amante del Impresionismo quedarse solo en una habitación con las paredes llenas de los nenúfares de Monet.

En el segundo año de Little Light, todos los niños empezaron a mejorar.

—¿Cómo lo hacías? —me preguntaba la gente, convencida de que existía una panacea. Los progresos eran tremendos, dado lo poco que a veces parecía que hacíamos. Por supuesto que realizábamos algunas terapias repetitivas con los niños, pero ni mucho menos lo que se recomendaba. Si hubiera explicado en qué empleábamos el tiempo, nadie me habría creído.

—Bueno, con uno de esos niños, pasé seis horas en el museo mirando un solo cuadro. A otro le compré una mesa de dibujo en

Craigslist y la llevé a casa de su madre. A una niña le enseñé a leer horneando centenares de galletas con ella y decorándolas luego con las letras del abecedario. Y luego estaba la llama...

Los resultados que obteníamos hablaban por sí solos, y cuanto más se oía hablar de lo que estábamos haciendo en Little Light, más padres acudían con sus hijos. Venían de todo Indiana, e incluso de Illinois. Traían a los abuelos y a terapeutas para que vieran hacer a sus hijos lo que ellos creían imposible.

Me parecía una locura el que la gente hiciera ese peregrinaje, que condujera tres horas para una hora de clase una tarde a la semana. Ignoro lo que aquellos padres esperaban encontrar al final de tan largo viaje, pero seguro que no se trataba de una guardería situada en un garaje de las afueras al fondo de una calle sin salida. Todos ellos habían estado en flamantes instalaciones médicas de alta tecnología; todos habían recurrido a terapias de lo más vanguardistas; todos habían visitado a los médicos más brillantes. Sin embargo, allí estaban, sentados en el suelo de mi pequeño garaje.

Conforme avanzaba mi embarazo, iba sintiéndome cada vez más incómoda. Al igual que en los anteriores, me había puesto enorme, y agacharme y levantarme del suelo con los niños se me hacía cada vez más difícil. Y una tarde de julio, mientras estaba ordenando unos juegos educativos de la guardería, me caí de rodillas con un dolor insoportable. Algo iba muy mal.

Me llevaron a urgencias y me ingresaron inmediatamente. Creí que el niño se moría, y que *yo* me moría. Me horrorizaba la idea de perjudicar al bebé, así que tomaba una dosis mínima de analgésicos. Después de varios días de pruebas y un dolor constante, el médico nos dijo a Michael y a mí que habían llegado a un punto muerto. Para averiguar lo que me ocurría, tendrían que operarme. Embarazada de ocho meses y medio, me sometí a una cirugía exploratoria mayor.

Había tenido una insuficiencia orgánica en toda regla. Los cirujanos me extirparon la vesícula, que había dejado de funcionar a causa de una infección.

Dos semanas y media después, nació nuestro tercer hijo, Ethan Michael. No recomiendo a nadie dar a luz a las tres semanas de haber sufrido una operación abdominal. Pero, por otro lado, allí estaba nuestro precioso hijo.

Cuando nos enteramos de que esperábamos otro varón, Michael y yo ya habíamos hablado de cómo sería.

—Este niño lo va a tener muy difícil, Kris —dijo Michael pensativo—. Sea lo que sea, ya lo habremos visto (dos veces) con sus hermanos. Tiene que tener algo especial. —En plan de broma, empezó a llamar a mi bombo «Joey Danger» (Joey Peligro, o Joey el Peligroso).

Sin embargo, fue dejando de ser una broma a medida que se acercaba el nacimiento. Yo seguía sin verlo claro, pero Michael me convenció de que llamáramos a nuestro nuevo hijo «Joseph Danger Barnett». Después de todo, pensé, no era más que un segundo nombre. Si de mayor no le gustaba, siempre podría quitárselo.

Pero cuando los médicos me pusieron a Ethan en los brazos, ambos supimos al instante que Joey Danger no era el nombre apropiado para él. Sin duda, lo habría sido para Wes, pero saltaba a la vista que no había nada peligroso en aquel recién nacido. Así que en los primeros días se ganó un apodo mucho más adecuado, con el que se quedó durante el primer par de años: «Pacífico».

Todos los padres piensan que su recién nacido es perfecto, pero Ethan lo era de verdad. No lloraba. No daba guerra. Comía bien. Dormía durante toda la noche. Si le hacías una mueca, sonreía; y si no, también. Se le veía siempre tan tranquilo y tan contento que yo realmente pensaba que le ocurría algo, hasta que nuestro pediatra me convenció de que dejara de atormentarme. A diferencia de sus hermanos, Ethan fue un niño sano desde el principio.

La verdad es que estábamos siempre al acecho de algún problema, pues conocíamos las estadísticas. Más de una vez, sorprendí a los terapeutas de Wesley examinando subrepticiamente el tono muscular de Ethan o su capacidad para mantener contacto visual, con el pretexto de abrazarle o jugar al cucu-tras con él. Pero nunca vieron que le pasara nada. Ethan era un niño tranquilo, dulce, completamente sano y feliz.

¡Y la de abrazos que daba! Después del primer año, el pronunciado autismo de Jake le impedía dar abrazos, y Wesley primero tenía demasiados dolores y luego pasó a ser un niño muy activo. Pero «el Pacífico Ethan» se acurrucaba durante el tiempo que hiciera falta. El portabebés de tela vaquera en el que le llevaba estaba siempre cubierto de pintura infantil para dedos y restos de galleta de nuestras actividades en la guardería, pero no me importaba. Ethan venía conmigo adondequiera que yo fuese.

AUTÉNTICOS ESCOLARES

A Michael le gusta decir que colé a Jake en el colegio. En cierto modo, tiene razón.

Cuando empezaron los descuentos para la vuelta al cole en agosto de 2003, los niños de los grupos de Little Light estaban hechos unos auténticos escolares. Incluso los niños con autismo de muy bajo funcionamiento superaban con creces los pronósticos que les habían hecho cuando empezamos. Tenía la certeza de que estábamos preparados. La cuestión era si lo estarían las escuelas.

Todos los años, antes de que empiece el colegio, los nuevos escolares asisten a una ceremonia de bienvenida, en la que conocen a sus profesores y ven las aulas por primera vez. Aquel era un día importante para nosotros. Tendría la oportunidad de establecer paralelismos para Jake entre los centros sensoriales de Little Light con los que habíamos trabajado y la clase en la que estaría ese curso.

—Ahí es donde te sentarás para las actividades en corro —le susurré a Jake—, y esa caja es tu taquilla.

Asintió con la cabeza para indicar que lo sabía. Pero me alegró conocer a su profesora, la señora Hoard. Me cayó bien al instante, por su delicada inteligencia y su personalidad afectuosa, y di gracias por sus muchos años de experiencia. Se veía que había conocido a muchos niños con problemas y estilos de aprendizaje diferentes a lo largo de su vida profesional.

Le hablé del diagnóstico de Jake y le manifesté mi confianza en que le iría bien. Me había pasado dos años preparándole a diario en Little Light para que se integrara en el colegio. Como respuesta, la señora Hoard me rodeó los hombros con el brazo y dijo:

—Le daremos un tiempo, a ver qué tal. —Me alegró saber que no se dedicaría a buscar una excusa para machacarle. Pero también era consciente de que tendría a veinticinco niños en la clase, dignos todos de igual atención, y la paciencia tiene un límite. Para permanecer en una escuela convencional, Jake tendría que hacerlo adecuadamente.

Para la señora Hoard, Jake era un escolar más. Pero la dirección del centro no lo tenía tan claro. Cuando me disponía a entrar a la ceremonia de bienvenida, la directora vino a mi encuentro.

—Señora Barnett, ¿podría reunirse conmigo en el pasillo, por favor? —Quería hablarme del Programa Educativo Individualizado (PEI) de Jake. Una vez que un comité ha examinado las evaluaciones más recientes de las necesidades especiales de un niño, redactan un documento con los objetivos (académicos, conductuales y sociales) que el colegio fija para el alumno a lo largo del curso, entre los que se incluyen detalles como el tiempo que pasará el niño relacionándose con niños no-discapacitados y los tipos de servicios y ayudas suplementarias que dicho alumno tendrá en clase.

A los tres años Jake tenía conductas repetitivas, no hablaba y parecía indiferente. Daba la impresión de que nunca llegaría a hablar, ni a leer o hacer amigos. Las personas que le evaluaron entonces creían que nunca aprendería, por lo que en el colegio tenían la idea de que con cinco años sería el mismo niño que con tres. No lo era, claro está. Habíamos hecho grandes progresos desde que estuvo en el centro de educación especial. Pero la dirección del colegio no lo sabía... aún. Yo no quería polemizar. Lo único que quería era la oportunidad de demostrarles de lo que

Jake era capaz. Para ello, como dijo la señora Hoard, hacía falta un poco de tiempo.

Así pues, le rogué a la directora que me disculpara y contesté con evasivas. Le dije que tenía un niño recién nacido y que estaría muy ocupada durante las semanas siguientes. No tendría ni un minuto libre para reunirme con ella hasta la tercera semana de septiembre. Lo único que quería era que tuvieran tiempo de ver que Jake no era el mismo niño de antes. Eché un vistazo a mi apretadísima agenda (guardería, guardería, primera cita de Wesley con el dentista, más guardería...) y acordé la reunión para tres semanas después.

Francamente, me resultaba muy difícil encontrar a alguien que se encargara de la guardería, y al colegio no le importaba la demora. La dirección tenía que evaluar a tantos niños que a Jake le dejaron para el final. Después de todo, si las cosas no iban bien en el aula convencional, sabían que siempre podían dar prioridad al PEI de Jake.

El primer día de colegio de Jake fue un gran día para toda la familia. Esa noche, Mike preparó la cena y me dio las gracias por haber recuperado a nuestro hijo. Luego fui yo quien mostró agradecimiento. Una cosa es apoyar a alguien cuando se está de acuerdo con esa persona, y otra muy diferente cuando no se está de acuerdo. Sabía lo difícil que había sido para Mike secundar mi iniciativa. Él estaba completamente convencido de que iba camino del desastre cuando decidí sacar a Jake del centro de educación especial. La opinión de aquellos expertos tenía más peso para él que para mí, y aun así Mike no solo me permitió correr el riesgo, sino que me apoyó en todo momento.

Jake no dio a nadie la oportunidad de quejarse. Cuando a finales de septiembre llamé para preguntar si teníamos que vernos a propósito del PEI de Jake, la directora convino en que podíamos esperar un poco. Había desconcierto en su voz.

—¿Es el mismo niño? —preguntó, medio en broma, medio en serio.

Jake estaba lejos de ser el único éxito de Little Light. Aquel primer mes, el teléfono no dejó de sonar con padres que llamaban de todo el estado y otros lugares para compartir su felicidad y su alivio. Niños de quienes sus médicos habían dicho que nunca volverían a hablar no solo hablaban, sino que además se habían integrado en colegios convencionales. A niños que habían acudido con tales problemas de comportamiento que a sus padres les habían advertido de que siempre estarían en clases de educación especial se les asignó tiempo en clases convencionales. Padres a quienes habían asegurado que sus hijos tendrían que asistir a programas de terapia que duraban todo el día vieron cómo esos niños iban al colegio. Incluso los niños de funcionamiento más bajo necesitaban menos asistencia de la esperada. Aquel año hubo muchos directores escolares desconcertados por todo el estado de Indiana.

Estaba tan orgullosa de la comunidad que habíamos formado como de los niños. No nos habíamos quedado esperando a que el sistema viniera a salvar a nuestros hijos. Con tesón y mucho esfuerzo lo habíamos hecho nosotros mismos, lo habíamos hecho juntos.

Siempre que me encuentro con un niño autista que hace progresos, sé que alguien ha luchado por él; tanto si va en pañales como si está en el instituto, tanto si ha vuelto a hablar otra vez como si ha encontrado su primer empleo, sé que hay alguien detrás de ese niño que ha creído en él y ha luchado por él.

Todos los padres tienen que luchar por sus hijos, no solo los padres de niños autistas o con trastornos del desarrollo. Todos los padres tienen que tomar decisiones difíciles en la vida de sus hijos, aunque no sean tan drásticas como las mías. Tanto si tienen que lidiar con enfermedades o discapacidades físicas, acoso escolar o niñas pesadas, la política del equipo de una liguilla o las competitivas admisiones universitarias, todos los padres tienen que afrontar retos en beneficio de sus hijos. Todos sabemos lo que es el miedo y el dolor, todos tenemos que armarnos de valor. Luchamos por nuestros hijos, y lo hacemos por amor. Yo creo que eso es lo que nos convierte en padres.

Cuando nos vemos frente a los expertos (y los padres de hoy tienen que tratar con muchos expertos), es fácil decirse: «¿Qué conocimientos tengo yo? Solo soy la encargada de hacer los macarrones con queso». Pero creo que mi ejemplo sirvió para que muchos padres que vinieron a Little Light, sobre todo las madres, hicieran caso de lo que en su fuero interno sabían que era verdad.

Llegué a ver mi intuición maternal como una brújula que señalaba en dirección norte. Ignorarla no podía llevar a nada bueno. En los casos en que la aguja me señalaba un camino diferente al que los expertos querían que siguiera, yo tenía que confiar en mi instinto maternal. Sé que si Jake hubiera permanecido en educación especial, le habríamos perdido, y esa luz que ahora brilla con tanta intensidad se habría extinguido para siempre.

En cuanto estuvo en el colegio, se hizo evidente que el nivel académico de Jake era bastante alto comparado con el de los demás niños. La mayoría de sus compañeros no leía, por ejemplo, y menos aún libros de ciencias en la escuela de enseñanza primaria. Pero acordamos con Jake que no contaría ese secreto a nadie del colegio. Habíamos trabajado tanto para que se integrara en un colegio normal que solo queríamos que fuera un niño más de la clase. Dicho eso, cuando empezó el colegio, probablemente el nivel de sus habilidades lectoras era de tercer o cuarto curso, y sospecho que si hubiéramos entendido con precisión lo que ocurría dentro de su cabeza, habríamos visto que su nivel en matemáticas y física era de enseñanza secundaria o superior. No obstante, nuestra labor de padres estaba lejos de haber terminado, porque lo que aún teníamos que hacer Michael y yo era enseñar a Jake a relacionarse con el mundo.

La señora Hoard hizo honor a su palabra, y dio a Jake una oportunidad. Pero también él fue un niño relativamente fácil, y creo que eso ayudó mucho. ¿Que se distraía? Seguramente, a veces.

Pero nunca causaba problemas, lo que sin duda contribuyó a que se mantuviera bajo el radar.

Pero de vez en cuando había que refrescarle la memoria. En Little Light, no había separación de niños y niñas, que era lo que se hacía en el colegio. Así que estoy segura de que, en más de una ocasión, la señora Hoard tendría que recordarle con delicadeza en qué fila ponerse. Pero Jake nunca dio problemas de comportamiento, ni siquiera en la cumbre de su autismo. Él nunca se pelearía en el patio con otro niño por un triciclo, por ejemplo, que es la clase de riña que ocurre a menudo en un colegio de primaria. A él le daba igual. Así que mientras el pequeño Devin y su amigo Aidan se enzarzaban por el triciclo, Jake se esfumaba al final de la cola. Jugaba encantado (pero en silencio) al lado de Corey en la mesa de la plastilina, y si este hacía un hoyito con el dedo en la vasija de Jake, mi hijo dejaba a Corey con la vasija y se marchaba. Jake no cogía rabietas ni empezaba peleas. Mientras nadie quisiera quitarle sus preciosos libros sobre rocas y sistemas climatológicos (lo que era bastante improbable), él era feliz. La señora Hoard siguió con sus esporádicos y discretos recordatorios, y con un poquito de tiempo y de ayuda, Jake llegó a dominar las rutinas de su nueva clase.

La verdad es que Jake solo tenía dificultades cuando sucedía algo fuera de lo habitual. La posibilidad de que nos llamaran para hablar de su PEI se cernía sobre nosotros, así que trabajé duramente para prepararle para cualquier desviación del programa establecido.

Todas las mañanas, le llevaba a desayunar, y mientras él se comía su bollo de canela, yo le alertaba lo mejor que podía sobre cualquier alteración que pudiera darse: un viaje de estudio o una película especial a la hora del almuerzo, una reunión de todo el colegio en el gimnasio o una salida anticipada la víspera de una fiesta. Aquellos desayunos eran nuestra reunión previa al partido. Él era el mariscal de campo, y yo el entrenador.

—No les digas a los otros niños que Santa Claus no existe —le decía unos días antes de una fiesta—. Aunque veas que se trata del señor Anderson, por favor, no le llames así. Dirígete a él como Santa Claus y síguele el juego. Puede que tengas que sentarte en su regazo y pedirle un regalo mientras alguien os hace una foto, ¿vale? —Con preparación, él podía tolerarlo.

Paradójicamente, nada distanciaba más a Jake que las actividades tontorronas que diseñaba el colegio para atraer a los niños de su edad. No se ponía de mal humor ni se revolucionaba; sencillamente le confundía. Nunca había entendido Halloween, por ejemplo, que era una de mis fiestas preferidas, porque para él no tenía sentido disfrazarse. ¿Por qué fingir que eras una persona distinta? ¿Por qué pedir caramelos a un vecino cuando tienes una enorme calabaza de plástico repleta de ellos en el porche de tu casa?

Nunca olvidaré la cara que puso cuando le hablé de otra tradición escolar.

—Adivina con qué irás vestido mañana al colegio, Jakey. ¡Con el pijama! —Me miró como si me hubiera vuelto loca.

—Mamá, no me pongo el pijama durante el día. Me lo pongo por la noche.

Yo insistí, y él hizo otro tanto.

—No me pongo el pijama para ir al *colegio* —siguió explicándome, sin perder la paciencia—. Me lo pongo para irme a la *cama.*

Por un lado, resultaba gracioso, pero al mismo tiempo me parecía que había algo que tenía que aprender. Sé que muchos padres habrían ido a secretaría a pedir una nota para que se dispensara a sus hijos de participar en esas actividades. Pero, como decía mi abuelo, no puedes pedir un pase cada vez que la vida te pone a prueba. Teníamos que dotar a Jake de las herramientas necesarias para que superase su desasosiego, de manera que pudiera funcionar en un mundo que a veces tiene un Día del Pijama.

No está claro si lo que hicimos da resultado con todos los niños autistas, pero creí comprender a Jake y la forma en que había reaccionado en el pasado a lo imprevisto. Años antes, me había acompañado a la Dirección General de Tráfico a renovarme el carné de conducir. Estaban arreglando la fachada, así que fuimos por la parte de atrás, pero Jake no quería —o no podía— entrar por la puerta de «salida». La DGT era un lugar con unas normas claramente definidas. Había unas flechas pintadas en el suelo que indicaban dónde había que esperar para sacarse la foto del carné de aprendiz de conductor. Había pasillos delimitados que marcaban en dónde hacer cola si lo que se quería era una foto para una persona que no conducía. Aquel era un lugar que Jake podía comprender, y, sin embargo, allí estaba yo, empeñándome en hacerle entrar por una puerta en la que claramente se leía «Salida»; no había manera de convencerle.

Pensé que no me quedaría otra que volver después de que arreglaran la puerta principal, pero necesitaba el carné. Así que respiré hondo, le cogí en brazos y me arriesgué: allá que entramos por la puerta de salida. Al final se recuperó, pero aquel incidente me dio la oportunidad de ver cómo funcionaba su mente. Entrar por una puerta equivocada le angustiaba tanto que casi parecía que le causaba dolor.

La verdadera conclusión llegó un poco más tarde, cuando le vi jugar con Wesley en el porche. Jake tenía un juguete que era una estación de lavado de coches de dos niveles en el que se podían introducir cochecitos. A los dos les encantaba el juguete, pero no podían compartirlo. En cuanto empezaban a jugar con él los dos juntos, había problemas. Tras el incidente en la DGT, comprendí la razón.

Jake introducía un coche por la puerta en la que decía «Entrada» y lo sacaba lavado por la rampa en la que decía «Salida», y luego lo aparcaba fuera cuidadosamente. Wesley no estaba tan interesado en el funcionamiento correcto de la estación de lavado. Él hacía bajar los coches en picado, los depositaba en el tejado, los conducía hacia atrás a la velocidad equivalente de cien kilómetros por hora para un coche de juguete, o hacía que cayeran por la rampa, fingiendo una colisión entre diez coches al final de ella.

A Jake le volvía loco el hecho de que Wesley no se tomara en serio las reglas. Así que le obligué a sentarse y le expliqué:

—Jake, eres un chico muy serio, y siempre utilizas la estación de lavado correctamente, siguiendo las normas. Pero Wesley es un poco tontorrón. Cuando él juega con la estación de lavado, le gusta hacer el tonto, y no pasa nada si le toca a él. Cuando te toca jugar a ti, puedes hacerlo en serio. No hay una única forma de jugar con la estación de lavado.

Entonces lo comprendió. La idea de que la gente juega de maneras diferentes y de que no pasa nada porque cada persona lo haga a su manera resultó muy útil cuando traté de explicarle un evento como el Día del Pijama. Sí, era una tontería, pero tenía que aprender a tolerarlo, como tenía que aprender a tolerar la forma en que Wesley jugaba con la estación de lavado.

Siempre me aseguraba de que a Jake le llegara su turno. Era importantísimo para él. Cuando sabía que tenía que enfrentarse a un reto en el colegio, le garantizaba durante el desayuno que después podría hacer lo que quisiera. Si tenía que ver una ruidosa película a la hora del almuerzo, por ejemplo, le decía que cuando llegara a casa, contaríamos todas las monedas en su habitación. Si tenía una clase con un suplente, cuando llegara a casa podría hacer el puzle más grande y más difícil que tuviera, o iríamos a dar un paseo y a mirar matrículas durante todo el tiempo que quisiera.

Las promesas no eran sobornos del tipo: «Tú haz esto que luego te daré caramelos». Eso no habría funcionado. El mensaje era: «Pasa por esto —que puede que no sea fácil— y te prometo que después podrás hacer lo que te gusta».

Jake tenía tanto tiempo para hacer las cosas que eran importantes para él como las que lo eran para otras personas, para mí o para el colegio. Nunca le decía que no pudiera hacer sus puzles. Claro que podía, y durante todo el tiempo que quisiera, pero solo después de que hubiera ido al colegio en pijama. Tenía que hacer sus tareas, pero no debía dejar de ser quien era para hacerlas.

TRES CARTAS

Dicen que Dios aprieta pero no ahoga, y siempre pensábamos en eso cuando nos maravillábamos del niño tan bueno y dulce que fue Ethan durante su primer año.

No me encontraba muy bien de salud. Nunca me había tomado más de tres días libres después del nacimiento de los chicos porque tenía muchos niños con necesidades especiales en la guardería. Como no descansaba, la curación de la cirugía del final del embarazo fue lenta y muy dolorosa. Además, el otoño en que nació Ethan y Jake comenzó el colegio, empecé a tener unas espantosas punzadas de dolor en un lado de la cara. Aquellos episodios me incapacitaban totalmente. Era como si me clavaran miles de agujas calientes en la cuenca del ojo y me bajaran por toda la cara. Lo más inquietante era que no parecía haber una causa. Incluso una ligera brisa podía provocar uno de esos ataques.

Además, estaba siempre muy cansada. Eso, al menos, era lógico. Todo el mundo está cansado durante los primeros meses de un recién nacido. Pero por muy pronto que me acostara (la mayoría de las noches, minutos después que los niños), por muchas vitaminas que tomara, no parecía recuperarme del cansancio.

La mañana de Navidad me desperté tan agotada que apenas podía levantarme de la cama. Alzar nuestra diminuta cámara digital para hacer fotos a los niños mientras abrían los regalos me costaba un esfuerzo sobrehumano.

A media mañana fui a la cocina a hacer unos huevos revueltos para desayunar. Saqué la huevera de cartón del frigorífico, la puse en la encimera y pensé: «Voy a tener que sentarme para cascar los huevos». Acerqué una silla y me senté; a continuación me vinieron a la cabeza dos pensamientos.

El primero fue: «¡Caray! ¿Tengo que sentarme para preparar unos huevos revueltos?».

Lo normal para mí era pasarme un mínimo de trece horas detrás de doce críos, normalmente con un bebé colgado al pecho y otro en la cadera. Cuando se tiene una guardería, no hace falta ir a un gimnasio; lo normal es que no se tenga ni un minuto libre hasta las siete y media de la tarde, cuando ya se han ido los niños. Así que el hecho de que no tuviera fuerzas para hacer unos huevos revueltos era, cuando menos, extraño.

El segundo pensamiento fue: «¡Qué raro! No puedo mover el brazo izquierdo».

No me asusté ni tampoco me dolía; era un hecho, sencillamente. No podía mover el brazo, ni ninguna otra parte del lado izquierdo.

Me quedé allí sentada hasta que entró Mike, me metió en el coche y me llevó al hospital. Con treinta años, acababa de sufrir un ictus.

Esperando en el hospital aquel día, me di cuenta de que lo que quería era volver a casa. Si yo no estaba allí, ¿quién haría lo que había que hacer? Yo preparaba la jornada escolar de Jake, y esa era una tarea diaria que no podía delegar en nadie. Y tenía a Wesley, que podía ahogarse si alguien le daba líquidos que no se habían espesado, y quien aún no podía moverse por sí solo, por no hablar de la coordinación de las citas con todos sus terapeutas. Y luego estaba mi pequeño Ethan, que necesitaba a su madre.

Aquella noche, me asusté, realmente. ¿Qué sería de mis niños —de todos ellos— si yo faltaba? Si una cuidadora inexperta daba a Nancy, una niña que tenía en la guardería en aquella época, una medicina equivocada (o, lo que es peor, se olvidaba de dársela), bien podría sufrir un ataque fatal. A Ben, un niño autista, le encantaba escaparse, lo que significaba que en cuanto le quitabas los ojos de encima, iba derecho a la puerta. Había que vigilarle en todo momento, o desaparecía en menos que cantaba un gallo. (Muchos niños autistas mueren de esta forma).

Luego se me vino otra idea a la cabeza: «¿Y si tengo otro ictus? ¿Y si no me despierto? ¿Qué será de los niños y de Michael?».

Esa noche, en lugar de dormir, me puse a escribir cartas a mis hijos. Empezaron siendo listas de todos los maravillosos momentos que no quería que olvidaran: cómo seguíamos con los dedos la estela que el bote dejaba en el agua cuando íbamos a remar al lago, lo pringosos que nos poníamos cuando calentábamos los sándwiches de galleta con chocolate en la barbacoa, lo que disfrutábamos viendo una película acurrucados bajo una manta y con un enorme cuenco de palomitas de maíz.

Cuando terminé, las cartas se habían convertido en un catálogo de lo que más me gustaba de ellos. Les pedía que se ayudaran entre ellos. Al reflexivo y cuidadoso de Jake le pedía que mirara por su hermano: «Deja que juegue con su Maserati, pero asegúrate de que también se haga un plan de pensiones». Al bondadoso Wes le pedía que estuviera pendiente de que Jake se divirtiera y que acompañara a su hermano cuando a Jake no le salieran bien sus meticulosos cálculos. A Ethan sencillamente le escribí: «No tengas miedo de ser quien eres. Averigua qué es lo que te gusta hacer y hazlo».

Finalmente me acosté a eso de las cuatro de la mañana, con una profunda e intensa sensación de paz. En caso de que no pudiera estar ahí para ayudar a mis hijos a ser quienes eran, al menos tendrían las cartas que les había escrito.

Es obvio que me desperté a la mañana siguiente, y empezó una nueva vida.

Incluso después de que me dieran el alta, mi estado de salud exigió un tremendo esfuerzo por parte de todos. Tenía el lado izquierdo casi paralizado. La boca me colgaba de ese lado, no podía coger cosas con la mano izquierda y arrastraba la pierna izquierda. Con frecuencia Michael tenía que ayudarme a caminar.

Palabras tan cotidianas como «sofá» o «coche» se me quedaban en la punta de la lengua, pero era incapaz de pronunciarlas. A veces confundía la que quería decir por otra totalmente inapropiada: «La compra está aún en el maletero del ascensor». O «Jake, ¿has cogido el almuerzo del armario?». (Jake, siendo como era, iba obedientemente a buscar el sándwich al armario).

Con todas las citas médicas a las que tenía que acudir, Mike se convirtió en mis brazos y piernas. También tuvo que tomarse tiempo libre en el trabajo para ayudarme con la guardería; pero, en ese ámbito, él también recibió malas noticias. A Tom, su jefe y mentor de tantos años, le habían diagnosticado un cáncer de pulmón. (Solo viviría unos meses más). Tom había sido una de las primeras personas en la vida profesional de Mike en ver y fomentar sus aptitudes. Era una figura paternal para él y su valedor. Perder a Tom sería un golpe tremendo para Mike.

Lamentablemente, también tuvo consecuencias prácticas. Tom fue sustituido por un hombre mucho más joven, alguien menos predispuesto hacia la gente que aquel había promocionado. Y resultó que Mike fue a necesitar un poco de flexibilidad y de generosidad en su trabajo precisamente en un momento en que le preocupaba perder el puesto. Además de ayudarme con la guardería, llevarme al médico y realizar su trabajo, Mike seguía yendo al hospital dos veces a la semana para que Wesley continuara con su terapia acuática. Y llevaba la casa, es decir, realizaba todas las tareas que siempre había hecho yo, como ir a la compra, preparar los almuerzos y lavar la ropa. Podía darle instrucciones desde el sofá —ese yogur no, el otro—, pero no podía conducir ni comprar ni hacer nada que le sirviera de ayuda. Estaba solo.

En aquella época, Michael fue un superhéroe para mí. Yo había tenido años para adaptarme a la guardería, a la ampliación de esta para niños con necesidades especiales, a las exigencias de los horarios de las terapias. Yo había tenido toda una vida de experiencia en las tareas del hogar. Michael no contaba con nada de eso. Y sin embargo, me parecía increíble lo fuerte que era, la paciencia que tenía. Me maravillaba su energía. El estar físicamente impedida hacía que me sintiera más agradecida —tanto *a* Michael como *por* él— todos los días.

Pero era demasiado. Aunque ninguno de los dos lo sabíamos entonces, Michael estaba abocado a sufrir una crisis personal. Sin embargo, no creo que, en última instancia, esta se la provocara el agotador horario, por exigente que fuera. Hubo algo más.

Michael, claro está, entendía la gravedad del autismo de Jake y lo enfermo que estaba Wesley, pero siempre había podido librarse de las faenas cotidianas cuando cogía el coche y se iba a trabajar. El tener que encargarse del día a día —*mi* día a día— fue lo que le hizo consciente, de golpe y porrazo, de la realidad de la vida que vivíamos desde hacía cinco años. Nunca se había parado a comprender plenamente a qué nos enfrentábamos, las abrumadoras dificultades. Cada día era una escaramuza en una guerra que parecía imposible de ganar. ¿Qué podía hacer para darle la vuelta a la situación?

Cuando tuve a Jake, Michael prometió solemnemente que cuidaría de mí. Creo que se tomó aquella promesa mucho más en serio que los votos que nos hicimos cuando nos casamos. Aquel día, a la cabecera de mi cama, me dijo que haría todo lo posible para que fuera feliz y tuviera una vida agradable, pasara lo que pasara. Y lo cumplió. Me había apoyado con el autismo y las terapias de Jake, cuando los médicos nos dijeron que Wesley podía morir y con la agotadora incertidumbre de Little Light. Pero ahora me estaba viniendo abajo ante sus ojos, y para él eso significaba que había roto su promesa, que me había decepcionado, y se sentía fracasado.

Se le acumulaba la tensión, pero yo no me di cuenta hasta una noche invernal, después de acostar a los niños. Estábamos viendo la televisión juntos en el sofá; puede que incluso me hubiera quedado dormida un rato. De repente, Mike dijo, con voz entrecortada:

—No puedo más. —Entonces se levantó, cogió las llaves del coche y se marchó.

Yo no tenía ni idea de lo que ocurría. No habíamos discutido. De hecho, me parecía que nunca habíamos estado más unidos. Además, empezaba a sentirme mejor físicamente. Para entonces, podía caminar sin ayuda y volvía a participar en las actividades diarias.

Me asusté de veras. Las calles estaban heladas y húmedas, y Mike parecía tan alterado y tembloroso cuando se marchó que me preocupaba que no estuviera en condiciones de conducir. Presa del pánico, llamé a mi hermano, Ben, para que fuera a buscarle. Fue al colgar el teléfono cuando comprendí la gravedad de la situación: Michael se había marchado, y yo no sabía si iba a volver.

Mi madre vino a casa, y juntas llamamos a todos los amigos de Michael para ver si alguno sabía dónde estaba. Nadie le había visto ni sabía nada de él. No teníamos dinero para un hotel, así que esa posibilidad quedaba descartada. Ben estuvo toda la noche buscándole. Hacia las tres de la madrugada, cuando no había señales de él, mi hermano empezó a mirar en zanjas y barrancos por si veía su coche, y mi madre se llevó el teléfono a otra habitación para llamar a los hospitales de la zona. Yo me quedé sentada en el sofá tomando las infusiones que ella no dejaba de prepararme.

Ben regresó al amanecer. Me abrazó y me dijo en voz baja: «He buscado por todas partes. Puede que ya esté lejos, Kris. Creo que tenemos que hacernos a la idea de que es posible que no vuelva».

Me resultaba imposible, así que le pedí a Ben que viniera conmigo a dar otra vuelta en coche mientras mi madre se quedaba con los niños. Finalmente, divisé el Cougar de Mike en el aparcamiento de un hotel que había cerca de casa. Había pasado la noche allí fuera, con un frío que pelaba, a menos de un kilómetro de casa. Me bajé del coche de Ben y, tiritando y cojeando a más no poder, me acerqué al Cougar. Mi hermano se quedó en su automóvil, con la cara vuelta hacia el otro lado, para dejarnos un poco de intimidad.

Había sido una noche larga, y había tenido mucho tiempo para pensar en las razones que podrían haber llevado a Mike a marcharse. Ante todo estaba mi discapacidad. No estaba discapacitada cuando se casó conmigo, pero ahora me colgaba la boca de un lado y era incapaz de devolver un abrazo con ambos brazos; quizá me encontraba grotesca. Sin embargo, en cuanto vi la expresión de angustia que tenía en el rostro, supe exactamente por qué se había derrumbado. Me imaginé todo lo que se le había pasado por la cabeza durante aquella fría, larga y solitaria noche metido en la camioneta: «Prometí que cuidaría de ti, que te haría feliz, y ni siquiera puedo hacer eso. Si no he sido capaz de protegerte, entonces, he fracasado en todo».

Mike siempre había sido el valiente, el que mantenía la calma, el que hacía que todo fuera mejor. Pero ese día me tocaba a mí. Entré en el asiento delantero, le abracé y le dije:

—Nos vamos a casa.

Y eso fue lo que hicimos. Después de aquella noche, nuestra relación cambió. Nunca había creído que pudiéramos estar más unidos de lo que estábamos. Nunca pensé que hubiera algo de él que yo no supiera. Pero quizá no había comprendido hasta qué punto se sentía responsable de nuestra familia y de mí. Éramos unos desconocidos cuando nos casamos. Ninguna de las adversidades que habíamos sufrido había conseguido quebrantarnos. Contra todos los pronósticos, seguíamos juntos, seguíamos muy enamorados. Pero a partir de aquella noche, fue como si finalmente lo supiéramos todo el uno del otro, y nos dimos cuenta de que nada en el mundo podría separarnos.

Más o menos un mes después, un médico me diagnosticó lupus, que es una enfermedad autoinmune. Sé que suena ridículo afirmar que fue un alivio descubrir que tenía una enfermedad degenerativa y extenuante para la que no había cura, pero es verdad. Ahora teníamos una explicación de mi mala salud: la terrible neuralgia, que era como si alguien me clavara agujas ardiendo en la cara, por qué un catarro vulgar y corriente me afectaba tanto, y, claro está, por qué había tenido un ictus a tan temprana edad. El médico me explicó que el lupus se suaviza en verano y empeora con el mal tiempo, razón por la cual se me habían intensificado los síntomas a medida que transcurría el invierno. Ese diagnóstico explicaba también mis difíciles embarazos. Mi sistema inmunológico intentaba rechazar al feto. Era un milagro que hubiera tenido a los niños.

El diagnóstico contribuyó también a que Michael no se exigiera tanto en cuanto a su promesa de cuidar de mí. Sabía que no podía curarme el lupus.

En la actualidad Michael sigue haciendo esas pequeñas cosas que me hacen la vida con esta enfermedad un poco más fácil, como preparar el café sin que se lo pida o traerme un vaso de agua bien fría cuando me siento a ver la tele. Sé que cuando va a la compra, elige la caja registradora que tiene mis chocolatinas preferidas. No puede evitar que llegue el invierno, pero sí asegurarse de que tenga un par de botas con forro de borreguillo para que no se me enfríen los pies.

Y sí, sigue trayéndome rosas todas las semanas. Nuestra casa está llena de rosas secas, encima de los armarios de la cocina, en los recodos de las escaleras, en jarrones por doquier. Y con cada ramo nuevo, me siento aún más agradecida por lo que significan para Michael y para mí.

GOMINOLAS

La recuperación de un ictus es un proceso lento. Se tarda tiempo en recobrar las fuerzas. Aún hoy, cuando estoy muy cansada o mareada, sigo sin poder agarrar bien con la mano izquierda y con frecuencia tengo que llamar a los chicos para que me ayuden a coger bultos pesados o libros.

Durante el año que siguió al ictus, la vida volvió poco a poco a la normalidad o a lo que para nosotros fuera la normalidad en aquella época. Michael dejó Target para trabajar en Circuit City. Ethan el Pacífico siguió superando todos los indicadores del desarrollo. Empezó a hablar según lo previsto, a caminar según lo previsto y (quizá lo más importante para mí) siguió siendo adorable. Cada vez que tachábamos de la lista uno de esos jalones infantiles, yo daba un silencioso suspiro de alivio.

Pero las noticias más importantes tenían que ver con Wesley. La terapia acuática había dado sus frutos, y su rígido cuerpecillo era mucho más flexible. Como consecuencia, se movía con facilidad y, por fin, hacia su tercer cumpleaños empezó a andar.

Y después a galopar y a saltar y a esprintar y a brincar y a chocarse. En cuanto tuvo movilidad, Wes no se levantaba de la cama sin más; saltaba de ella como Tigger en *Winnie-the-Pooh*, a menudo llevándose por delante algún objeto o a alguno de sus hermanos. Si le pedía que me trajera de la cocina la cinta adhesiva, se convertía en un coche de carreras para hacerlo, rechinando en las curvas con dos ruedas despegadas del suelo.

De repente, la casa entera se convirtió en un circuito de obstáculos para deportes de riesgo. Wesley no podía pasar al lado de un sofá sin subirse a dar botes, de una estantería sin trepar por ella, de una escalera sin bajar de un salto los últimos seis escalones. Wesley no pasaba más de diez segundos solo en una habitación sin que se oyera un estrépito. Nuestro segundo hijo se había puesto en movimiento de repente, y poco más podíamos hacer Michael y yo aparte de reírnos con sus travesuras. Nos resignamos a los inevitables cortes, magulladuras y moratones (y alguna que otra visita a urgencias). ¿Qué íbamos a hacer? Wes tenía que recuperar mucho tiempo perdido, y nada en el mundo podía detenerle.

Jake estaba fantástico también. Para cuando terminó el primer año de colegio, nadie dudaba de que la integración hubiera sido un éxito. El centro le pasaba revista periódicamente, con el convencimiento de que los problemas y las rabietas llegarían inevitablemente, pero eso no sucedió nunca. El orgullo que sentí el último día de colegio era por algo más que el logro individual de Jake, que ya era enorme. Era también porque quizá habíamos cambiado, aunque solo fuera un poco, la opinión que tenía la gente sobre lo que significaba ser autista.

Pero en el fondo me daba cuenta de que aún nos quedaba mucho por hacer. El diálogo con Jake seguía siendo un escollo. Cuando a los niños se les pregunta qué han hecho ese día en el colegio, la mayoría responde: «Nada». Pero yo sabía que esos niños terminaban hablando con sus padres. Por ejemplo, cuando Mike se llevaba a Wesley a hacer algún recado, como poner gasolina al coche, me pasaba semanas oyendo hablar de ello: de cómo eran los coches que habían visto, del estrambótico pelo de la cajera, de la piruleta que esta le había dado...

Jake no. Todos los días, cuando Jake volvía a casa del colegio, me cogía de la mano, y salíamos a leer matrículas hasta la hora de cenar. Si le preguntaba qué tal le había ido en el cole, él recitaba el programa del día: actividades en corro, luego lectura y después el almuerzo. Si Jake hubiera sido mi única fuente de información, no habría sabido el nombre de ni uno solo de sus compañeros, por no hablar de alguna cosa sobre ellos. Él llevaba el «Limítese a los hechos, señora» hasta un extremo absurdo. Podía decirme, por ejemplo, que la clase se había reanudado siete minutos tarde después del recreo, pero no que se habían retrasado porque uno de sus compañeros sangraba por la nariz.

Me entristecía un poco no tener más acceso a su mundo, sobre todo cuando veía lo mucho que compartían otros padres con sus hijos. Una tarde me encontré en la farmacia con la madre de una compañera de Jake, y se paró a charlar un rato.

—¡Vaya!, ¿y qué me dices de la pelea en el patio? He oído que el padre de Elias fue a hablar con la directora sobre lo mandón que es Jeremy. ¿No es una monada cómo Oliver y Madison van agarraditos de la mano todo el tiempo? ¡Es una pena que la familia de ella se mude a Chicago el año que viene!

¿Cómo se había enterado de todas aquellas cosas? ¿Me había perdido yo alguna reunión de padres y profesores? ¿Se enviaba alguna circular?

—Por mi Caitlin, que es una niña muy habladora —dijo la mujer. Luego se dirigió a Jake, que estaba sentado en la parte de atrás de mi carrito, leyendo un libro sobre las formaciones de nubes—. Caitlin me ha contado que pasas mucho tiempo en el rincón de los puzles y que siempre eliges libros sobre el clima y las rocas los martes de biblioteca. ¿Es cierto?

Jake no respondió, por descontado, y por una vez tampoco yo tenía mucho más que decir. Aquella impetuosa mujer parecía tener mucha más información sobre los quiénes, qués y porqués de lo que ocurría en el colegio que yo. Mientras colocaba a Jake y las compras en el asiento de atrás, me sentí un poco derrotada. Menos mal que por naturaleza tiendo a recuperarme enseguida. Estaba segura de que algún día Jake conversaría conmigo.

Aunque el colegio iba bien, yo seguía aleccionando a Jake por las mañanas sobre cómo afrontar los imprevistos. No podía prepararle para todo, así que me centraba en darle las herramientas necesarias para que se adaptara en el mismo momento.

En primer curso, por Halloween, la maestra de Jake llenó un enorme bote de gominolas naranjas y negras y les dijo a los niños que quien adivinara cuántos caramelos había en el bote se lo llevaría a casa. Jake, claro, llevaba calculando el volumen de las cajas de cereales desde su más tierna infancia. De lo único que no estaba seguro era de cuánto espacio habría dejado la profesora en la parte superior del bote, debajo de la tapadera. Pero confiaba en que la respuesta correcta estuviera en torno a los veinte caramelos.

No fue así. La cantidad que se anunció era inferior —muy inferior— a la que sugerían las fórmulas de Jake, y el bote de caramelos se lo llevó a casa un niño que alardeó alegremente de haber dicho un número al azar.

Cuando llegó a casa, Jake estaba fuera de sí. Me fue imposible consolarle, ni aun prometiendo que le compraría todas las gominolas que hubiera en la tienda. Y es que no se trataba de los *caramelos,* sino de las *matemáticas.* Creí que se volvería loco por culpa de aquellos caramelos. Esa noche no quiso comer ni hacer ninguna otra cosa que no fuera comprobar y volver a comprobar los números, convencido de que había una explicación racional de cómo podía haberse equivocado tanto.

Al día siguiente, descubrió que *había* una explicación racional. La profesora había introducido un enorme taco de papel de aluminio en el centro del bote. Quizá no quería tener que comprar muchos caramelos, o que un solo niño se llevara tantos dulces a casa. Cualquiera que fuese la razón, había manipulado el juego —por eso las ecuaciones de Jake no habían funcionado—, involuntariamente, claro, porque quién iba a imaginar que un niño de primero de primaria iba a recurrir a una ecuación para calcular el volumen cúbico de un adivina-cuántos-caramelos-hay-en-el-bote. A Jake aquello le dejó anonadado.

Fue a raíz del incidente de los caramelos, como llegó a conocerse en casa, cuando se me ocurrió una estrategia de intervención que he utilizado desde entonces con mis hijos y con todos los niños con los que he trabajado.

—Sé que estás disgustado —le dije a Jake—, pero hay una escala para todo. La muerte de un ser querido es un diez en esa escala. El que algo sea un diez te da derecho a descontrolarte. En realidad, te da derecho a mucho más. Puedes meterte en la cama y quedarte ahí, y yo seré tu paño de lágrimas.

»Pero está también el otro extremo de la escala, y ahí es donde encontrarás el bote lleno de caramelos. No es alguien que se haya roto un hueso o perdido un brazo; es un bote de caramelos que puedes comprar en el supermercado. Eso es un dos, y tienes que responder a una situación de código dos con una reacción de código dos, no de código diez.

Utilizo esta intervención para que los niños, sobre todo los autistas, aprendan a tener cierta perspectiva.

—Alguien se choca con el coche / Te rozan los zapatos. ¿Cuál es un diez? —pregunto—. Cuando toca código diez, ¡adelante, faltaría más! Pero no podemos desperdiciar un código diez porque la etiqueta de la camisa te roce en el cuello.

A veces había que recordar a Jake que respondiera a un acontecimiento de código dos con una reacción de código dos. Pero, en general, tener un control de su conducta social basado en una serie de normas le ayudaba a reaccionar adecuadamente. Era tan eficaz que la gente empezó a preguntarme si a Jake se le había curado el autismo. No se le había curado, claro, ni se le curaría nunca. El autismo es algo con lo que Jake tiene que lidiar todos los días. Siempre hay algún acontecimiento que puede desencadenar en Jake una reacción de «*Rain Man* a tope», como decimos en la familia. Pero Michael y yo procuramos darle las herramientas necesarias para que adopte actitudes apropiadas, y, en general, lo hace.

Íbamos a la librería Barnes & Noble casi todos los sábados por la tarde. Wes y Jake podían elegir dos libros a la semana, los que quisieran (aunque yo aún les dirigía hacia la sección de oportunidades), y después íbamos a la cafetería a tomar un chocolate caliente con algo ligero y a hojear lo que habíamos comprado. Por muchos libros que haya leído, siempre hay algo especial en abrir uno nuevo y pasarse la tarde ensimismada en él. Me resultaba de lo más placentero compartir esa sensación con mis hijos.

Jake, como era de esperar, siempre iba derecho a los libros de consulta. Si encontraba uno lleno de cronologías, mapas, gráficos y tablas, ese era el que quería. Uno de sus preferidos era una historia de grandes científicos, y *Timechart History of the World* era otro. Pero los manuales universitarios sobre ciencias medioambientales siempre ganaban la baza.

Comprendí que Jake memorizaba datos para tranquilizarse y consolarse a sí mismo. Leer listas de datos tenía en él el mismo efecto que ver media hora de comedia u hojear una revista de cotilleo en una amiga mía. Al igual que la experiencia con mi hermana, Stephanie, me había ayudado a ver talentos y dones donde otros solo veían deficiencias, observar las rarezas de mi marido me ayudó a comprender lo que calmaba a Jake.

Michael también memoriza trivialidades para relajarse. Pregúntenle quién trabajaba en una oscura película de los años setenta o quién jugaba de primera base con los Cardinals en 1983, y responderá sin vacilar, y después les pondrá al corriente de lo que ese actor o ese primera base hayan hecho desde entonces. Cuando trabajaba en Target, le llamaban «el Mike». Durante el verano que pasó descargando mercancías, se aprendió todos los códigos de todos los productos que había en la tienda. Y después, si se perdía la etiqueta del precio de algún artículo, en lugar de buscarlo en caja, otros empleados cogían el walkie-talkie y decían: «Mike, ¿champú suave de coco?». Con rabia he visto que nunca falla ninguna pregunta de *Jeopardy!*, y me he negado en redondo a ver el programa con él hasta que no se presente al concurso y gane. Así pues, el que Jake se repantigara con una lista de exoplanetas y asteroides no me parecía tan extraño como podría habérselo parecido a otros padres.

A Jake le interesaban cosas muy variadas. Leía cualquier libro de historia norteamericana que cayera en sus manos. Tenía unas ansias de información ilimitadas; y una memoria, hasta donde nosotros veíamos, inagotable. Jake podía decirte que el pobre y olvidado James Buchanan fue el decimoquinto presidente de los Estados Unidos, además de darte las fechas de su mandato, el año en que nació, con quién se casó y cuándo murió. Sabía de qué estado era Buchanan y qué porcentaje de voto de colegio electoral había recibido.

No podía despegarse de ningún libro de texto que tuviera un cuestionario. (Sigue siendo así. Debo de ser la única madre que tiene que consolar a su hijo cuando se cancela un examen). Recuerdo el día en que descubrió en la librería la sección de libros para preparación de exámenes. En ellos había páginas y páginas de problemas numerados, y ¡muchos de ellos eran de matemáticas! Me miró con expresión de reproche, como si le hubiera estado ocultando aquella maravilla a propósito. En primer curso su libro preferido era el manual de preparación para el examen GED. No le interesaban las secciones de idiomas en absoluto, así que no puedo asegurar que hubiera aprobado el examen en su totalidad, pero hacia finales de aquel año, sacaba la máxima puntuación en las pruebas de matemáticas.

Curiosamente, en el colegio nadie parecía darse cuenta de esas cosas extrañas que hacía Jake. Y si alguien lo hizo, nunca dijo nada. A comienzos de primer curso, dieron a los niños un enorme libro con problemas de matemáticas, para todo el año. Jake lo completó en los primeros dos días de clase. La profesora se enteró y le dijo que podía sentarse en un rincón a leer un libro durante la clase.

Pero lo que él hizo fue crear su propio lenguaje matemático visual, que aún utiliza para enseñar a otros niños. Este lenguaje se sirve de colores y formas para representar números y combinaciones de números para representar ecuaciones. Imaginen un ábaco colisionando con un calidoscopio y podrán hacerse una idea. Ahora coloca capas de transparencias de diferentes colores y formas encima de una caja de luz, pero en aquel entonces tenía miles de trozos de cartulina, cortados meticulosamente de diversas formas que podían ponerse unas encima de otras para poder realizar cálculos complejos. Pero nadie, ni siquiera Jake, nos mencionó nunca, ni a mí ni a Michael, que realmente le hubieran saltado de curso en matemáticas.

Revisando viejos papeles, encontré algunos deberes de Jake de aquella época. (Se me había olvidado, pero cuando otros niños dibujaban un cuadrado con un triángulo encima para representar sus casas, Jake dibujaba, con sus lapiceros de colores, modelos de plantas hidroeléctricas más eficientes). En una de esas cajas, encontré el diario de Jake de primer curso. La maestra les había puesto, para hacer a lo largo de la semana, la siguiente tarea: «¿Qué harías si fueras presidente?».

En una de las entradas, Jake había escrito: «Si fuera presidente, le diría a la gente que se marchara de Nueva Orleans. Y si fuera presidente, trasladaría Nueva Orleans a otra parte. Incluso le diría a un arquitecto que diseñara y construyera un parque de atracciones. Cuando él o ella hubiera terminado, iría a ese parque, y me lo pasaría bien».

En aquel momento, pensé que no había visto nunca nada más bonito que el «él o ella» de aquella frase. Unas páginas más adelante, había otra anotación: «Si fuera presidente, iría a Florida y prevendría a la gente contra los huracanes». A esto tampoco le dimos mayor importancia. Ya sabíamos que Jake estaba obsesionado con la climatología y el cambio climático. Su preocupación por el tiempo sigue siendo motivo de bromas en casa. Siempre decimos que Jake no se acordará de lo que le regalaron las Navidades anteriores, pero cuando tenga ochenta años, todavía se acordará de cuánta nieve había caído. (No recuerda el nombre de ningún niño de su clase de primero, pero es capaz de describir, con vívidos detalles, la lluvia torrencial que le obligó a resguardarse en el hueco de una escalera mientras esperaba al autobús en su primer día de clase).

Lo que me salta a la vista es que esas entradas tienen fecha de enero de 2005, siete meses antes de que el huracán Katrina asolara el sur de Estados Unidos.

EL ESCONDITE PERFECTO

En segundo de primaria, Jake ya iba viento en popa en el colegio. Pero para mí el autismo era como una sombra agazapada que podía aflorar en cualquier momento y llevarse a mi hijo si me descuidaba. Así pues, de la misma forma que habría llevado a Jake a clases particulares si hubiera ido retrasado en matemáticas o en lectura, pensé que era mi deber hacer algo para que mi hijo tuviera amigos. Pero con un poco de ayuda sería más fácil.

Soy una pirada de Halloween. Me encanta. Michael siempre me toma el pelo a propósito de hasta qué extremos llego (y hasta qué extremos le hago llegar a él) para que la fiesta sea especial. En nuestro vecindario todo el mundo sabe que a cualquiera que se esté quieto un rato, enseguida le pinto o le planto un disfraz. Para el primer Halloween de Jake, por ejemplo, no solo le hice un traje de calabaza de cuerpo entero, sino que también convertí nuestra carretilla roja en una carroza de calabaza. Coloqué a Jake, vestido de calabaza, en la carroza, puse una lámpara hecha con una calabaza y varias clases de preciosos zapallitos a su lado y arrastré todo el tinglado por el vecindario.

El año que Jake estaba en segundo curso, me acerqué a una granja a por unas calabazas para vaciarlas y hacer lamparitas con los niños de la guardería. A la vuelta, pasé por delante de la casa de nuestra vecina y me dio dolor ver a sus hijos —tenía siete— jugando al fútbol con otros niños en la calle.

Cuando llegué a casa, apagué el coche y me quedé allí sentada sin hacer ruido, observando a Jake. Él también estaba fuera, pero el contraste entre mi casa y la de nuestros vecinos era muy marcado. Aquel año, una de las actividades favoritas de Jake consistía en hacer figuras geométricas multidimensionales —cubos, esferas, cilindros, conos y, cómo no, sus queridos paralelepípedos— con cualquier cosa que encontrara por casa. Tubos de los rollos de papel, piezas de construcción de madera, bastoncillos, palitos de helados..., todo servía. Aquella tarde, se le veía muy concentrado engalanando el porche con algunas de esas figuras, colocándolas cuidadosamente a lo largo de la barandilla.

Salí del coche, entré en casa y puse agua a hervir en una cazuela para hacer pasta. Luego Jake y yo pasamos un rato agradable, a la luz otoñal del atardecer, decorando el porche juntos, él con sus figuras geométricas multidimensionales, yo con mis telarañas y mis calabacitas secas (y quizá un aparato de hacer niebla y algún que otro fantasma aullador).

Yo quería que Jake tuviera amigos, pero sabía que no podía mandarle fuera a jugar con los hijos del vecino. Eso no funcionaría. Debido a su retraso físico, Jake se movía con torpeza y lentitud, y dudo que supiera las reglas del fútbol en aquella época. (Estoy segura de que tampoco le importaba). Teníamos que encontrar cosas en las que coincidieran.

¿Y si convertía nuestra casa —en especial la habitación de Jake— en un polo de atracción para un chico, de manera que fuesen esos otros muchachos los que se acercaran a él?

Al día siguiente me fui de compras. No teníamos mucho dinero, como siempre, pero consideré aquel gasto una inversión en Jake. Le compré una cama alta, unas alfombras peludas de lo más guay y unos *puffs* para la zona de abajo. Convencí a Michael para que entre un vecino y él subieran la enorme pantalla de televisión, aunque nosotros nos quedáramos con la pequeña en el cuarto de estar, y compré a Jake una PlayStation, y los videojuegos que el joven dependiente me dijo que él se llevaría a casa. Compré Doritos de todos los sabores que tenían en la tienda, y horneé una buena tanda de galletas con ración extra de trocitos de chocolate. En resumen, creé el rincón ideal para un niño —el escondite perfecto para un muchacho— y luego abrí las puertas.

Jake se quedó un poco sorprendido con la nueva decoración, pero mientras hubiera imágenes del sistema solar en las paredes, el mobiliario le daba igual. El nuevo espacio estaba diseñado para que Jake sacara provecho de sus capacidades. Debido a su increíble capacidad visual-espacial, a Jake se le daban (y aún se le dan) de maravilla los videojuegos. En Circuit City se le conocía por manejar el nivel avanzado de *Guitar Hero* con el mando por detrás de la cabeza.

Los chavales acudieron, y se quedaron. De hecho, Jake todavía mantiene una relación estrecha con muchos de los chicos que conoció aquel año. Uno de ellos en particular, Luke, es un gran amigo. Su madre y yo teníamos un acuerdo tácito. Ella confiaba en que a Luke se le pegara el amor de Jake al estudio, y yo abrigaba la esperanza de que a Jake se le contagiara un poco la vena futbolera de Luke.

Las madres eran mi arma secreta, sobre todo al inicio de las vacaciones de Navidad, cuando sus hijos andaban ya enloquecidos. Adoraban a Jake.

—Por favor, Kristine, sálvame. ¡Van a destrozarlo todo! ¿Puede venir Jake a jugar? —Luego, cuando la madre me traía a Jake, enseguida se deshacía en elogios—: ¡Qué niño más educado! No sé cómo has conseguido que tenga tan buenos modales.

Pero no creo que en realidad Jake fuera más correcto que otros niños de siete años. Sencillamente era callado. Me habría hecho muchísima ilusión oír gritar a Jake: «¡A que te hago cosquillas!» cuando Wes le provocaba; así que tenía la esperanza de que, si pasaba tiempo con sus amigos, aprendería alguna vez a ser tan bullicioso como ellos.

Del mismo modo que las madres que conocíamos ponían el grito en el cielo por lo mal que hablaban sus hijos, yo casi di un salto de alegría la noche en que Jake me dijo que la película que habían visto aquella tarde era un «rollo». Procuré no hacer aspavientos, pero cuando recogía la mesa, no pude evitar sonreír a Mike. Era su primera palabra informal.

En ocasiones Jake y sus colegas jugaban juntos al ajedrez, pero la mayoría de las veces veían películas o luchaban con sus sables de luz y se comían todas las patatas fritas que hubiera en casa. Cuando salieron las películas en las que se relataban los hechos anteriores a *La guerra de las galaxias*, Jake memorizó todas las frases. Pero por primera vez, él no fue el único. Casi todos los niños de su edad se sabían aquellas películas de memoria. Me alegraba tanto verle con sus amigos, que seguí ocupándome de que no faltaran patatas fritas y videojuegos, y no me alteraba mucho si alguien cogía una lámpara del cuarto de estar cuando iban en persecución de Darth Maul. A veces tenía que darle un golpecito con el codo:

—Oye, ¿y si dejamos las mates por un rato?

Pero, en general, se adaptó increíblemente bien, y todos aquellos niños se convirtieron en verdaderos amigos.

Para entonces, la guardería estaba totalmente integrada en nuestras vidas. Al igual que antes, las actividades que desarrollábamos en el garaje a menudo se extendían a la casa. Pero, la mayoría de las veces, el proyecto era tan divertido que todos participaban. Por ejemplo, dedicamos dos semanas a crear un gran mural a base de gominolas de todos los colores imaginables. ¡Menudo trabajo! Pero estábamos todos juntos, cantando canciones y contando cuentos, y quedó precioso. Su enorme tamaño dejó a los niños con la satisfacción de haber alcanzado el objetivo. También estoy segura de que comimos tantas gominolas como pegamos en la pared.

Por aquella época, vino a verme una mamá, que se reincorporaba al trabajo a la semana siguiente. La niña estaba en esa edad en la que cuesta mucho separarse de la madre; aunque daba toda la impresión de que sufría más esta por dejar a la niña que la niña por que la dejaran. Yo lo entendía perfectamente, claro. Había pasado por ello también; así que me fui a la cama pensando: «¿Qué podemos hacer para que el primer día de esta niña sea especial?».

Al día siguiente, puse a todos los niños de la guardería manos a la obra, incluido Ethan, y, cuando volvieron del colegio, también a Wesley y a Jake. Juntos hicimos unas mariposas enormes con tiras de papel crepé de todos los colores que tenían en la tienda. Luego las unimos y pedí a Mike que las colgara de un marco sujeto al techo.

—O te haces grande o te vas a casa —se burló, no por primera vez. El efecto de todas las mariposas juntas, cubriendo el techo por completo y aleteando con la brisa que entraba por una ventana abierta, era impresionante.

Los niños que tenía en la guardería realizaban actividades que muchos considerarían del todo descabelladas para criaturas de esa edad. Pero nunca he comprendido por qué hay que reprimir a un niño. Si podían hacer algo y querían hacerlo, ¿por qué no dejarles? No había día que no me asombraran con sus capacidades innatas. Yo nunca podría ser un hacha de la electrónica como Elliott ni tener el talento musical de Sarah.

Mis abuelos siempre nos daban a mi hermana y a mí pequeñas tareas, incluso desde que éramos muy pequeñas. Nos encantaba organizar los materiales para los trabajos manuales de la escuela dominical, por ejemplo; era toda una tarea, y empezamos a hacerlo al poco de echar a andar. Stephanie y yo también éramos las encargadas del servicio de té en la iglesia. Había que limpiar y lustrar las bandejas; después las preparábamos con una jarrita llena de leche, un azucarero y un pequeño vaso lleno de relucientes cucharillas. A nadie le preocupó nunca que rompiéramos un vaso, y no recuerdo que lo hiciéramos jamás.

Sentadas en las rodillas de mi abuela aprendimos a hacer manualidades recortando papel corriente antes de que a la mayoría de los niños les permitieran manejar tijeras de seguridad. Aprendimos a cosernos la ropa en cuanto fuimos capaces de coger una aguja. Las exactas puntadas de mi abuela eran poco más grandes que la trama del fuerte tejido de algodón que cosía, señal de experiencia. Uno de mis primeros recuerdos es el de esconderme debajo del enorme bastidor que mi abuela montaba en el salón cada vez que alguien anunciaba un compromiso o la próxima llegada de un bebé. Una noche me dejaron jugar bajo el bastidor después de haber aportado mi orgulloso granito de arena bordando una esquina de la colcha. Tenía tres años.

Aprendí a hornear de mi abuela también, y no a partir de recetas, sino a ojo. Stephanie y yo sabíamos cuándo la masa de pan había levado lo suficiente al ver que empezaban a marcarse las hebras de gluten. Sabíamos por el olor cuándo mirar cómo iban las galletas. Y no éramos adolescentes, sino unas mocosas que teníamos que subirnos a una banqueta para llegar a la encimera.

Quizá para mí era natural dar a los niños de la guardería, y a mis propios hijos, muchas más responsabilidades de las que les habrían dado otras personas. Por ejemplo, de pequeño a Ethan le encantaba la pasta. Siempre le había interesado la cocina, así que le compré una maquina de hacer pasta que funcionaba a manivela. Las primeras tandas que hizo no fueron muy allá, pero no se desanimó. Al cabo de un mes, los *linguine* de Ethan, que solo tenía cuatro años, estaban deliciosos.

A Noah le encantaban las matemáticas, así que le fabriqué un ábaco ensartando unas cuentas gigantes en unas varillas de madera, y aprendió a multiplicar él solo. A Claire le gustaba coser, e hizo pequeñas almohadas de fieltro con forma de animales, que llevamos al hospital infantil para regalar a los pacientes. Yo siempre pensé que la independencia y la creatividad no se desperdiciaban cuando a los niños se les dejaba hacer lo que les gustaba.

¿QUIÉN SOY?

—El año que viene espero poder aprender.

Esa fue la respuesta de Jake a su profesora de segundo cuando le preguntó qué esperaba del curso siguiente. Jake estaba ansioso, deseoso, ávido de saber, de una manera que a veces daba miedo.

A Michael y a mí ya no nos sorprendían la profundidad y amplitud de sus intereses, su infinita memoria, ni su capacidad para ver formas y relacionarlas. Pero cada vez nos resultaba más difícil seguirle el ritmo. Satisfacíamos su voraz apetito lo mejor que podíamos con las visitas a Barnes & Noble y mucho tiempo en Internet, pero nunca era suficiente.

Mike lo explicaba mejor: Jake era como un comecocos. Si tenía algo delante que pudiera aprender, lo engullía y eso le llenaba de energía. Cuando se encontraba con un obstáculo, daba marcha atrás y buscaba otra cosa que aprender. Heather, la chica que me ayudaba en la guardería, estaba en el segundo año de universidad cuando Jake estaba en tercero de primaria. Fue ella quien redescubrió la facilidad de Jake para los idiomas, algo que Michael y yo ya habíamos entrevisto cuando de pequeño aprendió él solo a decir frases en japonés con unos deuvedés. Ella tuvo que coger español por exigencias del currículo de idiomas. Una noche se olvidó el diccionario de inglés-español en nuestra casa, y al día siguiente se encontró con que Jake había aprendido por su cuenta unas cuantas palabras en castellano.

Poco después, le compró un libro para principiantes, porque tenía curiosidad por ver lo que haría. Al cabo de dos semanas, ya sabía conjugar verbos, y Jake hizo otro tanto con el chino cuando le trajo un manual que había encontrado en una librería de segunda mano que había junto a la universidad. He de confesar que no animé a Jake a que aprendiera otros idiomas. Me interesaba más ayudarle a comunicarse en inglés. Cuando parloteaba en español, yo no entendía ni una palabra de lo que decía. Yo ya tenía bastante con el inglés.

Heather llevaba mucho tiempo trabajando para mí de vez en cuando, así que conocía bien a Jake. En una ocasión le dijo:

—Algún día ganarás un premio importante, y tu madre lo celebrará con tales alharacas que hará que os echen a todos del restaurante. —A Jake le hacía gracia imaginarme armando jolgorio en un restaurante chic, y se convirtió en una broma continua entre ellos. Cuando Heather llegaba a trabajar, siempre preguntaba: —Oye, Jake, ¿tu madre ha conseguido ya que os echen a todos del restaurante?

En cierto sentido, Heather era más su igual que los niños de su clase de tercero. Cuando ella se preparaba para los exámenes, Jake se acurrucaba a su lado y estudiaba también. Cuando yo le preguntaba si Jake la distraía, ella contestaba:

—¡Qué va! ¡Me ayuda!

Viéndoles juntos, me daba cuenta de que así era.

—No olvides esto —le recordaba él, señalando con su pequeño dedo un dato en un gráfico.

—Jake sacaría mejores resultados en este examen final que la mayoría de los chicos que van a hacerlo —me dijo Heather una noche mientras se ponía el abrigo para marcharse.

Lo fascinante era lo que hacía con la información que memorizaba: cómo la asimilaba, la integraba y la manipulaba, así como las conclusiones que sacaba. Por ejemplo, se había obsesionado con la geología y hablaba sin parar de placas tectónicas, fallas, fumarolas geotérmicas, terremotos e islas volcánicas. Puede que fuera un área de interés limitada en sí misma, pero su forma de llevarla a la práctica no lo era en absoluto.

Un domingo por la tarde, cuando estudiaba tercero de primaria, se adueñó de la mesa del comedor y la llenó de libros de texto, perfectamente ordenados de un extremo a otro. Cuando llegó la hora de despejar la mesa para cenar, Mike me llamó en voz baja para que me acercara. Jake había dejado un enorme libro abierto por un diagrama de la falla de Wabash Valley, la zona sísmica que atraviesa Indiana, y al lado tenía una imagen en 3D de la misma. En otro libro abierto se veía una reconstrucción de un campamento de caza de la cultura Clovis, los paleo-indios nómadas que ocuparon la zona durante el periodo prehistórico. Y otro más mostraba una ilustración de un nativo americano guiando a un explorador francés por Indiana a principios del siglo XVIII. Había un cuarto libro abierto por un mapa geográfico y estadístico del estado que se remontaba a 1812. Y por último había un mapa topográfico del ejército norteamericano de la década de 1940 junto a una imagen actualizada del estado tomada por el satélite ASTER.

En un cuaderno, Jake había calculado con precisión la longitud y la latitud de nuestra casa, así como el sistema de coordenadas celestes correspondiente. Al lado, había un libro de mapas estelares, abierto por las constelaciones que serían más visibles desde el centro de Indiana aquella noche.

Era asombroso: una panorámica de nuestro tiempo y lugar, una instantánea histórica multidimensional, que abarcaba desde la prehistoria a la actualidad, y desde el núcleo de la tierra hasta los lejanos confines del sistema solar. No tenía ninguna duda de que Jake no solo había memorizado todos los datos que yo veía en aquellos libros, sino que además trabajaba en una síntesis de lo que había aprendido, en un tapiz que entretejiera todos aquellos detalles aleatorios de múltiples disciplinas, en una teoría que era mucho más que la suma de sus partes. Aquello nos dejó entrever la complicada estructura que conformaba el hermoso universo de la mente de Jake.

Michael y yo nos quedamos allí, asimilando lo que teníamos delante. Luego tuve que llamarle a gritos para que subiera del sótano, retirara todo aquello y me dejara sitio donde poner la lasaña. A veces creo que si no hubiera dado crédito a lo que veía, me habría sido más difícil ser una madre para él.

—Son cosas de Jake —nos decíamos Michael y yo. No podíamos dejar de pensar lo verdaderamente increíbles que eran sus capacidades en aquella época, y creo que eso era bueno.

Ignoro cuándo tuvo Jake conciencia de que era un niño prodigio, pero con el tiempo comprendió lo diferente que era. Le gustaba tumbarse bajo los árboles del jardín. En alguna ocasión, le oíamos reírse y decir:

—Cuatro mil quinientas noventa y seis. —O cualquier otra cantidad grande. Era el número de hojas que tenía el árbol. No era que estuviese contándolas, al menos no de una en una, como haríamos usted y yo. Sencillamente, esa cantidad era evidente para él. Si caía una hoja, él ajustaba el total—: Cuatro mil quinientas noventa y cinco. —Cuando Jake empezó a darse cuenta de lo insólitas que eran esas conductas, se hizo también un poco más consciente de sí mismo—: Vale, eso eran unos doscientos cuarenta y seis palillos —decía con una risita, refiriéndose a la icónica escena de la película *Rain Man*.

Detestaba que fuera tan consciente de sí mismo, pues no quería que se sintiera cohibido por aquellos dones que le hacían especial, pero tercero de primaria fue un curso difícil. Con ocho años, los chicos tienden a agruparse según su deporte favorito. La pandilla del béisbol, la del fútbol americano y la del otro fútbol. Jake aún tenía retraso en el desarrollo físico. Era un corredor lento y falto de coordinación, y le costaba mucho nadar. Así pues, cuando el colegio nos envió la hoja de inscripción para que Jake se incorporara a una actividad deportiva, él no quiso apuntarse en ninguna.

Sí lo hizo en el club de ajedrez, un grupo que se reunía a jugar partidas antes del colegio. La mayoría de los jugadores aún estaban aprendiendo cómo se movían las piezas, por lo que Jake no competía muy en serio. Mantenía vivo el interés sacrificando algunas de las piezas más importantes —la reina, un alfil y cinco peones— al principio de la partida, quedándose solo con las piezas más débiles para defender al rey. Los otros niños nunca se dieron cuenta de que lo hacía a propósito, a pesar de que siempre renunciaba a las mismas piezas. Mientras los demás niños aprendían el juego, Jake afinaba importantes habilidades sociales, como tener paciencia cuando le tocaba jugar a otro o aprender a dar y recibir en las relaciones.

Las amistades que hizo en el colegio y en el barrio fueron muy gratificantes para él, pero se daba cuenta de que de alguna manera era diferente de sus amigos y de los otros niños de su clase. Después del colegio, los demás niños querían echar unas canastas o ver deportes en la tele. Jake hacía esas cosas también, pero prefería emplear el tiempo estudiando matemáticas o poniéndose al día con el mapa político de Estados Unidos.

Había una parte fundamental de sí mismo que Jake no podía compartir con los otros chicos. Por lo general a ellos no les interesaba la manipulación de distritos ni la química del suelo o cualquiera que fuese la preocupación que tuviera esa semana, y sus pasiones no hacían sino poner de relieve la diferencia entre los demás y él. Por aquella época, a Jake no le resultaba muy difícil tomarse las cosas con más calma, y fingir que tardaba veinte minutos en completar su hoja de multiplicaciones, como todos los demás. Para relacionarse, Jake tenía que ocultar una parte de sí mismo, una parte importante.

Uno de los expertos en niños prodigio a quien consultamos señaló que cuando alguien con el CI de Jake se concentra en hacer cualquier cosa, aunque solo sea comportarse como un escolar de tercero de primaria, es imposible que no sobresalga. Así pues, la doble vida que llevaba también le provocó una especie de crisis de identidad. Tenía que averiguar quién era, porque realmente no lo sabía.

Jake y yo pasábamos mucho tiempo mirando en Internet vídeos de portentos y niños prodigio. Muchos de los niños que se veían en YouTube eran prodigios musicales, lo cual tuvo el inesperado efecto secundario de hacer que Jake se interesara por la música. Jake escuchaba unos minutos de una pieza de música clásica, apretaba el botón de Pausa, se sentaba al piano, e inmediatamente tocaba lo que acababa de oír, con mayor o menor perfección. Era increíble verlo, y daba la impresión de que le resultaba relajante. A Jake nunca se le han dado bien las mañanas, pero tocar el piano durante unos minutos a primera hora del día se convirtió en una de sus formas favoritas de despertarse.

Encontró vídeos de Kim Peek, el *savant* autista en quien está basado el personaje de Dustin Hoffman de la película *Rain Man*. A Peek se le conocía por el cálculo de fechas, entre otras cosas. Era capaz de decir, por ejemplo, no solo la fecha de nacimiento de Winston Churchill, sino también el día de la semana en que Churchill nació, basándose en el año de su nacimiento.

—¿En serio? ¡Pues vaya cosa! Eso puedo hacerlo yo —dijo Jake, mientras veíamos el videoclip.

—¿Ah, sí? —¿Cómo no me había enterado? Hay que reconocer que no es algo que surja normalmente en una conversación.

—¿Y en qué día de la semana nací yo? —pregunté.

—El 17 de abril de 1974 era miércoles —dijo, sin apartar la vista de la pantalla.

Por descontado, tenía razón.

Tampoco supe lo buena que era su memoria visual hasta que vimos otro documental online sobre el artista Stephen Wiltshire. A Wiltshire, otro *savant* autista, le llaman «la Cámara Humana» por su capacidad para dibujar una reproducción casi perfecta de un paisaje que solo ha visto una vez. Para el documental que vimos, los realizadores habían alquilado un helicóptero con el fin de llevarle a sobrevolar Roma. Tras una única pasada aérea, Wiltshire fue capaz de dibujar la ciudad hasta el más pequeño detalle arquitectónico, como el número de columnas del Panteón.

—Así es como veo yo también —dijo Jake, sorprendido de que hubiera alguien más ahí fuera capaz de ver el mundo como lo hacía él, y también de que los demás no recordaran con exactitud el número de ventanas de un rascacielos que hubieran visto solo una vez. Jake no tenía la habilidad artística de Wiltshire, pero él también era capaz de recordar con exactitud cuántos coches había en el aparcamiento del supermercado Best Buy cuando pasábamos por delante a setenta y cinco kilómetros por hora, y cuántos eran plateados, así como otros mínimos detalles.

Para Jake fue un alivio ver a otros *savants* autistas en YouTube, pero no la solución al distanciamiento que sentía en su vida cotidiana. De alguna forma, saber que había otros superdotados en el mundo vino a intensificar los sentimientos de soledad de Jake.

Hay una gran diferencia entre saber que no estás solo porque has visto a alguien en YouTube y sentir que no estás solo porque tienes a alguien con quien charlar de igual a igual. Jake podía hablarme de todos sus intereses, pero no mantener una conversación conmigo. No iba a tener yo una iluminación repentina acerca de los depósitos piroclásticos como para captar su atención. Lo mejor que podía hacer era escuchar y formular preguntas, y llega un momento en que eso no basta.

A instancias de Jake, me puse en contacto con el doctor Darold Treffert, médico de Kim Peek, y uno de los expertos mundiales en portentos autistas. Por esa época, el doctor Treffert tenía en su página web varios casos, y Jake se sintió identificado con ellos inmediatamente. Para alguien que había estado haciéndose las preguntas «¿Dónde encajo yo?» y «¿Cuál es mi sitio?», el sitio web del doctor Treffert le pareció como llovido del cielo. Así que llamé.

En el mundo del autismo puedes tardar hasta un año en ponerte en contacto con un experto, así que me chocó que el propio doctor Treffert contestara al teléfono. Le conté el caso de mi hijo, y él se interesó enseguida. Cuando llevábamos un rato hablando, dijo algo en lo que pienso casi todos los días.

—Ya verá cómo su hijo acaba sorprendiéndola.

En aquel momento, no terminé de comprender a qué se refería.

—Bueno, ya me ha sorprendido bastante —respondí, riéndome—. No hay día en que no lo haga.

Era verdad. Después de todo, desconocía por completo que pudiera calcular fechas, ¿no? Pero en los años que siguieron a esa conversación, llegué a comprender cuán acertada fue su predicción. El doctor Treffert sabía que solo habíamos visto la punta del iceberg. Él comprendía que las capacidades de Jake se incrementarían exponencialmente a medida que se hiciera mayor y que sobrepasarían todo lo que hubiéramos imaginado.

En esa primera llamada, le hablé de la soledad que experimentaba Jake. Él respondió ofreciéndome la posibilidad de que Jake conociera a otro prodigio de ocho años. Ambos eran niños superdotados en diferentes áreas, pero tenían muchos intereses en común y patrones de desarrollo similares. El doctor Treffert creía que podían llevarse bien y relacionarse entre ellos como no podían hacerlo con otros niños de su edad. Yo estaba deseando colgar el teléfono para llamar a la madre de ese niño, pero resultó que ella no quería que los chicos se conocieran. Su hijo, me explicó, estaba demasiado ocupado para hacer nuevas amistades. Entre las prácticas musicales y el calendario de conciertos sencillamente no podía permitírselo.

Me quedé de piedra. Nadie sabe mejor que yo que a un niño con una inteligencia excepcional no le falta motivación. Nunca he dicho a Jake que estudiara matemáticas o física o astronomía, y estoy segura de que la madre de ese otro niño nunca tuvo que obligarle a practicar su instrumento. Siempre he defendido que los niños hagan lo que les gusta; esa es la piedra angular de que todo lo que hago. Pero, por encima de todo, tiene que haber un equilibrio.

—La física seguirá estando ahí mañana —le digo siempre a Jake—. Las matemáticas no se van a ir a ninguna parte. —Y otro tanto ocurre con el ajedrez, la música o el arte. Estoy segura de que nadie obligaba a Bobby Fisher a jugar al ajedrez en todo momento cuando era pequeño; probablemente quería hacer eso más que nada en el mundo. Pero cuando ese es el caso, creo que lo que tiene que hacer un padre es guardar el tablero de ajedrez y mandar al niño a jugar a la calle. Un niño necesita tener amigos de su edad; no puede descubrir quién es aislado de todo el mundo.

A pesar de todos nuestros esfuerzos, la soledad y el aburrimiento de tercero acabaron afectando a Jake. Se moría por aprender, y el colegio parecía un obstáculo. Leía hasta altas horas de la noche en la cama, daba igual las veces que fuéramos a apagarle la luz. Por la mañana, no quería ir al colegio. El acuerdo que le habíamos pedido que aceptara entre lo que tenía que hacer y lo que le gustaba hacer parecía desequilibrado. El niño absorto, entusiasmado y lleno de vitalidad que hablaba sobre asteroides en el asiento trasero del coche era *mi* Jake. El niño del que me despedía con un beso en la parada del autobús todas las mañanas no era ni su sombra.

Cuando llegaba a casa del colegio, en lugar de jugar con sus amigos del barrio, Jake, con ocho años, se metía en uno de los cubos de una estantería que teníamos en la guardería. Cuando venían los padres a recoger a sus hijos, se le encontraban allí metido. A algunos les hacía gracia.

Pero no había nada de divertido ni de ingenioso en ello. Estaba preocupada. Aquello era un comportamiento verdaderamente autista. Tenía la impresión de estar perdiéndole otra vez.

SALVADO POR LAS ESTRELLAS

Llamé a Stephanie Wescott, la psicóloga que primero hizo a Jake el diagnóstico de autismo. Escuchó mientras le contaba lo que pasaba, y no se anduvo con rodeos.

—Da la impresión de que se aburre, Kristine. Tienes que mantenerle ocupado. ¿Ha expresado algún interés nuevo últimamente?

Eso era fácil de contestar. Jake llevaba más de un año dándome la lata con el álgebra. Por desgracia, en las matemáticas de tercero se estudiaban las tablas de multiplicar y división con decimales, no el álgebra que él tanto quería aprender. Yo no podía ayudarle. Para entonces, hacía tiempo que él había superado con creces todas las matemáticas que yo había estudiado. Las matemáticas y las ciencias que le gustaban eran cada vez más complejas, y nosotros no podíamos seguirle el ritmo. Lo único que yo podía hacer era escucharle mientras él lidiaba con los problemas y trataba de solucionarlos por su cuenta.

Así que llamé al colegio. Allí se dedicaban a enseñar, y Jake necesitaba un profesor. A lo mejor había alguna clase de matemáticas avanzadas a la que pudiera asistir. Nos invitaron a una reunión para hablar de las posibilidades que había.

Se me dispararon todas las alarmas en cuanto vi cuántas personas había allí reunidas. ¿Por qué tenía que estar presente el psicólogo del colegio cuando íbamos a hablar de matemáticas?

La reunión empezó con buenas maneras. Michael y yo explicamos las ganas que tenía Jake de aprender álgebra y la frustración que sentíamos por no poder ayudarle.

—Tendrá tiempo de aprender esa materia cuando se inicie en el programa educativo para los más adelantados en cuarto curso. Pero, mientras tanto, podríamos ofrecerle asistencia extraordinaria si reabrimos el PEI.

Me quedé atónita. ¿Un PEI? Creía que ya habíamos zanjado esa cuestión en primero. Las ganas de aprender de Jake no significaban que tuviera necesidad de refuerzo. Este no era un niño que necesitara ayuda especial porque no pudiera sentarse en una silla. Jake era un estudiante de matrícula.

—Él no necesita ningún refuerzo, sino recursos.

—Un PEI podría ser la manera de conseguirle esos recursos.

Yo seguía sin entender.

—¿Por qué estamos hablando de educación especial? ¿Jake crea algún problema en clase? ¿No es capaz de comunicarse? ¿No juega con sus amigos en el recreo?

—No, no, claro que no. Es un estudiante modelo, y tiene muchos amigos. No hay ningún problema con Jake en absoluto.

—¿Necesita terapia ocupacional? ¿Terapia física? ¿Del habla?

La respuesta seguía siendo negativa.

—Entonces, ¿de qué se trata? ¿Por qué estamos hablando de un PEI?

Otra vez como con las tarjetas del abecedario. Había acudido al colegio porque mi hijo llevaba dos años diciéndome que quería aprender más de una asignatura escolar con la que nosotros no podíamos ayudarle. Necesitaba recursos para aprender, y yo había ido allí a buscar esos recursos, pero ellos estaban diciéndome que para obtenerlos Jake tenía que volver a educación especial.

—Creo que hemos terminado —dije—. Disculpen. —Y salí de la habitación.

Michael salió corriendo detrás de mí en estado de shock.

—¡Kristine! Vuelve aquí y termina la reunión.

—No pienso volver —le dije—. Hemos terminado. No quiero participar en ninguna conversación en la que se relacione a mi hijo con la educación especial. Yo no he venido a eso. Te espero en el coche.

No culpaba al colegio de Jake ni a sus profesores. En realidad, les estaba muy agradecida por su trabajo y su dedicación. Intentaban hacer lo mejor para Jake. Pero en el fondo yo sabía que abrir un PEI no era el camino. Sabía que sería un error, como lo supe cuando le saqué de educación especial. Aunque creo que el instinto de una madre no falla nunca, la intuición maternal no aparece con señales luminosas ni sirenas. Sin embargo, en este caso el camino me parecía evidente.

Pedí a mi tía, profesora de matemáticas de secundaria, que diera clases de álgebra a Jake. Cuando este sobrepasó lo que ella buenamente podía enseñarle, me di cuenta de que unas clases particulares de matemáticas no iban a resolver un problema mayor. Stephanie Westcott tenía razón: Jake se aburría. Necesitaba algo o alguien que de verdad captara su imaginación, que le animara, que constituyera un desafío para él. Las conferencias sobre astronomía del Observatorio Holcomb habían conseguido sacarle de su caparazón en el pasado, así que allí volvimos, toda la familia esta vez, con Wesley y Ethan a rastras.

El cambio que se operó en Jake fue espectacular. Pasamos unos días maravillosos en el planetario los cinco juntos. Los niños comían sándwiches de mantequilla de cacahuete y mermelada sobre una manta de picnic extendida en la hierba, y luego asistíamos a la presentación de la semana. Llevaba todos los álbumes de pegatinas de coches que me cupieran en el bolso para mantener a Wesley y Ethan entretenidos, pero a Jake se le veía absorto. Siempre terminábamos volviendo al enorme telescopio que estaba en lo alto del edificio para que él mirase las estrellas.

Aquellos viajes al observatorio se convirtieron en una nueva tradición familiar, en el tipo de alegre vivencia infantil que quería que tuvieran los niños. Ethan era un poco pequeño, pero Wesley se sintió atraído enseguida. Cuanto más aprendía, más se interesaba, y él y Jake no tardaron en pasarse el viaje de vuelta a casa hablando sobre astronomía avanzada como si estuvieran en una conferencia profesional. «A ver», pensaba yo, mirando a Mike de reojo, «¿de dónde han salido esos críos?».

Wes y Ethan estaban contentos, pero Jake..., bueno, teníamos la sensación de haber *salvado* a Jake. Poco después de haber reanudado aquellas visitas, su vida social volvió a tomar impulso. Después del colegio, se iba alegremente a montar en bici o a jugar al escondite con sus amigos. No me quedaba duda: mientras Jake tuviera su buena dosis de astronomía seria, podría mantener el ritmo social del colegio. Como había visto tantas veces con los niños de la guardería y con los niños autistas de Little Light, así como con Jake una y otra vez, todas las demás habilidades llegarían de forma natural siempre y cuando hiciera lo que más le gustaba.

Entonces, justo cuando parecía que íbamos otra vez por el buen camino, el observatorio cerró durante el invierno. Tenía que haber otra forma de avivar el interés de Jake. No podíamos perder los avances que acabábamos de realizar. Ver la serie *Cosmos* de la cadena PBS y navegar por la web de la NASA no sería suficiente; Jake necesitaba estar metido a fondo, así que busqué otro planetario.

La Universidad de Indiana-Universidad Purdue Indianápolis (IUPUI) estaba muy cerca de la Universidad Butler, donde se encontraba el Observatorio Holcomb. Aunque la IUPUI no tenía planetario, sí ofrecía cursos de astronomía. Así que enseguida me vi hablando por teléfono con el profesor Edward Rhoads, quien impartía allí cursos de primero de carrera sobre el sistema solar.

Nunca me habría atrevido a pedir semejante favor para mí misma, pero como abogaba por Jake, no me asustaba. Le dije al profesor Rhoads que tenía un hijo autista al que le encantaba la astronomía, y que le iba mucho mejor socialmente y en otros aspectos cuando podía desarrollar las actividades que le gustaban. ¿Le importaría que Jake acudiera a sus clases? Le expliqué que no se trataba de una cuestión escolar ni de continuar su formación académica; sencillamente pensaba que asistir a sus clases le haría feliz y, de paso, le ayudaría en sus habilidades sociales.

Era consciente de que mi petición debía de parecer una locura. Después de todo, se trataba de un curso universitario, y Jake tenía ocho años. Pero sabía también que, si le permitían asistir a ese curso de cinco semanas, Jake se mantendría alejado de la estantería. En un momento determinado de la conversación, incluso sugerí al profesor Rhoads que quizá podíamos sentarnos en el pasillo y escuchar la clase desde fuera. Pero no era necesario. En un extraordinario acto de generosidad, el profesor Rhoads accedió a que Jake asistiera a su curso sobre Saturno, con la condición de que le sacara de la clase si causaba el más mínimo problema de disciplina.

Las clases eran a primera hora de la tarde, así que tenía que llevarme a Jake del colegio veinte minutos antes de lo debido. Crucé los dedos y le dije a su profesora que teníamos una serie de citas concertadas con el médico, confiando en que no me pidiera ningún justificante. En el coche, Jake dijo:

—Bueno, el profesor Rhoads *es* doctor. —Fue casi una broma, una rara nota de humor en Jake, que aún no había descubierto esa parte de sí mismo. Lo consideré una buena señal.

La IUPUI es una universidad periférica, y gran parte de los estudiantes lo son a tiempo parcial y son mayores. Cuando Jake y yo entramos en la pequeña clase en la que iba a darse el curso, sospecho que la mayoría de los asistentes supusieron que yo era la estudiante y que me habían fallado los planes del cuidado del niño. Aunque tenía la certeza de estar haciendo lo mejor para mi hijo, estaba nerviosa por cómo se desarrollaría la tarde. Jake podría ponerse inquieto, arrastrar la silla por el suelo de linóleo, o hacer cualquier otra clase de ruido. En caso de que así fuera, no habría ningún lugar donde esconderse. El corazón empezó a latirme con fuerza cuando el profesor ocupó su lugar al frente de la clase. Estaba ligeramente despeinado, y se veía que era introvertido y que le apasionaba la asignatura...: el vivo retrato del sabio despistado. Me recordaba un poco a Jake.

Menos mal que, en cuanto el profesor Rhoads empezó a hablar, noté que Jake se relajaba y, cuando me volví hacia él, me di cuenta de que estaba mucho más contento de lo que le había visto en los últimos meses, concentrado y atento, pero tranquilo.

El profesor Rhoads tenía una pila de diapositivas, bellísimas imágenes de Saturno en su mayoría, tomadas por el Telescopio Espacial Hubble. Conforme las pasaba, pedía a los alumnos que interpretaran lo que veían.

—¿Qué es ese punto negro delante de Saturno? —preguntó a la clase. Nadie respondió.

Jake garabateó algo en el margen de su libreta y me la pasó: «Sí lo sé, ¿puedo decirlo?».

«Solo si no contesta nadie», escribí yo. «Pero antes *levanta la mano*».

Jake esperó un momento, y luego levantó la mano. El profesor se volvió hacia él y asintió con la cabeza.

—Es la sombra de Titán —dijo Jake.

Los estudiantes intercambiaron miradas. A mí también me cogió un poco desprevenida, no tanto el que Jake supiera la respuesta (a esas alturas, nada de lo que Jake supiera me sorprendía), sino su actitud. No estaba en absoluto nervioso ni cohibido por el hecho de estar participando en una clase universitaria. Se le veía totalmente dueño y seguro de sí mismo, como si se encontrara en su propia salsa.

Durante aquella primera clase, respondió a una o dos preguntas más, asegurándose siempre primero de que ninguno de los estudiantes matriculados quería intentarlo. Me di cuenta de que el profesor Rhoads empezaba a entender que aquello era algo más que un capricho mío y que Jake no era solo un niño que hubiera visto unos cuantos episodios de *Nova*.

El Jake con el que volví a casa aquella tarde era un niño muy distinto del que buscaba esconderse junto a los estantes de la guardería. Los días que teníamos clase eran los únicos en que no había que llamarle veinte veces para que se despertara por la mañana. Decirle «esta tarde tenemos clase» funcionaba mucho mejor que cualquier despertador. Cuando íbamos de camino a la universidad, Jake se echaba físicamente hacia delante en su asiento, como si se muriera por llegar allí.

Casi al final de la segunda clase, Jake me pasó una nota escrita en su libreta en la que decía: «Tengo una pregunta».

«Déjala para el final, y que merezca la pena. No hagas perder tiempo al profesor con algo que podemos mirar en casa», le escribí yo.

Cuando se dio por terminada la clase, Jake esperó pacientemente a que todos los alumnos hubieran hecho sus preguntas al profesor. Cuando le llegó el turno, me di cuenta de que no paraba quieto y de que cambiaba el peso del cuerpo de un pie a otro, en un gesto que una madre reconoce inmediatamente. La clase había sido larga, y se había tomado una coca-cola cuando íbamos de camino.

Por suerte, no fui la única que se dio cuenta, e incluso me pareció que el profesor Rhoads esbozó una pequeña sonrisa cuando dijo:

—La ciencia es importante, Jake, pero hay algunas cosas que son más importantes. Si quieres ir al baño, te prometo que estaré aquí para contestar a tu pregunta cuando vuelvas.

Lo que Jake quería preguntar se refería a la escasa gravedad de Enceladus, una de las lunas de Saturno, y la relación que ello podía tener con la posibilidad de que allí hubiera vida. Yo ignoraba entonces que Enceladus se considera uno de los lugares con más probabilidades de albergar vida (tiene mar) de todo nuestro sistema solar; pero, por la forma en que respondió el profesor Rhoads, comprendí que Jake había hecho una buena pregunta, tal y como le había sugerido.

Ya en la tercera clase, el que Jake participara se había convertido en una especie de broma compartida. Si nadie levantaba la mano cuando el profesor hacía una pregunta, este esperaba unos instantes y luego se giraba hacia Jake con una ceja enarcada. La mayoría de las veces Jake tenía razón, y hacia el final del semestre, participaba abiertamente en la clase. Mi hijo no ha sido nunca un niño grande, pero nunca me había parecido tan pequeño como ante la pizarra, al lado de aquellos universitarios.

Cuando el profesor anunció que la clase se dividiría en dos grupos para hacer la presentación de final de curso, todos querían trabajar con Jake. Él se tomó el trabajo en serio, lo preparó a conciencia e hizo una formidable presentación en PowerPoint. Sin embargo, aquel era su primer contacto con estudiantes universitarios, y empezó a ponerse nervioso cuando se dio cuenta de que sus compañeros no estaban trabajando en absoluto. Jake no entendía lo que pasaba. Me tocó a mí explicarle que en el mejor de los casos estaban dejando la tarea para el último momento.

—¿Y en el peor? —preguntó él.

—Verás, cariño, se darán cuenta de que has hecho una magnífica presentación y de que está todo listo. Así que pensarán que no hay que hacer nada más.

Jake se quedó pensativo unos instantes y a continuación decidió que les diría a sus compañeros que podían utilizar todas sus diapositivas, pero que tendrían que explicarlas ellos porque él no iba a participar en la presentación. Escribió un mensaje electrónico al profesor Rhoads en el que le explicaba por qué no iba a asistir. Me pareció una impresionante demostración de ética, y sonreí para mis adentros. Supuse que no sería la última vez que unos universitarios agobiados y faltos de sueño tratarían de subirse al carro de Jake. Puede que el siguiente grupo tuviera más suerte.

POP-TARTS Y PLANETAS

Había pop-tarts de fresa en las máquinas expendedoras de la IUPUI. Mordisquear una de esas galletas rellenas mientras esperaba a que empezase la clase de astronomía se convirtió para Jake en el momento más destacado de la semana.

Cuando terminó el curso del profesor Rhoads, Jake se apuntó a otro de introducción al sistema solar, que impartía el doctor Jay Pehl. Este me cayó bien enseguida. Tenía una expresión amable y simpática y las manos cubiertas de tiza, y se le conocía por llevar en el bolsillo golosinas envueltas en un pañuelo. El curso del doctor Pehl era más numeroso que el otro del profesor Rhoads y tenía lugar en un enorme auditorio. Con antelación escribí un e-mail al doctor Pehl para preguntarle si podíamos asistir a sus clases. Este me respondió diciendo que, mientras no molestáramos a nadie, seguramente ni se daría cuenta de que estábamos allí.

A Jake le encandiló la primera clase. Por desgracia, no podríamos asistir a las dos o tres siguientes porque Michael tenía que trabajar. Pero yo sabía lo importantes que eran para Jake, así que la semana siguiente me llevé a los tres chicos y me fui a dar un paseo con los dos pequeños mientras Jake asistía al curso. Se me hizo raro ver cómo se alejaba de mí y entraba en la sala. Parecía aún más pequeño rodeado de todos aquellos jóvenes, y me fijé en que llevaba suelto el cordón de un zapato. Nunca le había dejado solo en ninguna parte, salvo en el colegio o en casa de alguna amiga, pero aquello era muy diferente. Fui a recogerle a la puerta del auditorio con diez minutos de antelación.

Jake no habló nada en aquellas primeras clases con el doctor Pehl, pero estaba deseando inscribirse en la siguiente materia del programa de astronomía, Estrellas y galaxias, que también impartía el doctor Pehl. En la primera clase de esta asignatura, Jake levantó la mano.

—Es bien sabido —dijo—, que en las estrellas binarias se da un intercambio de gases; el gas de una se transfiere a la otra y origina cambios en la segunda estrella. Pero como la segunda estrella se hace más grande —preguntó Jake—, ¿sería posible que algunos gases pudieran volver a la primera estrella y originar ahí aún más cambios?

El doctor Pehl se quedó pensativo.

—La verdad es que nunca se me había ocurrido —respondió.

La respuesta tampoco estaba en ninguno de los libros de texto. Más adelante, el doctor Pehl me ayudó a ver que esa tendencia a tomar un concepto ampliamente aceptado y desarrollarlo era lo que movía la tremenda creatividad de Jake. Siempre estaba intentando llevar un paso más allá cualquier teoría o concepto sobre los que hubiera leído o aprendido.

Jake se presentó a todas las pruebas de aquellas primeras clases con el doctor Pehl y las superó todas. (Recuerdo al doctor Pehl diciéndole a quién debía escribir para comunicar el error que había encontrado en el libro de texto). Cuando terminó esa asignatura, Jake volvió inscribirse en el primer curso sobre el sistema solar. Había agotado todos los cursos de astronomía que ofrecía la IUPUI.

Para mantenerse ocupado mientras esperaba para plantearle al doctor Pehl las indefectibles preguntas al final de la clase, Jake avanzaba lentamente entre las filas de mesas del enorme auditorio, recogiendo tazas de café desechadas y trozos de papel arrugado. Echaba las latas de coca-cola en los cubos de reciclaje o se guardaba en la mochila la calculadora que se había dejado algún estudiante, para devolvérsela la próxima vez que le viera. Era como si la IUPUI hubiera contratado al conserje más joven del mundo. Para cuando quería llegar al atril, los otros estudiantes ya habían terminado con sus preguntas y él podía hacer las suyas al doctor Pehl.

Cuando llevaba alrededor de un año asistiendo a esas clases, Jake presentó una idea, una teoría alternativa en la que había estado pensado. ¿Creía el doctor Pehl que podía funcionar?

—No tengo ni la menor idea —le contestó el doctor Pehl. Se sentó en la primera fila y le pasó un rotulador—. Ahí tienes la pizarra. Adelante. Mira a ver si funciona. —Durante los siguientes quince minutos, los dos estuvimos sentados viendo cómo Jake desgranaba ecuaciones.

Aquella fue la primera de las muchas sesiones que mantuvieron después de clase, pero para mí fue un momento decisivo. Me produjo tal impresión que me di cuenta de que nunca había visto a Jake hablar sobre lo que le apasionaba con alguien que realmente supiera a qué se refería. Y allí, finalmente, había alguien que podía debatir con él, cuestionarle, corregirle, retarle y valorarle de verdad. Allí, por fin, se dio una conversación.

Vi la rapidez con que Jake aprendía cosas nuevas y cómo sacaba provecho de su increíble velocidad con las matemáticas. Comprobé cómo la guía del doctor Pehl era capaz de centrar la mente voraz de Jake. Había muchas cosas de matemáticas que no sabía. Después de todo, solo tenía nueve años. Pero para él eso era solo un escollo temporal. A diferencia de los otros estudiantes, él podía tomar nota, ir a casa, aprender lo que necesitara aprender, y vuelta a empezar a la semana siguiente.

—En cuanto me doy la vuelta, él salta a otro nivel —me dijo en una ocasión el doctor Pehl, moviendo la cabeza.

Jake tenía miles de ideas, y el ambiente universitario las alimentaba. Al final de una clase determinada, él repasaba diez teorías en la pizarra mientras el doctor Pehl se sentaba en la primera fila y miraba cómo lo hacía. Mejor que la mayoría de la gente a la hora de reconocer patrones, a Jake no le daba miedo establecer asociaciones entre ellos, aunque ocurrieran en lugares insólitos. Si veía una conexión, probaba con ella, y si resultaba que era equivocada, pues seguía adelante. El doctor Pehl le animaba a que se atreviera a equivocarse.

—Nadie recordará un error que cometiste cuando tenías nueve años, Jake —decía, riéndose.

Al ver a Jake allí delante, me impresionó una vez más cuán seguro y tenaz parecía. Cuando el doctor Pehl le señalaba un posible problema con alguna de sus ideas o le preguntaba cómo resolvería una incongruencia, Jake nunca se lo tomaba como algo personal. No era una cuestión de amor propio, no había nada de «Un momento, esta es *mi* teoría». Al contrario, él se lo tomaba como «¡Otro rompecabezas! Tengo que pensarlo un momento».

Agradecía sinceramente el apoyo del doctor Pehl. A él le sorprendía tanto como a mí que en algún momento se hubiera dado a Jake por perdido. De vez en cuando, se volvía hacia mí con los ojos muy abiertos y decía:

—¿Y este es el niño que nadie pensaba que aprendería a leer?

Como tampoco me daba a mí por perdida. Cuando llevaba ya un tiempo asistiendo a las clases, el doctor Pehl se empeñó en que hiciera el test del día.

—Vamos, de alguna parte tiene que venirle a Jake ese talento —decía.

—Venga de donde venga, se saltó una generación. Se lo aseguro, no lo ha heredado de mí —respondí.

No era que me dedicara a ninguna actividad intelectual. Yo había pasado gran parte de mi vida profesional cantando «The Wheels on the Bus».

Pero el doctor Pehl insistió, así que hice el test. De cuatro preguntas acerté una. Para quienes sean tan malos como yo en matemáticas, eso supone un 25 por ciento. No voy a justificarme, y en ese caso no tuve que hacerlo, porque el doctor Pehl lo hizo por mí encantado.

—No te esperabas un test. La próxima semana presta atención y volveremos a intentarlo.

No sabía cómo decirle que ¡había estado prestando atención! Pero acepté el desafío, y la semana siguiente me metí de lleno. Tomé notas y pensé que al menos entendía un poco de qué iba la cosa... hasta que hice el test. Esta vez, no respondí bien a *ninguna* de las preguntas. Cero por ciento. Hasta yo pude calcularlo.

—Todos podemos tener un mal día —dijo el doctor Pehl, sin dejar de darme ánimos—. Veremos qué ocurre la semana que viene.

Y la siguiente semana apreté los dientes y me concentré tanto que me dolía la cabeza. Para cuando me vi con el cuestionario encima de la mesa, tenía la blusa empapada de sudor. Las preguntas me daban vueltas. Justo cuando estaba a punto de darme por vencida, oí una voz compasiva que me decía al oído: «B. La respuesta correcta a la pregunta número dos es la B».

Pensé que había sido Jake, y estaba dispuesta a soltarle una lección sobre la honestidad académica y la importancia de que cada uno cometa sus propios errores. Pero Jake ni siquiera estaba prestándome atención. Él había terminado su test en cuestión de minutos y estaba leyendo el libro de texto. Mi salvador había sido el doctor Pehl, quien sonreía y meneaba la cabeza. Había visto que era una nulidad y se había apiadado de mí.

Una vez, cuando le agradecí lo que estaba haciendo por Jake, el doctor Pehl me dijo algo que se me quedó grabado: «Un gran cerebro es un gran cerebro, y no me fijo mucho en el envoltorio».

Me vino a la cabeza ese comentario cuando una mujer mayor se acercó a mí durante un descanso para felicitarme por lo bien que se había comportado mi hijo durante la clase. Da una idea de lo lejos que habíamos llegado el que por unos instantes no supiera a qué se refería. Jake se había pasado la clase llenando la libreta de ecuaciones que estaban tangencialmente (hasta donde yo podía ver) relacionadas con el tema que estaba explicando el doctor Pehl. Yo estaba deseando oír lo que el doctor Pehl diría después sobre las muchas ideas que se le habían ocurrido a Jake. Pero lo único que vio aquella mujer fue a un crío de nueve años con la cara no muy limpia, que calzaba unos zuecos chillones y garabateaba en una libreta.

En aquel momento, me di cuenta de que ya no veía en Jake a un niño o a un estudiante. Había empezado a verle como lo que era: un científico. Por fin habíamos encontrado un lugar en el que Jake podía ser Jake.

DOS EMPANADAS

Una vez que Jake se hizo a la rutina de los cursos de astronomía de la IUPUI, y la mayoría de los niños de Little Light se integraron en colegios convencionales, empecé unas clases vespertinas de aprendizaje de habilidades para niños con un funcionamiento social muy limitado. Me sentía con la enorme responsabilidad de ayudar a que los padres vieran lo que sus hijos eran capaces de hacer y no perdieran la esperanza.

La primera vez que Katy, una chica de diecisiete años que sufría un autismo grave y no hablaba, entró en mi casa, fue derecha a la cocina. Abrió todos los armarios, examinó todas mis cazuelas y sartenes, y cuando vio la batidora, la acarició como si acabara de encontrar a una mascota extraviada. Era golosa también, y su madre siempre llevaba un paquete de galletas de fresa para ella en el bolso.

Me recordó a Meaghan y lo mucho que le gustaban nuestras actividades con plastilina casera, así que preparé rápidamente un poco de glaseado, le di una espátula a Katy y le enseñé cómo glasear sus galletas antes de comérselas. Al día siguiente, la recibí con un gran cuenco del mismo glaseado y unas cuantas cajitas de colorantes alimentarios. Esa semana, Katy aprendió que si se mezclaba el amarillo con el rojo se obtenía naranja, y que cuanto más amarillo se añadía, más claro y brillante resultaba el naranja. A lo largo de las siguientes dos semanas, hicimos todos los colores que pudimos con la escasa gama de que disponíamos.

Una semana después, le di a Katy una manga pastelera para que hiciera estrellas y flores con pétalos individuales. Conforme pasaban las semanas, observé que las decoraciones que hacía eran cada vez más complejas y elaboradas. Finalmente, fui a una tienda especializada en productos de panadería y pastelería y me hice con una gran variedad de colorantes alimentarios y diferentes boquillas para mangas pasteleras para que trabajara con ellas. Había unos preciosos tonos brillantes en la caja de colorantes, pero palidecían al lado de los matices que lograba Katy, unos colores cuyos nombres yo solo conocía por los catálogos: violáceo, carmín, cian, cerúleo, solidago, cervato.

Con el tiempo, Katy y yo empezamos a hacer tartas para decorarlas juntas. Nunca olvidaré el pastel de bodas que copió de una revista, con flores de azúcar que parecían tan reales que daba miedo comerlas. Me alegré muchísimo cuando su padre me llamó unos meses después de que hubiéramos empezado a trabajar juntas para decirme que su hija había conseguido un empleo en la sección de pastelería y panadería del supermercado de nuestra comunidad. Como a muchos padres de tantos niños autistas, le preocupaba que Katy dependiera de su madre y de él el resto de su vida. Había pasado por todo el sistema de educación especial, pero sin resultado. Mi objetivo, claro está, no era encontrarle un empleo, sino una actividad con la que disfrutara durante el día. Si había funcionado tan bien y con tanta rapidez, era porque a ella le encantaba.

—Katy siempre ha estado ahí, con ustedes, desde que vino al mundo —le dije a su padre—. Era plenamente consciente de las fiestas a las que la llevaban y escuchaba las conversaciones. —Lo creía de verdad, como creía que Jake fue consciente de aquella fiesta con Clifford el Gran Perro Rojo de hacía ya tanto tiempo. Cuando era muy pequeño, se perdió en sus alfabetos porque no dominaba los requerimientos sociales. Como no podía decirme el color del globo que le gustaba o qué cupcake quería, se escondió detrás de aquel libro. Pero mi hijo nunca había dejado de estar ahí.

Empecé a abogar por varios niños de Little Light en los colegios públicos. Iba con sus padres a las reuniones de los Programas Educativos Individualizados, y me llevaba una carpeta con el trabajo que habíamos hecho juntos. Recuerdo una reunión concerniente a un niño llamado Reuben, que se había unido a nosotros cuando iniciábamos el segundo año de Little Light y había asistido a varias clases de adquisición de habilidades conmigo. Reuben estaba obsesionado con los barcos, así que pasamos meses aprendiendo cosas sobre yates, goletas y catamaranes. Habíamos clasificado embarcaciones, escrito redacciones sobre barcos y hecho modelos de barcos, como los que veía yo construir a mi abuelo en el garaje para que sus nietos jugaran con ellos en el lago.

Durante ese tiempo, Reuben había aprendido a leer. Un libro, espléndidamente ilustrado, sobre los transatlánticos de principios del siglo XX le había servido de motivación. Su caligrafía y sus buenas destrezas motoras también habían mejorado enormemente gracias a la diminuta letra que empleaba para escribir los nombres en los laterales de los barcos que habíamos construido juntos.

Todas las personas implicadas en la educación y la terapia de Reuben se habían reunido alrededor de una enorme mesa para hablar de su Programa Educativo Individualizado. Allí estaban sus terapeutas físicos, ocupacionales y del desarrollo, junto con el docente de enseñanza convencional, el de educación especial y el psicólogo del colegio. Cada uno aportó una evaluación actualizada de las capacidades de Reuben, y, a continuación, se basaron en dichas evaluaciones para determinar entre todos el porcentaje de tiempo que debía pasar Reuben al día en una clase convencional.

Cuando llegaron a la conclusión de que ese porcentaje era del 20 por ciento, yo me aclaré la garganta y abrí la carpeta. Su terapeuta ocupacional, por ejemplo, había dicho que Reuben no podía dibujar un círculo..., pero en la palabra «barco» había una *a* y una *o*, y podía demostrarles que el niño podía escribir esa palabra a la perfección. Reuben podía hacer mucho más de lo que ellos creían. Examinamos juntos todo lo que había en la carpeta, y pudimos aumentar ese porcentaje considerablemente.

Jerod, el hijo de Rachel, también había estado viniendo a mis clases de adquisición de destrezas, y había realizado muchos progresos. Rachel y yo nos habíamos hecho amigas, y se la llevaban los demonios porque no quisiera cobrar por el trabajo que hacía. Traté de explicarle que así era como me habían educado. Cuando era pequeña, la abuela Edie horneaba dos empanadas todas las mañanas. La familia daba cuenta de una de ellas para cenar y siempre había alguien en la comunidad —un viudo reciente, una familia con un ser querido en el hospital, o una pareja con un recién nacido— a quien le alegraba y que agradecía recibir el regalo de la segunda empanada.

La verdad es que nosotros no veíamos aquella segunda empanada como una «buena obra». La caridad formaba parte de nuestras vidas y no le dábamos más vueltas. Después de todo, una vez que estabas preparando una empanada, no suponía mucho más trabajo hacer una segunda. Ayudar a personas que lo estaban pasando mal, apoyar a otros miembros de nuestra comunidad... no eran nobles ideales de los que habláramos o en los que pensáramos a menudo; sencillamente era lo que se hacía.

Little Light se basaba en ese modelo. Para ser sincera, me sentía afortunada. ¿Cuántas personas van por la vida sin un norte? Yo siempre lo tuve muy claro. Sabía, desde muy pequeña, que había venido al mundo para ayudar a los niños. Entre la guardería y Little Light, me sentía plenamente realizada y hacía lo que me gustaba. Era un trabajo duro, sí, pero también increíblemente divertido. Me sentía satisfecha todos los días, sabiendo que estaba contribuyendo a algo grande. ¡Y ni siquiera tenía que salir de casa! Sonaba el timbre y allí estaban los niños, el trabajo de mi vida. ¿Qué podía haber que fuera más importante que esos niños?

Como no aceptaba dinero, Rachel me traía sándwiches. Dos kilos y medio después, le pedí que tuviera compasión de mí y me mostré dispuesta a escuchar cuando me preguntó si había algo en lo que pudiera ayudar. Por ejemplo, ¿tenía algún proyecto nuevo en mente?, ¿algo que pudiéramos poner en marcha entre las dos?

Sí, había algo de lo que, en mi opinión, carecían las familias con hijos autistas. El programa en el que estaba pensando proporcionaría a esos niños un lugar en el que ellos serían el centro de atención, y que a la vez les ayudaría a establecer una red de amistades. Les permitiría tener las vivencias típicas de la infancia que en los demás niños se daban por sentadas.

Tanto para Michael como para mí seguía siendo una prioridad que nuestros hijos tuvieran vivencias felices de la infancia. Queríamos que acumularan experiencias que recordaran con cariño toda la vida, pequeñas tradiciones que ellos también pasarían a sus hijos. Por ejemplo, nos gustaba ir a pescar al lago, como cuando yo era pequeña. Cazábamos ranas (bueno, *yo* las cazaba mientras los niños ponían cara de estar a punto de vomitar). Jugábamos al *laser tag* e íbamos a la piscina de la localidad. Preparaba épicas búsquedas de huevos de Pascua con conejos vivos, chocolates caseros y centenares de huevos pintados a mano. Llevábamos galletas caseras en nuestra cesta de la merienda al parque del Observatorio Holcomb y hacíamos barbacoas en el jardín de nuestra casa. Pero había un aspecto importante de la infancia que Jake se estaba perdiendo, un ingrediente esencial para una infancia completa, y eran los deportes.

La primera vez que se me ocurrió la idea de organizar una liga deportiva para niños autistas fue cuando Jake tenía dos años. Entonces, había niños de su edad que asistían a clases de movimiento y música, y aunque él estaba aún muy encerrado en su propio mundo, le llevé a una clase de prueba en uno de esos gimnasios para niños. Pensé que a lo mejor le gustaban los túneles recubiertos de vinilo, las escaleras blanditas y los circuitos de obstáculos almohadillados. Y así fue. Lo que no le gustó fue sentarse en círculo para cantar canciones al principio y al final de la clase. Acabábamos de empezar Little Light, y Jake aún no sabía nada de las actividades en corro, así que él se levantaba y se iba hacia el enorme balón hinchable que había en un rincón. No obstante, su conducta no alteraba el desarrollo de la actividad, y en cuanto a los niños se les permitía abandonar el círculo, mi hijo volvía a unirse al grupo.

Mientras Jake daba saltos en la cama elástica, entablé conversación con un niño de unos seis o siete años que esperaba con su madre a su hermana pequeña, que estaba en la clase. Lucía un bonito kimono de kárate, y cuando se lo alabé, hinchó el pecho con orgullo, asegurándose de que veía el cinturón amarillo que llevaba en la cintura.

Hacia el final de la clase, Jake se lo estaba pasando de maravilla y yo me alegré de los progresos que había hecho. Pero, cuando comuniqué al instructor que queríamos inscribirle, me dijo, después de un embarazoso silencio, que no creía que Jake estuviera preparado para participar.

—Si no puede estar con el grupo, no puede estar en clase —replicó.

Puede que parezca ingenuo, pero fue entonces cuando me di cuenta de que a Jake el autismo no le permitiría tomar parte en actividades deportivas. Quizá no me habría afectado tanto de no haber conocido al pequeño karateca unos minutos antes; pero, cuando agarré a Jake de la mano para cruzar el aparcamiento, estaba realmente disgustada. ¿No llegaría a saber mi hijo lo que era gritar «¡Gooooool!»? ¿Ni rociar con Gatorade al niño que había hecho el lanzamiento de la victoria? ¿No sabría nunca lo que era deslizarse hasta la última base, segundos antes de que lo cojan fuera de base? ¿Nunca haría un ensayo ni se mancharía de hierba la ropa de fútbol por culpa de su autismo?

Cinco años después, aquellos temores del aparcamiento seguían vigentes. Jake se había integrado con éxito en una escuela pública convencional, pero los deportes convencionales le estaban vedados, como a muchos niños autistas. El autismo seguía siendo un escollo a la hora de participar en las actividades deportivas escolares. Cuando jugaban a esquivar el balón, Jake era un blanco fácil, y muchas veces se sentía intimidado cuando sus compañeros la tomaban con él. La idea de que aceptaría participar en un equipo deportivo con niños de su edad no era nada realista. Incluso los jugadores de las ligas infantiles (y, muy a menudo, sus padres) realmente quieren ganar, y pueden ser crueles cuando un niño deja caer una pelota u olvida hacia dónde tiene que correr..., sobre todo un niño autista con retrasos en el desarrollo físico o disfunciones auditivas.

Sabía por otros padres que la experiencia de Jake no era inusual. Es cierto que los deportes no son fáciles para los niños autistas, pero por eso mismo son tan importantes. A través de los deportes, los niños autistas tienen la oportunidad de aprender lo que significa *jugar.* Marcar (o fallar) un gol, coger al vuelo un balón, encestar un tiro libre... eran experiencias que no quería que Jake se perdiera. No había pensado mucho en los deportes hasta que Rachel me preguntó si tenía algún proyecto nuevo en mente. Ya no pude dejar de hacerlo.

UNA OPORTUNIDAD PARA JUGAR

En 2005, con la ayuda de Rachel, decidí empezar un programa de deportes para niños autistas. Pero nuestro plan para Youth Sports for Autism estuvo a punto de no despegar porque no encontraba un local apropiado. No podíamos hacer deporte en la zona de guardería del garaje porque allí apenas había sitio para cinco niños pequeños y sus padres, y nuestro patio era muy pequeño. Así que abrí la guía telefónica por el epígrafe de la A y me puse a llamar a todas las iglesias y centros cívicos que encontré en un radio de unos noventa kilómetros para ver si tenían algún espacio para alquilar.

Todas las llamadas fueron una variación sobre el mismo tema. Sí, sí, tenían una sala. Claro que estarían encantados de alquilarla los sábados por la mañana. Pero en cuanto surgía la palabra «autismo», la persona que estaba al otro extremo de la línea decía: «Oh, no sabía que fuera para niños con necesidades especiales. No tenemos el seguro necesario», o «Carecemos de acceso para silla de ruedas», o «Tengo que consultarlo con la junta directiva». Les daba mi nombre y mi número de teléfono, y no volvía a saber nada de ellos.

No necesitábamos acceso para silla de ruedas ni constituíamos una responsabilidad mayor que una reunión de Alcohólicos Anónimos o una clase de música para mamás y sus niños. Y estoy segura de que si hubiera llamado de parte de un grupo de chicas scouts, no habría hecho falta un examen previo por parte de la junta directiva. Pero ¿qué podía hacer?

Estaba a punto de darme por vencida cuando recibí un folleto publicitario anunciando una feria de primavera que tendría lugar en una iglesia cercana. Habría juegos al aire libre y un castillo hinchable, y se me ocurrió que si tenían espacio para todo aquello, lo tendrían también para practicar deporte. Tomando aire, cogí el teléfono y probé una vez más:

—Hola, necesito un lugar donde llevar a cabo un programa de deportes para niños con autismo. ¿Tiene algún espacio que pudiera alquilarle?

Tras varios meses de negativas, no daba crédito a mis oídos cuando el encargado del edificio dijo que sí. Y cuando entré en el aparcamiento, casi no daba crédito a mis ojos. Si hubiera hecho una lista con todo lo que deseaba que tuviera un centro deportivo para aquellos niños, la Iglesia Northview Christian Life la habría satisfecho por completo. Detrás de la enorme y moderna iglesia, había una edificación anexa, baja y alargada, con dos salas, una con una cocina rudimentaria y dos sofás donde padres y hermanos pequeños podían pasar el rato, y otra más grande y vacía que fácilmente podía albergar a un grupo de niños activos. En el exterior, una suave cuesta conducía a un campo de fútbol, una pista y un campo de béisbol, así como a varias canchas de baloncesto. Y lo mejor de todo, había una gran zona de césped sin ninguna finalidad en concreto. Allí cualquier niño podía tumbarse boca arriba y hacer un silbato con una gruesa brizna de hierba o ver animales en las nubes. Había ranúnculos en el campo de béisbol, suficiente espacio abierto para correr todo lo que se quisiera, y en lo alto nada salvo la inmensidad del hermoso cielo azul de Indiana. Era perfecto.

Aquella primavera, la iglesia nos permitía ir solo una vez al mes. Mi idea era practicar un deporte diferente, modificado para hacerlo accesible a niños autistas, en cada sesión. Dedicaría una semana a comprar todo lo necesario para el deporte del mes. El sábado por la mañana sonaba el despertador a las cuatro de la mañana y nos poníamos en marcha. Cargaba la furgoneta con todo lo necesario para las actividades del día y conducía hasta Northview, donde me reunía con Rachel, que me ayudaba a preparar la habitación. Hacia las nueve empezaban a llegar los niños, y la mayoría de los días nos quedábamos hasta que se hacía de noche.

Al igual que en Little Light, los padres tenían que estar con los niños. Youth Sports for Autism no era una actividad en la que dejar a los niños (de todos modos, la mayoría de ellos no eran independientes), y las niñeras no podían sustituir a los padres. Tenía que ser una actividad para toda la familia. Por primera vez desde que había empezado a trabajar con niños, vi a *papás...*, papás con chándal y gorra de béisbol, jugando con sus niños. Aquella era una experiencia que muchos de ellos pensaron que jamás tendrían.

A las familias les dejé bien clara una cosa: después de una semana de interminables terapias ocupacionales, físicas, de adquisición de destrezas y del habla, los sábados por la mañana tocaba divertirse. Ese era nuestro momento para jugar y hacer el tonto, para realizar todas las actividades de fin de semana que las demás familias daban por sentadas.

—¿En serio? ¿Solo vamos a jugar? ¿Nada de terapias? —preguntaban con recelo algunos padres.

—Nada de terapias —respondía yo—. Solo vamos a jugar.

Cuando se tiene un hijo autista, no son los padres los que necesitan descargarse de trabajo, sino *ellos.* A veces lo que *no* se hace es tan importante como lo que se hace. No sé si lo valoraría tanto de no haber crecido en Indiana. Bromeamos diciendo que vivimos en medio de un campo de maíz, pero es que es casi verdad. (Hay una manzana de casas entremedias). No hay muchas fiestas donde vivimos, pero sí muchas fogatas. Y quitando alguna vaca o algún cerdo, tampoco hay nada especial que ver salvo el sol, el cielo y la hierba. Eso es lo que hace que Indiana sea tan especial.

Así pues, en aquellas mañanas de sábado, teníamos un único objetivo: celebrar a nuestros hijos y sus logros, independientemente de lo que dichos logros pudieran parecerle al resto del mundo. Nada de expectativas en cuanto a los resultados, y solo había una regla: había que aplaudir a todos y cada uno de los niños, lo hicieran como lo hiciesen.

Desde luego, aquellos niños no eran ni los más rápidos ni los más atléticos. Pero aunque un niño, agarrado de la mano de su padre, derribara un solo bolo, todos romperíamos en vítores y aplausos. Si un niño con un nivel de funcionamiento bajo como Max conseguía levantar el bate, todos correríamos a su alrededor gritando y chocando los cinco como si nuestro equipo hubiera ganado las series mundiales de béisbol. Y cuando Jerod hiciera un ensayo, aunque no hubiera ningún otro niño cerca de él para interceptar el balón, le subiríamos a hombros como si acabara de ganar el Trofeo Heisman.

El primer día, preparé un circuito de obstáculos que todos pudieran hacer. Los niños tenían que pasar por cinco *hula hoops* que había en el suelo; cruzar una colchoneta pisando en cuatro enormes y vistosos «pies» de fieltro que había recortado y pegado en ella; luego coger una bolsita con relleno extra grande (en realidad era una almohada de viaje rellena de alforfón) y traerla de vuelta al grupo. Había comprado varias bolsas de medallas doradas baratas en Walmart, de las que se meten en la bolsa de golosinas para la fiesta infantil de cumpleaños. Me aseguré de que hubiera para todos, de manera que cuando un niño pasaba por todos los *hula hoops* y no pisaba ninguno de los pies gigantes, ganaba una medalla.

Al cabo de unas semanas, me fijé en que Adam, un niño de trece años que no hablaba, tenía siempre la medalla en la mano que no tuviera agarrada su madre. Las medallas no es que fueran muy macizas, y la suya estaba empezando a estropearse; así que, al final de la clase, metí algunas más en el bolso de su madre. Cuando vino a darme las gracias, tenía lágrimas en los ojos.

—No imaginas lo importante que es para él tener una medalla —dijo—. Duerme con ella.

Participaron muchos de los niños que habían pasado por Little Light, pero también otras familias que no conocíamos. Sin darme cuenta, había dado en el clavo: al parecer, muchas familias estaban deseando que hubiera un programa de aquellas características.

Uno de los asistentes al programa era un niño de seis años llamado Christopher. Era un año menor que Jake (pero le sacaba la cabeza) y se le daba muy bien el baloncesto. Los dos sintonizaron enseguida. Aquella primera semana, cuando terminó su clase, Christopher no quería marcharse. Después nos enteramos de que sufría acoso en el colegio. Jake tenía que quedarse porque esperaba a que yo terminara las demás clases, así que los dos pasaron la tarde jugando al escondite y haciendo el tonto con cualquier cosa del material deportivo que se encontraran. Para cuando estábamos cargando los balones y las colchonetas en el coche, ya se habían hecho amigos.

Cuando nos despedíamos, Christopher me abrazaba una y otra vez. Debió de darme unos ocho abrazos de despedida. Era un comportamiento insólito en un niño con autismo, y me demostró lo mucho que significaba el programa para aquellos niños.

Hacia finales de mes, Jake y Christopher eran inseparables. Solo por eso ya habría merecido la pena todo el esfuerzo que habíamos puesto en el programa. Gracias a la relación que mantenía con la universidad y el tiempo que pasaba con los niños que conocía del vecindario y del colegio, Jake se aislaba mucho menos que antes. Pero con Christopher existía una relación de afecto, un vínculo que no tenía con ningún otro amigo.

Al cabo de unas semanas, abrí la liga deportiva a grupos de todas las edades. Había niños mucho mayores que Jake, algunos tenían ya entre quince y diecinueve años.

Mi objetivo era que todos se sintieran parte de un equipo. Para conseguirlo, tuve que hacer algunas modificaciones. Mike me dijo una vez que lo que yo hacía no era acercar los deportes a los niños autistas, sino reinventarlos. Con el hockey, por ejemplo, el hielo estaba descartado. Vale, jugaríamos al hockey sobre la alfombra. Pero tampoco podíamos usar palos de verdad, o tendríamos más bajas que jugadores. A lo mejor unas escobas servían. ¿Cómo se consigue que a un niño autista le guste el tacto del palo de una escoba? Lo forras con cinta adhesiva con respaldo de espuma para que quede blandito. Usábamos una pelota en lugar de un disco, construíamos unas porterías de la altura de los niños y pintábamos los postes con colores que a ellos les resultaran atractivos.

Michael y yo no teníamos mucho dinero; pero, como siempre, la creatividad y el ingenio de mi abuelo me servían de inspiración. Este fue el hombre que construyó un submarino totalmente hermético, y en condiciones, para sus niños en el camino de entrada. (Mi abuela, aterrada ante la idea de que alguien pudiera ahogarse, llamó al chatarrero para que se lo llevara mientras mi abuelo estaba de pesca. Pero no me cabe duda de que ¡tuvo que ser increíble!).

«Si Dios te encarga una tarea, te proveerá de todo lo que necesites para realizarla», solía decir el abuelo mientras aparcaba la camioneta a un lado de la carretera para recoger las maderas o el metal que alguien había desechado. Muchas veces me acordaba de sus palabras cuando andaba yo buscando en Walmart o Target cosas que pudieran resultarme útiles para las actividades deportivas. Compraba enormes rollos de césped artificial y lo cortaba en pedazos para hacer minicampos de golf. Al principio, los niños jugaban al fútbol con globos. Y decoraba los campos con motivos festivos diferentes, según la época en que estuviéramos: Halloween, San Valentín, Navidad...

Jugar a los bolos es divertido, pero las pistas de las boleras son muy ruidosas, y una auténtica pesadilla para los niños autistas. En la tienda de todo a un dólar conseguía papel de regalo que luego cortábamos en tiras para hacer pistas de diferentes colores. Una semana Mike y yo cargamos una caja de Mountain Dew en su coche para que sus compañeros de trabajo se la bebieran y me devolvieran los envases vacíos antes del fin de semana. Estos envases verdes contrastaban con las botellas de plástico transparente de dos litros, que ya habíamos descubierto que hacían las veces de bolos a la perfección.

A algunas personas les preocupaban mis gastos. «¿Y qué pasa con tus hijos y la financiación de sus estudios universitarios? ¿Y qué hay de tu jubilación?». Pero yo había encontrado mi vocación, y siempre confiaba en que el dinero que necesitábamos llegaría a su debido tiempo. Tanto Mike como yo pertenecíamos a familias modestas. Ni siquiera pensábamos que tendríamos una casa propia. Todo lo que poseíamos era como un regalo, y el que pudiéramos luchar contra las ideas erróneas que se tenían sobre el autismo y ayudar a las familias que lo sufrían nos parecía un bien aún mayor. Menos mal que Michael no solo me apoyaba, sino que se lo tomaba muy bien. Podíamos estar en una ferretería, y él decía riendo y moviendo la cabeza: «¡Supongo que mi paga extra va a destinarse a comprar césped artificial!».

Pedía favores a mis amistades en la comunidad. El entrenador de fútbol del instituto venía a enseñar a los niños ese deporte. Como ya he dicho, al principio usábamos globos en vez de balones para que los niños aprendieran a pasárselo y marcaran un gol. Cuando se hizo evidente que el hockey con escobas era todo un éxito (¡Jake era el portero!), conseguimos que varios miembros de la Liga Estadounidense de Hockey de Indiana vinieran a jugar en la moqueta con los niños.

Cuando finalmente nos trasladamos al campo de béisbol, utilicé todo el crédito de mi tarjeta para comprar camisetas de diferentes colores con los nombres de los equipos impresos en ellas, de manera que los niños supieran lo que se sentía al pertenecer a un equipo. Para muchos niños con niveles mínimos de funcionamiento, sentarse en aquella caseta del campo de béisbol suponía la primera vez que se separaban de un progenitor o de un cuidador. Pero no tenían problemas, porque estaban con sus equipos, y, por supuesto, los padres estaban vitoreándoles como locos desde las gradas. Por aquella época, todos nos sentíamos como una gran familia feliz.

Había aprendido mucho con Little Light. Sabía que las actividades tenían que ser atractivas para el cerebro autista, así que inventé muchas reglas visuales. Veinte colores diferentes de cinta adhesiva de embalaje establecían las líneas divisorias entre las colchonetas. Casi todo tenía un componente sensorial. Había pelotas hinchables, colchonetas mullidas y globos. Esparcía esos juguetes sensoriales por la tela de paracaídas que cubría el suelo para que los niños se sintieran atraídos a sentarse allí conmigo.

Es cierto que todas esas cosas estaban diseñadas para que a los niños autistas les resultaran atractivas las actividades. No obstante, creo también que es a través de los sentidos como sanamos, y ello es así no solo para los niños autistas y otras personas con necesidades especiales, sino para todo el mundo.

Antes de que Jake naciera, tenía en la guardería a una niña encantadora llamada Rose a quien llegué a considerar como modelo de conducta para los otros niños. Cuando a la compañera de su padre, Jim, le diagnosticaron un cáncer, este se desmoronó por completo. Estaba tan concentrado en el cuidado de su compañera y de Rose que no tenía tiempo para cuidar de sí mismo. Estaba tan mal, que me preocupaba que perdiera su empleo. Una mañana le pedí que se sentara un momento y le disimulé las ojeras con mi corrector de ojos.

Como era de esperar, Rose empezó a acusar la tensión. Parecía apática y malhumorada, y ya no asumía el papel de líder con los otros niños. Yo estaba cada vez más preocupada: era responsable de Rose, y la niña no progresaba.

Un día, cuando Jim vino a dejar a Rose, le temblaban las manos de tal manera que no podía sacar de la cartera el almuerzo de la niña. Le puse las manos en los hombros y le dije:

—No estás bien, y si sigues así, tu familia tampoco lo estará. Tienes que curarte el alma para que puedas cuidar de las personas que hay en tu vida.

—No estoy seguro de que sepa hacerlo —respondió Jim, consternado.

—¿Puedo hacerte algunas sugerencias? Esta tarde, cuando vayas de camino a casa, compra un pollo y un poco de romero y salvia.

—Pero ¡no tengo ni idea de cómo cocinar un pollo!

—Enciende el horno a doscientos grados, mete las hierbas aromáticas dentro del pollo, y úntalo de mantequilla y un poco de sal por fuera. Deja que se ase durante una hora y media. Mientras se hace el pollo y los deliciosos aromas que desprende te inundan la casa, coge la manta más suave que tengas y métela en la secadora diez minutos. Luego échatela por los hombros, pon una música que te guste y mira un álbum de fotos familiar. No te levantes hasta que el pollo esté hecho. Cuando lo esté, siéntate con tu familia a cenar. —Y dejé que se marchara no si antes darle un par de mis propios calcetines de suave chenilla.

Jim necesitaba volver a conectar con sus sentidos. Creo firmemente que es a través de ellos como experimentamos la vida. Pero cuando estamos demasiado ocupados o viviendo una situación traumática, como le ocurría a Jim, los descuidamos. No pensamos en cómo nos abriga esa bufanda de lana cuando vamos con prisa a una cita. No nos molestamos en buscar en la radio esa divertida emisora de los ochenta antes de salir del aparcamiento. Por el contrario, acumulamos tanta tensión que es imposible que podamos sentir mucho de nada.

El Jim que volvió a dejar a Rose al día siguiente era un hombre distinto, rejuvenecido, y más descansado y sereno de lo que le había visto en meses. Sí, aún le esperaba un año muy difícil, a él y a su familia, pero Jim contaba con un remedio de urgencia del que podía echar mano cada vez que se sintiera sin fuerzas, agobiado o deprimido. Podía entrar en calor y ponerse cómodo físicamente. Podía hacer que su casa tuviera el aroma de un hogar. Podía reconfortarse él y reconfortar a su familia con una comida casera.

Deleitar los sentidos no es un lujo, sino una necesidad. *Tenemos* que caminar descalzos por la hierba. *Tenemos* que probar a qué sabe la nieve limpia. *Tenemos* que dejar que la arena tibia se nos deslice entre los dedos. *Tenemos* que tumbarnos boca arriba y sentir el sol en la cara.

Por eso, lo único que tenían que hacer los niños que venían al programa deportivo era jugar. Muchas personas se mostraban escépticas respecto a este enfoque, y algunas familias que habían estado con nosotros en Little Light dejaron de venir para dedicar ese tiempo a la terapia. Mucha gente temía que Jake no estuviera recibiendo la atención necesaria debido a mi empeño en que jugara y tuviera una infancia normal. Comparada con prácticas más formales, mi estrategia no parecía gran cosa: «Lanza una pelota a tu amigo, y lo aplaudiré». ¿Qué clase de terapia era esa? Pero yo era como un disco rayado: «No tienes que hacer nada, solo *jugar*».

Y funcionaba. Las actividades que parecían del todo imposibles cuando empezamos, como las carreras de relevos, acabaron siendo no solo posibles, sino divertidas. En las fotografías de aquel primer año, se ve a la mayoría de los niños deambulando por allí, perdidos en su propio mundo. Sin embargo, en las que tomamos por Navidad, se nota que han empezado a cogerle el tranquillo, que se sientan en su sitio, me miran y prestan atención.

Una vez al mes no era suficiente; necesitábamos reunirnos semanalmente. En la iglesia nos dijeron que podíamos hacerlo, siempre y cuando limpiáramos las dependencias que utilizásemos antes de irnos. Tuve que reírme. Cuando era pequeña, mi hermana y yo ayudábamos a mi abuela, dos veces a la semana, a limpiar el interior de la iglesia que ella y mi abuelo habían construido. Ella se ponía una pañoleta en la cabeza, metía los bártulos de limpieza en el coche y nos llevaba a mi hermana y a mí hasta allí a barrer, limpiar los cantorales, y quitar el polvo y encerar los bancos. Para mi abuela, aquello era una especie de servicio comunitario.

De la misma forma, para mí Youth Sports for Autism era también un servicio comunitario. Mike y yo habíamos dejado de ir a la iglesia en los años posteriores al diagnóstico de Jake. (Algo muy habitual en las familias con hijos autistas). Un domingo por la mañana, hubo un incidente en la iglesia. Yo estaba en el vestíbulo con Jake cuando la madre de una chica con la que había ido al instituto me vio. Dando gritos de alegría y dejando una estela de perfume, vino derecha a nosotros, con su colorido chal flotándole a la espalda. Al rodearme la cara con las manos para plantarme un beso, Jake se volvió loco. Se tiró al suelo y empezó a gritar con todas sus fuerzas. Cuando traté de cogerle, me dio una patada, se agarró a mi vestido de seda y lo rasgó.

Una cosa es que tu hijo se descontrole en Target, y otra muy distinta que eso ocurra en la iglesia. Me sentí completamente humillada. Todo el mundo se nos quedó mirando, y alguien incluso hizo una broma respecto a rociarle con agua bendita. Finalmente conseguimos llegar al servicio, donde le senté entre dos lavabos. Le froté la espalda y le sequé los ojos, tratando de asegurarle que no pasaba nada. Al final, aflojó los dedos y soltó sus manos sudorosas de mi vestido.

Creo que las rabietas no son un síntoma de autismo, sino del fracaso en la comprensión del mismo. No era que Jake no *quisiera* ir a la iglesia, sino que no *podía*. Era demasiado para él. Si le hubiera obligado a ir, yo habría acabado con un niño infeliz y otro vestido roto. Y si mi hijo no podía ir a la iglesia, entonces yo tampoco, al menos durante un tiempo. Le cogí de la encimera del lavabo y, con toda la iglesia mirando, volví hacia el vestíbulo y salí. A continuación metí a Jake en el coche y nos marchamos.

Aunque volvíamos a asistir a la iglesia con regularidad, celebrar el oficio religioso a través de los deportes me proporcionó una tremenda sensación de paz y de comunidad. Pensaba a menudo en mi abuelo en aquellas mañanas de sábado. Me había educado para que valorase el juego y comprendiera la importancia del mismo. También me había enseñado a ver mis propias desgracias como una oportunidad para crear una comunidad en vez de aislarme de ella y encerrarme en mí misma. De su ejemplo había aprendido que ayudando a los demás nunca se está solo.

Las familias de aquellos niños autistas llevaban mucho tiempo sin darse un respiro. Los padres estaban agotados y desmoralizados, y a sus hijos les habían dicho una y otra vez que no valían para nada. ¿Acaso no me había sido casi imposible encontrar un lugar en el que les dejaran entrar siquiera? Reunir a aquellas familias y ayudarlas a que en sus vidas reinara de nuevo un poco de alegría lo era todo para mí. En cierto modo, Youth Sports for Autism era mi iglesia.

Cuando ahora me preguntan cómo es posible que Jake sea tan sociable y se le vea tan relajado con la gente, a pesar del autismo, siempre digo que en gran parte se lo debemos a los deportes. Aquellos sábados, no le entrenábamos para las Olimpiadas Matemáticas ni le llevábamos a la feria científica. Lo que hacíamos era salir al campo de fútbol o al de béisbol o a la cancha de baloncesto con el fin de priorizar la amistad, la interacción social, la comunidad, el trabajo en equipo y la autoestima. En los deportes, Jake no era un prodigio ni un niño autista con retraso en el desarrollo físico. Era un muchacho en un campo de juego, rozando las suelas de las deportivas en la asoleada hierba, exactamente como otros miles de niños de todo el país.

Muy pronto, los deportes se convirtieron en algo más que deportes. Christopher había instaurado la costumbre de quedarse después de clase. Me di cuenta de que cada vez más familias se quedaban por allí. Se echaban al campo de fútbol y se ponían a dar patadas a un balón o a arrojar un frisbee. Se traían el almuerzo y muchas de ellas pasaban el rato hasta que anochecía. En invierno, la gente llevaba trineos, y los niños se deslizaban por las laderas una y otra vez hasta que llegaba el momento de entrar en calor con una humeante taza de chocolate caliente y unas esponjas dulces.

Abrimos una cuenta en Facebook. Cada pocos días, alguien colgaba una anécdota de triunfo, siempre con el mismo colofón: «¡Toma eso, autismo!».

Hacía mucho tiempo que aquellas familias no se reían, no se sentían optimistas, no bromeaban o pasaban el rato sin preocuparse. Me encantaba ver a las madres sentadas en las gradas, mientras sus maridos jugaban en la cancha de baloncesto con los niños. Muchas de aquellas personas habían olvidado la importancia de la infancia, o de divertirse, sencillamente.

Yo lo comprendía. Durante un tiempo, Michael y yo también lo olvidamos, pero lo habíamos recordado, y ahora podíamos ayudar a que esas familias aprendieran a divertirse de nuevo.

UN SUEÑO HECHO REALIDAD

La mayoría de las parejas tienen sueños de futuro de los que hablan por la noche, cuando están acostados en la cama y en la casa reina el silencio. Para algunas personas, quizá se trate de un lujoso crucero por el Caribe o de que les toque la lotería. Para Michael y para mí, nuestro sueño estaba más cerca de casa.

En 2006, me concedieron el Premio GasAmerica al Héroe Local por Youth Sports for Autism. El premio consistía en bastante gasolina gratis, lo que nos hacía mucha ilusión. Sin embargo, la palabra «héroe» me resultaba embarazosa. En las noticias veía a soldados que dejaban a sus familias para luchar por la democracia y la libertad de Afganistán. Un vecino nuestro es bombero. Todos los días en el trabajo, se enfrenta a la posibilidad de arriesgar su vida para salvar la de otros. Estas personas son héroes de verdad, no una madre con pantalones pirata haciendo campos de golf en miniatura.

Fue Michael quien me ayudó a verlo con perspectiva, y, animada por el premio, decidí ir aún más lejos. Habíamos visto que los deportes podían transformar a los niños autistas. ¿No sería mucho mejor disponer de un hogar permanente para esas actividades? Habíamos tenido que meter a Jake y a Wesley en un dormitorio para poder guardar las cajas con el equipamiento deportivo en el otro. Habíamos tenido que adaptar el espacio de la iglesia a nuestros propósitos, pero podríamos hacer cosas increíbles si dispusiéramos de un lugar propio.

Los deportes nos habían puesto en contacto con niños autistas mayores, lo que significaba que podíamos prever el futuro de algunos de los más jóvenes. La adolescencia es difícil. La adolescencia para un autista puede ser *muy* difícil. Entendíamos que llegaría un momento en que Jake, Christopher y sus amigos necesitarían un descanso de las dificultades sociales que pudieran encontrar en el colegio. En ese sentido, la búsqueda de un espacio deportivo propio era un poco como una carrera contra el reloj.

Para Jake y sus amigos, Little Light y Youth Sports for Autism se habían convertido en un refugio. Michael y yo queríamos dar un paso más y fundar un centro recreativo donde niños y adolescentes autistas pudieran practicar deportes o ver películas, encontrar ayuda para hacer los deberes o jugar al corre que te pillo sin que hubiera nadie tratando de «corregirles» el autismo. Años atrás, cuando buscábamos un nombre oficial para la organización benéfica que estaba detrás de Little Light, Melanie había sugerido Jacob's Place* porque sonaba acogedor, y no a hospital o a centro oncológico. Solo utilizábamos ese nombre en la declaración de la renta, pero era un nombre perfecto para un centro recreativo. Conseguir que Jacob's Place se hiciera realidad se convirtió en nuestro sueño.

El programa de deportes había crecido con tanta rapidez que el espacio de la iglesia se nos quedaba muy pequeño en los meses de invierno. En lugar de hacer recortes, decidimos verlo como una oportunidad para crecer. En el verano de 2008, vendimos uno de nuestros coches, cobramos el seguro de jubilación de Michael y emprendimos la búsqueda de Jacob's Place.

Queríamos buscar en el campo. Mi mayor ilusión era un edificio entero, pero teníamos un presupuesto ridículo. Un agente in-

* El Lugar de Jacob.

mobiliario realmente se echó a reír cuando le dijimos con qué dinero contábamos: 15.000 dólares para el inmueble y otros 5.000 para cualquier mejora o equipamiento que se necesitara. Con eso no teníamos para comprar nada que se le pareciera, ni siquiera en Indiana.

En aquel entonces, Michael viajaba mucho por razones de trabajo, y se fijaba en todos los lugares que pudieran resultar prometedores. Un día llamó a casa y dijo:

—Kris, tienes que venir. Creo que lo he encontrado.

Habíamos comprado un destartalado Ford Bronco por 500 dólares en sustitución del coche que habíamos vendido. Era un ruidoso cacharro, con más óxido que pintura encima. A los niños les encantaba porque se veía la carretera a través de los agujeros que había en el suelo; vamos, que era un coche parecido al de los Picapiedra. Solo lo utilizaba para ir al supermercado, así que me puse un poco nerviosa cuando miré en el mapa y vi lo lejos que estaba el lugar. Pero fui traqueteando y finalmente conseguí llegar a la diminuta población de Kirklin, Indiana —un parpadeo, y te la has pasado—, a una hora de nuestra casa, más o menos.

Nerviosismo por el transporte aparte, el viaje era precioso, en su mayor parte por carreteras de grava de un solo carril entre granjas y campos de cultivo. Pensé que ese viaje podría ser una especie de terapia en sí misma para padres y niños estresados.

Cuando llegué allí, vi el coche de Michael aparcado al final de la calle mayor, que en su mayor parte parecía constar de tiendas abandonadas. Él estaba delante del edificio de ladrillo más ruinoso que había visto en mi vida. Tenía aspecto de antiguo, muy antiguo, como del siglo XIX. Era evidente que no había recibido ni cariño ni atención al menos desde mediados del siglo XX. No tenía ni una sola ventana intacta, y la pared posterior había cedido y estaba derrumbándose. No había acera en el exterior, salvo algún que otro trozo de pavimento que sobresalía entre las malezas.

Con cara de póquer, probé a abrir la puerta de la entrada lateral.

—Esta entrada no es buena, en realidad —dijo Michael.

En cuanto la abrí, comprendí a lo que se refería. No había nada al otro lado salvo un inmenso foso negro. Un paso más y habría caído en picado unos cinco metros hasta el sótano, que estaba lleno de escombros. (Durante meses tuve pesadillas con que caía a ese foso). La cosa fue de mal en peor. En la parte posterior todo el segundo piso se había hundido y desmoronado, de manera que pendía en hondonada sobre el primer piso. De ninguna manera se podía entrar allí sin correr el riesgo de que todo el segundo piso se te viniera encima. Escudriñando la oscuridad con nuestras linternas desde la seguridad de la entrada, pudimos ver unos cuantos instrumentos médicos y muebles viejos, espeluznantes, dejados allí desde la época en que el edificio albergaba la consulta del médico del pueblo.

El lugar estaba asqueroso, alejado y era a todas luces peligroso. Pero tenía mucha historia, y más por hacerse. Cerré los ojos y me lo imaginé ocupado con las familias a las que habíamos conocido y con las que nos habíamos encariñado a través de Little Light y Youth Sports for Autism. Veía mentalmente a las madres abrazándose unas a otras, con la tranquilidad de tener un lugar donde relajarse y compartir las preocupaciones tras una larga semana. Veía a grupos de niños sentados en *puffs* viendo películas y a otros jugando en parejas al ajedrez o a las cartas. Y en la parte de atrás, donde aquella segunda planta se sostenía tan precariamente, me imaginaba a Jake y a Christopher alternando tiros libres desde la línea de media pista de una enorme cancha de baloncesto nueva y recién pintada.

Miré a Michael y sonreí.

—No hay duda —dije—. Este es el centro recreativo.

Por entonces, Jake y Christopher eran inseparables, y yo había trabado amistad con la abuela de Chris, Phyllis, que era quien le estaba criando. Aquel verano, ambas pasábamos el rato junto a su piscina y charlábamos mientras los chicos nadaban. No eran muy frecuentes momentos de relajación así, y los atesoraba. La familia de Chris tenía un concesionario de coches y vivía en una casa enorme, con canchas de baloncesto cubiertas y al aire libre, una piscina y un ascensor. Por descontado, a Jake le encantaba ir allí. Pero a Christopher también le gustaba venir a nuestra pequeña casa, a asar perritos calientes y hacer sándwiches de galleta con chocolate en el jardín. Era un chico de lo más divertido, la clase de persona que puede convertir una situación decepcionante, como una excursión cancelada a causa de la lluvia, en una gran aventura.

Christopher y Jake habían establecido lazos afectivos sobre el hecho de que no encajaban. A un niño autista puede resultarle difícil distinguir entre unos chavales que se ríen *con* él y otros que se ríen *de* él. Cuando Christopher contaba un chiste y los chicos del colegio se reían, no siempre sabía lo que significaba. ¿Les había hecho gracia el chiste?, ¿o era una risa cruel? Los años de Jake en el colegio y todos nuestros esfuerzos para que tuviera amigos le habían ayudado. Para cuando conoció a Chistopher, se sentía más cómodo socialmente y podía ayudar a su amigo, más joven que él, a arreglárselas con lo complicado de esa edad, con la incertidumbre de no saber nunca muy bien lo que los otros niños pensaban o sentían. Nada se interponía entre ellos.

La guía que le proporcionaba Jake llegó a ser una parte importante de su amistad. Jake le decía constantemente:

—Mira, aprende esto. Tienes que saber hacerlo, o lo vas a tener difícil.

El día en que se conocieron, Jake enseñó a Christopher el juego del *hula hoop*. Parece una nadería, ya que no hace falta que la gente sepa jugar al *hula hoop*. Pero había un cierto apremio en ello, porque cada destreza que un niño como Christopher tenga es una cosa menos por la que pueden burlarse de él, o una cosa menos que le separe de los demás.

Christopher también ayudó a Jake. Aquel era mucho más alto que este y tenía una facilidad innata para el baloncesto. Las habilidades de Jake mejoraron en su compañía, y llegó a comprender lo placentero que resulta practicar un deporte.

Chistopher también estaba obsesionado con la magia. A Jake le gustaba escribirle cartas en clave que luego aquel tendría que descifrar, y a Chistopher le encantaba aprender trucos poco conocidos y mostrárselos a Jake, quien después tendría que dilucidar cómo se hacían. La destreza y el dominio que Christopher tenía de los principios de la magia fueron mejorando y los trucos que hacía eran cada vez más difíciles. Cuanto más complicados eran, más contento se ponía Jake: era raro que alguien de su edad le obsequiara con un enigma que le supusiera un verdadero desafío. En ocasiones los dos colaboraban en un acto de ilusionismo. Por ejemplo, Jake ayudaba a Christopher a diseñar un truco complejo para el que hacía falta que se colocaran una serie de espejos en unos ángulos muy concretos, una actividad que a Jake le encantaba.

Iban a diferentes colegios, pero se veían todos los sábados en las actividades deportivas y al día siguiente en la iglesia, y se telefoneaban todas las noches para hablar de deportes. Soy muy estricta respecto a comer todos juntos sentados a la mesa, pero me alegraba tanto ver que Jake tenía un gran amigo, que a menudo le preparaba un sándwich de pavo y le cortaba unos trocitos de verduras para que pudiera comer mientras hablaba con Christopher por teléfono.

Michael y yo enseguida nos dimos cuenta de que habíamos tratado de abarcar más de lo que podíamos con respecto al centro recreativo. Los 5.000 dólares que habíamos reservado para las reformas del edificio era todo lo que teníamos. Recuerdo a Michael mirando el extracto de cuenta, meneando la cabeza y diciendo:

—Como se nos estropee la caldera, mal vamos a pasar el invierno.

El padre de Mike es carpintero, y estaba realmente preocupado por la magnitud de la tarea. La primera vez que entró en el edificio, dijo:

—No se os ocurra meteros en esto. En serio, salid por pies.

No hicimos caso. Como muchos otros norteamericanos en aquel momento, aprovechamos la burbuja crediticia. A Michael le habían ascendido varias veces, y la guardería iba viento en popa. Tenía idea de ampliarla, quizá incluso de transformarla en una especie de escuela. Con la llegada de Ethan, la casa se nos había quedado pequeña. Me di cuenta de que, cuando estábamos todos, no cabíamos en el comedor a menos que uno de los niños se sentara en el brazo del sofá o en el suelo a nuestros pies. Si no podíamos ver juntos una película cómodamente, necesitábamos más espacio.

En un principio habíamos pensado vivir en el centro recreativo al tiempo que hacíamos las reformas, pero el ayuntamiento no daría paso al suministro de electricidad y de agua mientras el edificio no cumpliera toda la normativa de habitabilidad. No me importa vivir sin comodidades, pero criar a tres niños en una tienda de campaña en un edificio que no reunía las condiciones mínimas parecía un poco extremo, incluso para mí.

Así que pedimos una hipoteca y pusimos dinero para una casa que estaba construyéndose en una nueva parcela de Westfield, una urbanización, de clase media, situada en un terreno ganado a las tierras de cultivo del norte de Indianápolis. No exagero si digo que aquella era la casa de mis sueños, un lugar en el que nunca habría imaginado que pudiera vivir, mucho menos poseer. Había espacio para toda la familia, incluso más de lo que necesitábamos. En los planos, la cocina, el comedor y la sala estaban comunicados, de manera que podríamos estar todos juntos en el mismo espacio. No habría que echar a nadie de la cocina para que yo pudiera poner la comida en la mesa. A Ethan se le veía cada vez más interesado en cocinar y hornear, y con cuatro años ya sabía hacer algunas comidas sencillas. Cuando miraba los planos, sonreía para mis adentros imaginando los festines que pronto sería capaz de preparar.

La nueva casa tendría también un enorme garaje, que podría admitir a más niños en la guardería y una ayudante. Michael y yo acordamos que, aunque nos costara un poco de dinero, seguiríamos en la casa vieja hasta que pudiéramos mudarnos a la nueva. No quería ocasionar mucho trastorno a los niños de la guardería a consecuencia de la mudanza.

Mientras veíamos cómo se construía la casa a lo largo de la primavera y el verano, conocimos a nuestros nuevos vecinos. Nos acercábamos por allí a ver cómo iban las obras y luego hacíamos picnic en el pequeño parque a orillas de la laguna que había enfrente de nuestra parcela. Mientras los niños trepaban y se columpiaban, Michael y yo hablábamos con las personas que también habían ido a ver cómo progresaban sus casas.

El día en que nos mudamos, me sentí como una ladrona, francamente. Había crecido en un barrio pobre del este de Indianápolis, y temía que en cualquier momento apareciera alguien para decirme que en realidad yo no vivía en aquella maravillosa casa. Algunas partes de esta aún me hacen sonreír todos los días. El hecho de que Michael y yo tuviéramos un lavabo cada uno en el cuarto de baño me hacía sentir como si fuera la reina de Inglaterra.

A los pocos días se hizo evidente que la zona de la cocina-comedor-sala de estar era donde íbamos a pasar la mayor parte del tiempo. Los amigos que venían a conocer la casa se dejaban caer en el sofá y terminaban quedándose a cenar.

También habíamos acertado con el vecindario. No tuve más remedio que conocer a nuestra vecina, Narnie, como tampoco lo tenía cualquiera que se cruzara en su camino. (No hace mucho fuimos de compras juntas, y mientras yo estaba en los probadores, oí cómo se presentaba a alguien. En el tiempo que tardé en probarme dos vestidos, Narnie había averiguado todo lo concerniente a la próxima boda de la mujer, su novio y si este satisfacía o dejaba de satisfacer las necesidades emocionales de aquella. «Allá va otra vez», pensé).

En cuanto el camión de la mudanza se detuvo a la puerta de casa aquel primer día, allá que se presentó Narnie. ¿Y pueden creerse que se puso a descargar el camión? Totalmente desinhibida, aquella mujer de rostro despejado y profunda carcajada me había ordenado el armario antes de que me diera tiempo a presentarme, y hacía menos de una hora que la conocía cuando ya estaba fregándome los platos. No existe intimidad alrededor de esta abuela, miembro de la NRA* y practicante de yoga, y eso es bueno, porque una vez que entra en tu vida, puedes contar con ella cuando la necesites, sin falta.

Contar con una vecina que pasaba a tomar el té todas las tardes (chocolate los miércoles) era la confirmación: tenía todo lo que siempre había deseado. Nuestra casa nueva se encontraba llena de seres queridos, y, sin prisa pero sin pausa, estábamos construyendo el centro recreativo del que llevábamos tanto tiempo hablando.

—Vale, ya está. ¿Qué más se puede pedir? Tengo todo lo que siempre he ansiado —le dije a Michael.

Entonces llegó la recesión y, de repente, el centro recreativo pasó a ser la menor de nuestras preocupaciones.

* Asociación Nacional del Rifle.

TIEMPOS DIFÍCILES

La recesión afectó a todo el estado de Indiana, y rápidamente.

Michael fue una de las primeras víctimas. Una noche, mientras estaba en la cocina preparando la cena, oí algo en las noticias locales sobre un cierre de Circuit City. Cruzaba la habitación, secándome aún las manos, cuando Wesley dijo:

—¿No es esa la tienda de papá?

Lo era. Los dos nos quedamos allí de pie, viendo por la televisión cómo Michael perdía su empleo.

Aquella tienda era más que un empleo para Mike. Él había heredado una situación difícil. El establecimiento se encontraba en un barrio muy deprimido y era famoso en la compañía por haber perdido en un año más mercancía a causa de los robos que la que se había vendido. Pero Mike vio que la plantilla tenía mucho potencial. Ascendió a los mejores trabajadores, se deshizo de las manzanas podridas, reorganizó la tienda y ofreció incentivos. Y hasta prometió que haría una voltereta hacia atrás delante de las cajas registradoras cada vez que alguien excediera su cuota de venta.

A los seis meses de su llegada, parecía y era un lugar completamente distinto. Al año siguiente, todos los que trabajaban allí celebraron juntos el Día de Acción de Gracias. Mike había transformado la tienda con tanto éxito y había creado un equipo de vendedores tan dinámico que los directivos de la cadena habían empezado a hablarle sobre el desarrollo de un programa de formación de plantilla que él podría poner en marcha en otras tiendas.

Y de repente todo se vino abajo. Cuando la gente está preocupada por perder el empleo no compra televisores. Así que la tienda se cerró. El colectivo que Mike había auspiciado, hasta el punto de parecer más una familia, se disolvió. Durante unas semanas, Michael trabajó para el liquidador, desmantelando sistemáticamente la tienda que él había levantado y vendiéndola pieza a pieza, en lo que fue una experiencia de lo más desagradable. Cuando finalizó esa tarea, no le quedó nada que hacer allí.

Mi abuelo me había dejado un dinero que habíamos utilizado para pagar la entrada de la casa. Gracias a eso, pudimos quedarnos en ella. Pero no todos los residentes del vecindario tuvieron tanta suerte. Una tras otra, las casas que nos rodeaban se pusieron en venta. Cada vez que salía a la calle, veía un nuevo cartel de SE VENDE agitándose al viento, diciéndome que otra de las maravillosas familias que habíamos conocido aquel verano había perdido su hogar.

Michael y yo también teníamos dificultades económicas. Entre el centro recreativo y la nueva casa, nos habíamos gastado hasta el último céntimo. Nadie conseguía un préstamo, así que cualquier idea de vender nuestra antigua casa quedó descartada. Eso significaba que teníamos que pagar dos hipotecas con un solo sueldo. Y un poco más adelante tuvimos que hacer frente a dos hipotecas sin *ningún* sueldo, ya que, a medida que aumentaba el número de familias afectadas por la crisis financiera, disminuía el número de niños que venían a la guardería. Tenía la impresión de que todos los días se presentaba algún padre o alguna madre para comunicar que se había quedado sin empleo.

El servicio de guardería siempre había sido un trabajo estable. Desde que abrí las puertas nunca dejé de tener más solicitudes que plazas disponibles, sobre todo a raíz del éxito de Little Light.

Pero durante la recesión, ni mi reputación ni el éxito que había tenido con los niños servían de nada. Si no tienes trabajo, no necesitas que te cuiden a los niños. Y en 2008, en el trabajador estado de Indiana, ya nadie parecía tener empleo. Aguanté con uno o dos críos durante una temporada, hasta que esos niños desaparecieron también. El día en que cerré la puerta tras el último de ellos, tuve, por primera vez en mi vida, verdadero miedo.

Cuando Michael se quedó sin trabajo, hice todo lo posible para reducir gastos, e incluso preparaba grandes potes de *chili** para toda la familia. (Jake y yo lo buscamos: el *chili* se inventó durante la Gran Depresión de la década de 1930 para estirar al máximo una pequeña cantidad de carne). Cuando disminuyó el número de niños de la guardería y ya no podía permitirme ni preparar *chili*, ponía un buen puchero de agua al fuego y echaba cinco paquetes de fideos (tres por un dólar), de manera que siguiéramos teniendo una comida familiar todos juntos. Para divertirnos, hacíamos a los niños tres preguntas tipo trivial, mientras Michael imitaba al Nazi de la Sopa, el personaje de la serie *Seinfield*, moviendo las cejas, gesticulando y reprendiendo a los niños con acento de loco si no acertaban la pregunta.

—¡Te quedas sin sopa! —bramaba, haciéndoles reír hasta desternillarse. Los dos nos habíamos propuesto mantener la moral alta por los niños, por muy asustados que estuviésemos.

Aquel invierno fue uno de los más fríos que se recordaban, en un estado famoso por sus implacables inviernos. Prácticamente no podíamos permitirnos encender la calefacción. Para mantenernos calientes, nos sentábamos en el sofá, bajo un montón de mantas, a ver películas bien acurrucados. A nuestro alrededor, mucha gente quemaba viejas sillas y mesas para calentarse. Había mucha gente que no tenía electricidad, y la que la tenía no la utilizaba. Todas las casas estaban a oscuras. No se veían luces en-

---

* *Chili con carne*, plato que se compone de carne picada, frijoles, chile y arroz.

cendidas por ninguna parte. Recuerdo que en los pasillos de Walmart no había nada salvo lo indispensable: equipos de campamento, café, leña, líquido combustible, agua, mantas eléctricas baratas para quienes no tenían calefacción... y cerveza. La tienda no se molestaba en proveerse de otras existencias. Parecía un economato militar.

Entonces recibí una llamada de mi hermano, que había estado viviendo en nuestra antigua casa. Se había quedado sin trabajo en la construcción, y no había esperanzas de que le saliera otro. Había mucha gente haciendo cola para esos trabajos. Había estado cuidando de mi padre, que había tenido problemas de salud y sufrido una operación a corazón abierto aquel invierno. Cuando se hizo evidente que nadie iba a comprar la casa, Ben se ofreció a mudarse allí con unos amigos y repararla con la esperanza de que encontráramos a alguien que quisiera alquilarla. Pero ellos tampoco tenían dinero para calentarla, y una noche especialmente fría —con una sensación térmica de varios grados bajo cero—, mientras mi hermano dormía en algún lugar más cálido, reventó una cañería, y una masa de agua equivalente a la de una piscina olímpica inundó la casa.

Fue una catástrofe. El interior de la casa desapareció por completo. No quedó ni una pared, el techo se vino abajo y las escaleras acabaron Dios sabe dónde. Se mirara donde se mirase, chorreaba agua mezclada con hielo. El muro de mampostería, que aún se mantenía en pie, estaba abombado por la humedad. Cuando abrí la puerta y vi los destrozos me fallaron las piernas. Si mi suegra no hubiera estado allí para cogerme, me habría caído al suelo.

Como todo el mundo, nuestra compañía de seguros tenía graves dificultades económicas y no sabía si podría continuar con el negocio. La empresa incluso puso en duda que estuviéramos asegurados, pero aun cuando hubiéramos tenido que comer fideos para sobrevivir, siempre nos las habíamos arreglado para pagar las facturas. Sin embargo, la compañía se negó a dar trámite a nuestra reclamación mientras nuestra casa inundada se pudría desde el interior hacia fuera. Me desesperaba. Pasaban las semanas, y la casa estaba cada vez más inhabitable, pero no teníamos ni un céntimo en el banco para arreglarla.

Por aquel entonces, cuidaba niños por una tarifa a la hora más baja que la que cobraba cuando empecé con la guardería dieciséis años antes. Hice circular la voz de que estaba disponible en todo momento —noches, fines de semana...— para quien lo necesitara. Las madres que conocía de Little Light y de las actividades deportivas me traían a los niños si aún tenían empleo. Ese era el acuerdo tácito: si tenías trabajo, mirabas por quienes no lo tenían. Para que nadie se lo tomara como una limosna, cocinábamos unos para otros, o cosíamos o limpiábamos las casas de otros. Yo cuidaba a los niños de la gente. Aun así, apenas había dinero por ningún lado.

Por primera vez en mi vida, pasé hambre. Compraba vitaminas para los niños porque no podía permitirme comprar carne con regularidad. Si había carne, yo fingía que me dolía el estómago para que ellos tocaran a más. Era imposible comprar ropa nueva de invierno, y las prendas que teníamos se aprovechaban al máximo. Wesley, mi pequeño kamikaze, era el que peores pintas llevaba. Sus pantalones lucían unos parches encima de otros. Me enfermaba ver a los chicos dirigirse al autobús del colegio con unos abrigos que dejaban ver varios centímetros de muñeca entre las mangas de las parkas y los guantes, pero sabía que un abrigo demasiado pequeño era mejor que no tener ninguno, y había mucha gente que estaba en esa situación.

Allá por Navidades, íbamos tirando a duras penas, y la falsa animación de los adornos festivos en las tiendas vacías no hacía sino resaltar la desesperación y el miedo que sentía todo el mundo. En nuestra familia no acostumbramos a hacer grandes regalos en Navidad. Para nosotros se trata de una fiesta religiosa, y preferimos hacer obras de caridad; pero cuando en la iglesia nos entregaron una caja para que la llenáramos con cosas para los pobres, tuvimos que escribir una nota diciendo que lo único que podíamos ofrecer eran oraciones. El pastor lo comprendió. Desde luego, no fuimos los únicos que no pudimos dar nada ese año. Pero, sin ninguna duda, fue lo más duro que tuve que hacer.

Con todo, sucedió un pequeño milagro. La mañana del día de Navidad, Michael, que había salido a despejar el camino de entrada, asomó la cabeza por la puerta y me llamó en voz baja para que los niños no le oyeran. Había un saco de color rojo brillante en nuestro porche nevado, un saco de Santa Claus. Acongojada, miré a mi marido. Pero ¿qué había hecho? Yo sabía a ciencia cierta que solo teníamos 32 dólares en la cuenta bancaria, y no preveíamos ningún ingreso durante una temporada. Sin ese dinero, ya ni siquiera podríamos comprar comida.

Pero Michael me miraba a mí de la misma manera.

—Oh, no, Kris —susurró—. ¿Qué has hecho?

Negué con la cabeza, y entonces los dos caímos en la cuenta: *Narnie.*

Dentro del saco había tres regalos envueltos con un papel muy alegre, y eran perfectos: un juego de Lego para Ethan, un monopatín para Wesley y un telescopio para Jake. Y cuando Narnie se presentó luego con su taza de café como acostumbraba, preguntando con inocencia si habíamos tenido una buena mañana de Navidad, me abracé a ella llorando de agradecimiento. Sigue siendo el detalle más dulce que haya visto nunca, y convirtió a Narnie en un miembro extraoficial de nuestra familia.

Fue un momento de alegría, pero duró poco. Facebook, tan alentadora en otro tiempo, solo auguraba más sufrimiento. Todo el mundo estaba empobrecido y asustado. Todas las noches, en las noticias, nos enterábamos de que habían cerrado otra fábrica, de que otra industria se había ido al garete, lo que suponía el desastre para otra familia que conocíamos. El presidente vino de visita, y cuando el presidente viene a Indiana, ¡mala señal! Oí en algún momento que la mitad de la población del estado estaba desempleada, calculando por lo bajo me parecía a mí, quizá porque todos nuestros conocidos eran trabajadores como nosotros. Nadie tenía nada, pero no había que desanimarse, y por muy malas que fueran las noticias, yo siempre escribía en los mensajes: «¡¡¡Pasaos por casa a tomar un plato de fideos cuando queráis!!!».

En enero, daba la impresión de que podía pasar lo que más nos temíamos. Mi hermana, Stephanie, y yo nos quedábamos levantadas hasta tarde hablando por teléfono, considerando seriamente lo que podríamos hacer si perdíamos nuestras casas. La amenaza era real, y estaba sucediéndole a gente conocida. Una de las madres de la guardería había perdido su casa y terminado en la calle con sus hijos. Unos amigos les habían acogido en su casa, pero nadie sabía hasta cuándo podría durar el arreglo, dado que la otra familia también estaba pasando apuros. Stephanie y yo decíamos que siempre podríamos llevar a nuestras familias a la iglesia que mi abuelo había construido y vivir en el ático del coro, que no se usaba, un tiempo. Mantuve la serenidad durante la conversación, pero en cuanto colgamos empecé a temblar sin poder evitarlo. Me aterraba la posibilidad de que nos quedáramos sin techo, de que mis hijos se quedaran sin techo.

El tiempo no daba tregua. Christopher, Jake y Wes pasaban los fines de semana construyendo complicados sistemas de túneles entre la nieve que cubría el jardín, acompañados de complejos juegos de espías. Como hacía tanto frío, el iglú «piso franco» que construyeron se convirtió en una parte permanente de nuestro terreno. A las madres que conocía les preocupaba el mal estado de la carretera, pero las escuelas recibían dinero para que ofrecieran almuerzos, así que seguían abiertas, a pesar de que ni siquiera podíamos llegar a la carretera sin caernos. (Wesley aplanó una caja de cartón para bajar «surfeando» la cuesta helada). Más de una vez, al ver al autobús derrapando cuando se dirigía a nuestra parada, les dije a los niños que sus expedientes de asistencia me daban igual y que se volvían a casa conmigo.

La fiesta de la Super Bowl fue un breve oasis en aquel terrible invierno. Este acontecimiento es siempre importante en nuestra casa. A Michael le encanta el fútbol, y también a nuestros hijos. Todos los años preparo una comida —alitas de pollo, *potato skins* y cupcakes decorados en forma de balones— y vienen amigos a casa a ver el partido con nosotros. Aquel año, el festín consistió en un plato de galletitas saladas, pero daba gracias, de todos modos. Al menos podíamos estar juntos. Hicimos una fiesta de ello, vitoreando y gritando delante de la televisión, y los chicos competían a ver quién de ellos se inventaba el baile más tonto al estilo de las animadoras.

Hasta Christopher estuvo allí..., más o menos. Phyllis no había podido traerle a casa como habíamos planeado, así que Jake le llamó y puso el manos libres, y Chris se quedó al teléfono con nosotros todo el día. Mike y él fingían chocar los cinco por teléfono, y este incluso abrió una bolsa de galletas saladas. Al cabo de un rato, se me olvidó que en realidad no estaba allí con nosotros. Fue un día estupendo.

Poco después, recibí una carta oficial del ayuntamiento de Kirklin con más malas noticias. El edificio del centro recreativo era un peligro, decía la carta, y no había más remedio que demolerlo. Cerré los ojos e imaginé una bola de demolición balanceándose en la cancha de baloncesto que queríamos construir. El colmo era que no solo iban a destruir nuestro edificio, sino que además esperaban que nosotros les pagáramos por el privilegio de hacerlo. Me quedé allí plantada con la carta en las manos, con los ojos aún cerrados, y pensé: «Esto ya no puede empeorar».

Una semana después, habría dado cualquier cosa por retirar ese pensamiento.

LA ENVIDIA DE LOS ÁNGELES

A finales de febrero, mi amiga Rachel me llamó por teléfono para decirme que encendiera la televisión.

—No me digas que hay más malas noticias —exclamé, esperando ver el cierre de otra fábrica, para sufrimiento de algún otro conocido. Pero el amargo chiste se me heló en los labios cuando lo único que oí fue un sollozo al otro extremo de la línea.

Puse un canal de noticias locales y vi cómo pasaban las palabras «Última hora: muere un estudiante de la escuela primaria Spring Mill atropellado por un autobús» en el cintillo de noticias. Pero, a pesar de haber visto su nombre y una imagen de su colegio en la pantalla, seguía sin creer que pudieran estar refiriéndose a Christopher.

El autobús escolar le había dejado en el aparcamiento del colegio, y no en el lugar al que Christopher estaba acostumbrado. En un suceso que con desagrado reconocerán muchos padres que tengan un hijo autista, Christopher se desorientó con el cambio y trató de dirigirse entre los coches aparcados hasta la entrada del edificio que él conocía mejor. Al hacerlo, se metió en un carril de autobús y fue atropellado por otro autobús escolar.

No recuerdo mucho más de aquel día. Me quedé en estado de shock. ¿Cómo íbamos a decírselo a Jake?

Cuando llegó a casa, había un grupo de mujeres del vecindario y del programa de actividades deportivas, todas de pie en un semicírculo delante del televisor. Narnie lloraba y me frotaba la espalda, pero yo estaba tan aturdida que no podía moverme ni hablar.

—¿Ha habido un accidente de autobús? —preguntó Jake, escudriñándonos la cara a todas en busca de alguna pista. Casi como en respuesta, volvió a aparecer una imagen del colegio de Christopher en la pantalla. Vi la cara de Jake cuando comprendió lo que había sucedido; luego se arrojó al sofá y emitió un sonido que nunca le había oído a ningún otro ser humano, un sonido que pido a Dios no tener que volver a oír.

Estuvo varias horas acurrucado bajo los cojines del sofá. Finalmente, Mike y yo le sacamos de allí y luego le llevé conmigo a ver a Phyllis. Éramos muy amigas y ni siquiera llamé antes de entrar en su casa. La encontré sentada sin moverse en la sala, aún con la bata y las zapatillas que llevaba por la mañana, mientras el teléfono no dejaba de sonar. Jake le cogió una mano y yo la otra, y los tres estuvimos allí sentados sin hablar hasta bien entrada la noche.

La pena de Jake por la pérdida de su mejor amigo acentuó su autismo. Su dolor era tan intenso, tan devorador, que creo que sencillamente carecía de los recursos emocionales para manejarse en el ámbito social como hacía casi siempre. Solo tenía sitio para una emoción, la pena, y el hecho de que otras personas pudieran funcionar en una mayor amplitud de banda le resultaba incomprensible.

Realmente, se quedó impactado, por ejemplo, ante la conducta de los asistentes al velatorio. En la habitación reinaba un clima de absoluta aflicción, eso por descontado. Pero también había un bufé, como es habitual, y todos se servían comida en los platos, se sentaban y comían juntos. Para mí y para casi todos los que estaban presentes, eso era una grata señal de comunidad y fraternidad, de personas que abrazaban la vida incluso ante aquella horrible tragedia, pero era incomprensible para Jake. La idea de que alguien tuviera sitio para algo que no fuera la pena —que una persona pudiera sentir semejante pérdida y al mismo tiempo comer un trozo de pollo, o preguntar a alguien cómo les iba a sus nietos en el colegio— era inconcebible para él. Estuvo sentado al lado de Phyllis casi toda la tarde, aceptando las condolencias como el miembro de la familia en que se había convertido.

En el viaje de vuelta a casa, Jake dijo:

—Creo que los ángeles tenían envidia.

No le entendía.

—¿Qué estás diciendo, cariño? Los ángeles no tienen envidia.

—Yo creo que sí —replicó él—. Vinieron y se llevaron a mi mejor amigo porque querían jugar con él.

Cuando enterramos a Christopher, fue como si el mundo se hubiera quedado en silencio. No podía acostumbrarme a la idea de que aquella criatura tan dulce y alegre hubiera desaparecido. Parecía imposible, algo que vulneraba todos los principios de la naturaleza. Cuando abría los ojos por la mañana, olvidaba por unos preciosos instantes que aquella luz se había apagado. Luego me acordaba, y el dolor volvía otra vez.

Unas semanas más tarde, al llegar a casa me encontré con un mensaje de un hombre llamado Chip Mann. Estaba interesado en restaurar algunos edificios antiguos de Kirklin, dijo, y quería hablar con nosotros del nuestro.

Atontada, fui a verle. El ondulado paisaje que siempre me había producido tanta paz y alegría ahora se me antojaba árido y feo. Comprendí a qué se refería la gente cuando afirmaba sentirse muerta por dentro.

Aparqué delante del edificio. En cuanto salí del coche, un hombre alto, imponente, con pelo blanco y penetrantes ojos azules se acercó a mí con la mano extendida. Entregué las llaves del edificio a Chip sin mirarle a los ojos.

—Puede entrar, pero no puedo acompañarle. No lo soporto —le dije.

Al verle alejarse, pensé: «Se acabó. Este es el final del sueño para esos niños».

—Le doy mil dólares —dijo con decisión cuando salió. Era una mínima parte de lo que habíamos pagado por él, pero no tenía elección. Mil dólares eran mejor que tener que pagar al ayuntamiento para que lo derribara, y llevábamos tanto tiempo pasando apuros económicos que incluso esa miseria parecía una fortuna.

De pronto, me eché a llorar. Allí, en mitad de la calle, delante de un hombre al que acababa de conocer, las lágrimas me corrían por las mejillas. Sin pretenderlo, solté todos los planes que tenía para el edificio. Entre sollozos, le conté a Chip que Mike y yo llevábamos años hablando de construir un centro recreativo para niños autistas como mi hijo Jake, y que nos habíamos gastado en él hasta el último penique. Le conté que queríamos que Jacob's Place fuera un refugio para ellos, un lugar donde pudieran ser ellos mismos. Le conté que hacía poco que habíamos perdido a uno de esos niños, a uno realmente especial.

—Lo siento —dije finalmente, enjugándome las lágrimas como mejor pude—. Supongo que no estoy en el mejor momento de mi vida.

Chip me miró durante un buen rato, y luego, agarrándome del brazo, me condujo hacia otro viejo edificio comercial situado al otro lado de la calle. Había sufrido un incendio y estaba casi tan ruinoso como el mío.

—Este edificio también es mío —dijo—. ¿Me está diciendo que, si pongo una cancha de baloncesto aquí, usted encontrará niños que jueguen en ella?

Aún sorbiéndome la nariz, asentí.

—De acuerdo. Lo haremos. Voy a construir Jacob's Place.

Chip era un próspero empresario, con una sagacidad que le había llevado a levantar varios negocios florecientes para revitalizar Kirklin. Durante mucho tiempo, no terminaba de creerme que fuera real. Los obreros empezaron a trabajar en primavera.

En marzo, Michael consiguió un trabajo en T-Mobile. Todos respiramos aliviados. Al menos podríamos poner comida en la mesa. Entonces, después de rechazar todos los presupuestos que nos habían hecho, la compañía de seguros nos envió un cheque por los daños en la casa antigua. Era mucho menos de lo que debería haber sido —la cantidad que autorizó el perito apenas daría para reparar el suelo—, pero no teníamos elección en aquel asunto, y fue como si la vida volviera a sonreírnos.

Pero aquel terrible invierno aún no había terminado. Los albañiles que contratamos nos dijeron que tendrían que vivir en la casa para poder hacer las obras por tan poco dinero. Y lo hicieron, junto con sus terroríficos perros, de manera que nunca podíamos entrar para ver cómo iban las cosas. Terminaron robándonos los dos primeros pagos que les hicimos y arramblando con todo lo que pudieron llevarse de la casa: lámparas, picaportes, cubiertas de radiador, los armarios que habíamos comprado para sustituir a los que habíamos perdido con la inundación. Encendieron una hoguera en el garaje y desaparecieron.

Fue un golpe terrible, sobre todo cuando creíamos que las cosas empezaban a enderezarse. El verano estaba a la vuelta de la esquina, y con el calor el moho se apoderó de la casa. Michael y yo decidimos que teníamos que intentar hacer el trabajo nosotros mismos. Compraríamos los materiales más baratos con una tarjeta de Lowe y nos las arreglaríamos como pudiéramos. Michael hizo un llamamiento a todos nuestros amigos a través de Facebook: «Necesitamos ayuda. Tenemos que arreglar la casa. Si se os da bien alguna faena, por favor, venid a echar una mano».

Al sábado siguiente, se presentaron un montón de personas, la mayoría eran padres de niños a los que habíamos ayudado durante años en la guardería, Little Light y el programa de deportes. Fue como levantar un granero a la vieja usanza. La gente llevó sus propias herramientas y todo lo que encontraron en el sótano y el garaje de sus casas que pudiéramos utilizar: armarios, lámparas, pintura... Algunos hasta se vinieron con amigos. («Este es mi vecino,

Al, y se va a encargar de todo el enfoscado»). Picaron las paredes y renovaron la mampostería. Trajeron moqueta nueva y la colocaron. Mientras aquella increíble comunidad de personas me reconstruía la casa, yo lloraba y repartía trozos de pizza, café y donuts.

Unos meses más tarde, me acerqué a Kirklin para ver cómo iba el centro recreativo, y me topé con Chip en la calle.

—Tienes que venir a ver tu viejo edificio, Kris. No te vas a creer lo que nos hemos encontrado allí.

Me llevó hasta allí para enseñarme lo que habían hecho. No daba crédito a mis ojos. Habían restaurado la segunda planta entera, la que había cedido por la parte de atrás. Era increíble. Tenía aquel edificio desde hacía año y medio, y ni siquiera había vuelto a verlo; daba miedo. Chip tuvo que ponerse a dar saltos para convencerme de que se podía pisar sin peligro.

La madera, aunque estaba dañada, era muy antigua y muy bonita, así que Chip había decidido no demoler la segunda planta sino restaurarla. Había contratado a unos trabajadores para que recuperasen aquella madera combada, la lijasen y le devolvieran su antiguo esplendor. ¿Y saben qué encontraron cuando empezaron a quitar todas aquellas capas de barniz de aquellos suelos antiguos? Líneas pintadas. En algún momento de la historia de aquel edificio, aquella habitación había albergado una cancha de baloncesto.

Me quedé tan pasmada que por poco me caigo. Chip me dijo que, cuando las vio, cayó de rodillas.

—Cuando vi aquellas líneas, ya no me quedó ninguna duda. Fue como una señal, una señal de que debía hacer el centro recreativo para esos niños en Kirklin.

Sonreí, con más ganas que a lo largo de todo aquel invierno, mientras me dirigía al edificio de enfrente. Realmente parecía una señal, como si Christopher estuviera en el cielo velando por nosotros, diciéndonos que quería que sus amigos jugaran.

SUBRAYADO Y EN NEGRITA

—¿Cheetos o patatas?

Lo bueno de un niño de diez años es que, por muy enfrascado que esté en la clase de física electromagnética a la que asiste, siempre prestará atención al tipo de chuchería que va a compartir con su madre durante el descanso.

Para cuando Jake cursaba quinto de primaria, solo me veía capaz de responderle a las preguntas relacionadas con la comida. Había pasado por todos los cursos de astronomía de la IUPUI, y asistido a varios, entre ellos los del doctor Pehl, varias veces. Cuando todos nos dimos cuenta de que había llegado el momento de avanzar, el profesor Rhoads sugirió que quizá podría interesarle hacer un curso de física electromagnética.

Por descontado que le interesaba —le fascinaba, en realidad— pero yo estaba totalmente perdida. El profesor, Marcos Betancourt, empezaba la clase semanal con una charla. Luego los estudiantes se dividían en pequeños grupos para resolver ecuaciones en las pizarras blancas que bordeaban las paredes, y en los últimos minutos de la clase volvían a reagruparse todos para la charla final. La clase era por la tarde, e imagino que el trabajo en grupos ayudaba a que los alumnos se mantuvieran despiertos. Por desgracia, esa estrategia no funcionaba conmigo. No comprendía ni los conceptos más básicos de las charlas, y con las ecuaciones era aún peor. Con mis disculpas al doctor Betancourt, empecé a llevarme un libro, hasta que dejé de asistir a clase por completo. Jake estaba en la gloria, y yo tenía la seguridad de que iba a portarse bien.

Unas dos semanas antes de que terminara el curso, el doctor Betancourt me comentó que la participación de Jake había decaído. Ya no prestaba tanta atención durante las charlas y, en vez de juntarse con los otros estudiantes en la pizarra, se quedaba en su sitio leyendo atentamente. Y siempre que podía, acribillaba a preguntas al doctor Betancourt. Al parecer, se había atascado en uno de los conceptos que estaban estudiando, y no parecía capaz de seguir adelante. Todas sus preguntas versaban sobre la luz y cómo se desplaza esta por el espacio.

Cuando hubo agotado la materia específica (y quizá la paciencia) de los profesores de la IUPUI, tuve que ampliar su campo de estudio. De nuevo, volvía a verme al teléfono, abogando por Jake en lo que parecía una petición disparatada. Me puse en contacto con el doctor Alexei Filippenko, de la Universidad de California en Berkeley, y con el doctor Philippe Binder, de la Universidad de Hawái en Hilo. Ambas llamadas empezaban de la misma manera:

—Por favor, no cuelgue; verá, tengo un hijo de diez años...

Comprenderán que a mí todo aquello me quedaba muy lejos. El mundo de los astrofísicos me era totalmente desconocido. Pero allí estaba yo, acorralando a aquellos renombrados científicos porque Jake tenía una duda que sus profesores no podían resolverle. Lo más increíble es que no solo se hicieron amigos, sino que además se cuentan entre las personas que más han alentado a Jake. Las respuestas que le dieron solucionaron temporalmente el problema con el que Jake estuviera lidiando en aquellos momentos, pero nuestro comecocos estaba quedándose sin puntitos que zampar.

A principios de 2009, recibí una llamada del doctor J. R. Russell, de la IUPUI, para preguntarme si podía ir a verle.

Cuando debía ausentarme, no me resultaba fácil encontrar a alguien que pudiera encargarse de los niños con necesidades especiales de la guardería. Algunos estaban muy delicados. Por ejemplo, a uno de ellos, Ty, había que darle de comer por una sonda nasogástrica que no podía cambiar cualquier ayudante sin preparación.

Además de la guardería, habíamos abierto nuestra casa a varios niños desfavorecidos a través de Safe Children, un programa de la iglesia local que proporcionaba hogares de acogida a niños cuyas familias se encontraban en situación de penuria pasajera. Nosotros acogimos a una niña cuya madre, sin pareja, tenía que someterse a una operación quirúrgica, y a un hermano y una hermana cuya familia había perdido la casa durante la recesión y no quería que sus hijos fueran a un albergue.

La idea del acogimiento familiar fue de Michael. Finalmente, habíamos conseguido vender la otra casa, y era tal la gratitud que sentía por habernos recuperado económicamente que parecía lógico enterarse de cómo podíamos ayudar a quienes aún estaban luchando por salir adelante. Yo le respaldaba al cien por cien. Teníamos mucho amor que ofrecer, y con la acogida familiar sentía que estábamos dando el mejor uso a nuestra maravillosa casa. Solo cuando empezamos a acoger niños me sentí con el derecho a vivir allí, y pude por fin pintar la sala de estar de color melocotón, un poco de niña, que me encantaba desde que era pequeña.

La acogida familiar fue una experiencia increíble para todos nosotros. Para Michael y para mí significaba mucho que nuestros hijos supieran lo importante que era ayudar a personas necesitadas, y fue maravilloso ver a mis hijos en aquel nuevo contexto. La paciencia de Jake, el espíritu generoso y entregado de Wesley y la dulzura y la pacífica seriedad de Ethan no eran ninguna novedad. Pero ver con qué facilidad se daban nuestros hijos y lo mucho que disfrutaban con ello me hizo mil veces más feliz que cualquier cosa que pudiera haber comprado.

Algunos de los niños que vivieron con nosotros eran de una pobreza que jamás habríamos podido imaginar de no haberles conocido. Recuerdo una ocasión en que toda la familia, horrorizada, apartó la vista en apesadumbrado silencio cuando un pequeño, que nunca había visto instalaciones sanitarias en el interior de las casas, abrió la puerta corredera de la cocina y salió a hacer sus necesidades al patio trasero. (Pero él era un amor, y se dio cuenta enseguida).

Así que, entre la guardería y los niños que tenía acogidos, en aquella época, hasta para salir de casa se requería mucha planificación. Pero la mañana en que me había citado con el doctor Russell, reorganicé todo como pude, me acordé de ponerme una blusa limpia y un poco de brillo de labios, y me dirigí a la universidad.

Sinceramente, iba un poco nerviosa. Habíamos asistido a muchas clases en la IUPUI, y no habíamos pagado por ninguna, confiando en la benevolencia de cada uno de los profesores. Nunca había parecido que les importara tener a Jake (y a mí) en sus clases. Más bien al contrario, en realidad. Pero a saber. Una cosa estaba clara: si teníamos que pagar las clases, no podríamos permitírnoslas. Nuestra situación económica había mejorado en los últimos tiempos, pero seguíamos endeudados, y de ninguna manera podíamos costearnos un curso universitario en marcha, y mucho menos las clases a las que Jake ya había asistido.

Sin embargo, soy una persona positiva por naturaleza, y cuando estaba ya a medio camino, mis pensamientos eran más optimistas. «A lo mejor quieren darle créditos por la última clase de astronomía», pensé. Después de todo, había hecho los exámenes junto con los demás alumnos. «¿No sería un puntazo que aquel crío de diez años tuviera ya tres créditos universitarios en su haber?».

Mientras aparcaba el coche, pensé: «Esto va a ir o muy bien o muy mal». Fuera como fuese, sabía que encontraríamos la forma de que Jake tuviera lo que necesitaba.

Resultó que el doctor Russell dirigía un programa de estudios llamado SPAN (Special Programs for Academic Nurturing [Programas Especiales de Educación Académica]). Había oído hablar de Jake a otros profesores de la universidad, y creía que su programa, que permitía matricularse en la universidad a estudiantes de secundaria excepcionalmente inteligentes, podría venirle a Jake como anillo al dedo.

—Nos gustaría que Jake solicitara el ingreso en la IUPUI a través del programa SPAN —dijo.

Como me quedé tan perpleja que no sabía qué decir, el doctor Russell aclaró el ofrecimiento. ¿Podríamos considerar la posibilidad de sacar a Jake de la escuela primaria y enviarle a la universidad?

Se me pasó por la cabeza que todo aquello fuera una broma. No me habría sorprendido ver a alguien saliendo de detrás de la estantería con una cámara de vídeo en la mano. Hacía tiempo que estaba convencida de que el colegio no era necesariamente el mejor sitio para Jake. Pero aunque Jake había estado asistiendo a esos cursos universitarios, yo los veía más bien como un pasatiempo, de la misma forma que otros críos se toman en serio el ballet o la gimnasia o el fútbol. Para mí, el tiempo que pasaba en la universidad era un pasatiempo, bien es cierto que un tanto inusual.

—Sabe que tiene diez años, ¿verdad? —no pude evitar preguntar.

El doctor Russell se rio.

—Sí, lo sabemos perfectamente.

Las ideas se me agolpaban en la cabeza mientras el doctor Russell me explicaba el proceso de solicitud. Había mucho que hacer, en caso de que nos interesara. Primero, Jake tendría que pasar una serie de pruebas establecidas, empezando por una evaluación de su nivel académico. Tendríamos que demostrar que Jake era capaz de aguantar durante toda una clase sin ayuda, y tendríamos que presentar referencias de profesores a cuyas clases ya hubiera asistido.

Pedí disculpas al doctor Russell por mi aturdimiento mientras me conducía hacia la salida de su despacho. Había una silla justo a la puerta, y me senté. Tenía que pensar en cómo iba a decírselo a Michael.

Ya habíamos hablado los dos de sacar a Jake del colegio. Bueno, *yo* había hablado de ello. Siempre que veía cómo se aburría

Jake o percibía señales de conductas regresivas, sacaba a colación la idea de continuar la educación de Jake en casa. Era evidente que Jake no estaba recibiendo lo que necesitaba, y a mí me parecía que era nuestro deber estudiar otras opciones. ¿No sería mejor que aprendiera durante el día a que se quedara toda la noche leyendo?

Puedo ser muy obstinada cuando creo firmemente en algo, y no me casé con alguien que diga a todo que sí, precisamente. Había visto a muchas parejas pelearse por cosas como qué clase de bolsas para sándwiches comprar. Michael y yo nunca discutíamos por pequeñeces, pero eso no quiere decir que estuviéramos de acuerdo en todo. En el asunto del colegio, Michael era rotundo e inflexible. Se enorgullecía de poder dar a sus hijos la clase de infancia con la que siempre había soñado, y sacar a Jake del colegio público y continuar su formación en casa no entraba en sus planes. Y, además, creía que la capacidad de Jake de hacer amistades y mantenerlas se resentiría. Jake seguiría en el colegio, y se acabó.

Sin embargo, cada año era más evidente que el colegio no era el ambiente ideal para Jake. Aun así, comprendía que Michael no estuviera dispuesto a hacer cambios. Ahora parecía que íbamos a tener que hablar de ello otra vez.

No era que yo estuviera plenamente convencida. Claro que no, de ninguna manera. No se trataba de que estudiase en casa; se trataba de la *universidad.* La idea de que Jake fuera a la universidad resultaba ridícula. El lugar en el que vivimos no es una zona con tradición universitaria. La mayoría de la gente se casa al terminar el instituto, y casi todos entran a trabajar en una fábrica o en la industria automotriz. Aunque Michael y yo fuimos a la universidad, los dos trabajamos en el sector servicios, como la mayoría de nuestros vecinos.

Por si no estuviera ya bastante confusa, de camino a casa, mientras esperaba a que un semáforo se pusiera en verde, vi a dos indigentes peleándose a gritos, lo cual me recordó que aún no me había parado a pensar cómo nos aseguraríamos de que Jake no corriera peligro. No iba dejar a mi niño andando por ahí solo entre una clase y otra por el recinto de una céntrica universidad.

Pero tampoco podía cerrar completamente la puerta a la posibilidad que se nos ofrecía. Esperaría un poco para decírselo a Jake. Sabía que se agarraría a la oportunidad de ir a la universidad, pero primero Michael y yo tendríamos que ponernos de acuerdo sobre cuál sería la mejor forma de proceder.

Me pasé el día de un lado para otro. Aquella tarde, cuando Michael llegó a casa, los dos nos sentamos bajo una manta en el porche, viendo jugar a los niños con algunos amigos en el parque del otro lado de la calle. También estaba Luke, el amigo de Jake. Luke es muy futbolero, y la diferencia de tamaño que había entre ambos me reafirmaba en la idea de que era una locura contemplar siquiera el ofrecimiento del doctor Russell.

—Es absurdo, ¿verdad? —pregunté a Mike.

—Completamente. Están locos. Un niño de diez años no va a la universidad.

Estaba de acuerdo.

—Mírale, ni siquiera tiene la altura normal de un niño de diez años. Ese crío no puede ir a la universidad.

Claro que su tamaño no era la cuestión principal, y sí el desarrollo de sus habilidades sociales. ¿Cómo se relacionaría y haría amigos? ¿Qué supondría para los amigos que ya tenía? Y, lo que era más importante, ¿cómo incidiría en su infancia? Cuanto más pensaba en la idea, más descabellada me parecía. Sí, Jake era inteligente, pero ¿no debería tener la oportunidad de participar en todas las actividades normales del instituto? Una cosa es saltarse un curso, pero *siete* parecía excesivo.

Puede que parezca una tontería, pero me costaba aceptar la idea de que Jake no llegara a conocer lo que era un baile de colegio. Uno de los tragos más amargos de mi vida, cuando Jake estaba tan perdido en su autismo, fue darme cuenta de que quizá mi hijo nunca encontraría a alguien que le amara y le apoyara, alguien con quien compartir la vida, como Michael y yo nos habíamos encontrado el uno al otro. Sabía por algunos amigos que mantener relaciones románticas no siempre era fácil para los adolescentes y jóvenes autistas. (¡No es que lo sea para las personas más o menos normales desde el punto de vista neurológico!). Desde que Jake había salido de su aislamiento, yo tenía la esperanza de que esa parte de su vida llegara a ser satisfactoria, y por alguna razón me había encariñado con la idea de que asistiera al baile del colegio. Siempre me había imaginado tomando una foto de Jake y su acompañante (luciendo el prendido que hubiera comprado a juego con el vestido de ella, por supuesto) antes de salir de casa para dirigirse al baile.

Michael se mantenía firme en su decisión: Jake debía quedarse en la escuela primaria. En parte, estaba de acuerdo con él, pero al mismo tiempo no dejaba de imaginar a Jake acurrucado en la estantería. Sabía que asistir como oyente a clases universitarias le había sacado de ese espacio. Le había visto demasiadas tardes jugueteando con el lapicero y mirando por la ventana mientras el compañero de colegio al que estaba ayudando se las veía y se las deseaba para completar una página de fracciones. No podía evitar comparar a ese Jake apático con el enérgico que argumentaba y debatía con el doctor Pehl al final de las clases de astronomía. Ir a la universidad a los diez años de edad no era lo que hacían otros niños, pero es que Jake no era como otros niños.

Me negaba a aceptar que Michael y yo estuviéramos malinterpretándonos. Mientras doblaba calcetines y Jake resolvía ejercicios de matemáticas sentado a mi lado junto a un montón de ropa recién sacada de la secadora, pensé que quizá mi postura en este asunto era tan diferente de la de Mike porque yo pasaba mucho más tiempo con Jake que él. Michael no estaba en casa en las tardes en que Jake suplicaba que quería aprender álgebra, ni en la universidad cuando Jake dejaba boquiabiertos a aquellos profesores. Para mí, después de lo que había visto, nuestro hijo era un científico; mientras que para Michael no era más que un crío.

No iríamos a ninguna parte sin ayuda. Había llegado el momento de que nos dieran una evaluación objetiva. Así pues, en agosto de 2009, presenté a Jake a una serie de pruebas de aptitud con el doctor Carl Hale, un neuropsicólogo.

Como de costumbre, acompañé a Jake, pero calculé muy por lo bajo el tiempo que durarían las pruebas en cuestión. En total, pasé unas cuatro horas y media sentada en la sala de espera, que estaba vacía, después de haber leído el libro que me había llevado, y la revista que había encontrado en el fondo del bolso.

Al mirar por la única ventana, vi una gasolinera a dos calles de distancia. Cuando llevaba ya un par de horas allí dentro, me descubrí mirándola fijamente, fantaseando con ir hasta allí a por un café y otra revista, pero no podía marcharme. No sabía cuánto más iban a tardar, y no quería que Jake saliera y se encontrara con que me había marchado.

Cuando por fin salió, su expresión era de habérselo pasado en grande. El doctor Hale dijo que nos entregaría un informe detallado en el plazo de una semana, pero que estaba muy impresionado. Las puntuaciones de Jake rebasaban todos los límites, sobre todo en matemáticas y ciencias.

Entonces el doctor Hale hizo algo curioso. Me preguntó qué tal me había ido en la sala de espera. Hice una pequeña broma sobre el relleno de las sillas, pero él iba en serio. Quería saber cómo me había sentido esperando todas esas horas en aquella sala vacía. Cuando finalmente reconocí lo aburrida e incómoda que había estado, dijo algo que fue definitivo para mí.

—Ahora ya sabe cómo se siente Jake en una clase de quinto de primaria. Estar en el colegio es como mirar por una ventana, muriéndote por una taza de café de gasolinera. Lo peor que podría hacer es mantener a su hijo en un colegio convencional. Se aburre mucho, y si le deja ahí, no le quedará ni un ápice de creatividad.

Me horrorizaba la idea de que las jornadas escolares de Jake pudieran parecerse a las soporíferas horas que yo había pasado en aquella habitación. Instintivamente, supe que el doctor Hale tenía razón, y siempre le estaré agradecida por tomarse tantas molestias en mostrar lo que quería decir. Normalmente la sala de espera no estaba tan desnuda, pero sabiendo lo indecisos que estábamos respecto a si debíamos mandar a Jake a la universidad, él había quitado las revistas y cualquier otra distracción antes de que llegáramos.

Cuando, una o dos semanas después, llegó el informe del doctor Hale, sus recomendaciones eran de una claridad meridiana. Jake había obtenido 170 en las escalas de Wechsler: un test de rendimiento, que evalúa la capacidad global en lectura, escritura y matemáticas. El nivel normal está entre 90 y 109, el inteligente entre 110 y 124, el brillante entre 125 y 130. Puntuaciones por encima de 150 entran en la categoría de genio. Además, el doctor Hale creía que la puntuación en las operaciones numéricas de Jake, que evaluaba su capacidad para el cálculo matemático, probablemente era superior a 170, pero no podía medirse debido a los «efectos techo»: ciento setenta puntos es la puntuación más alta a la que puede llegar un test para un niño de la edad de Jake.

La conclusión del doctor Hale era la siguiente: «Obligarle a terminar un trabajo académico que ya domina **no** redundaría en beneficio de Jacob. El nivel que tiene ahora mismo es el de un graduado en matemáticas, por lo que tendría que trabajar en el nivel de aprendizaje de un posgraduado. En resumen, sus conocimientos matemáticos están a la altura de quien se encuentra realizando un doctorado en matemáticas, física, astronomía o astrofísica».

Ahí estaba, bien claro. No se trataba de mi opinión, sino de una evaluación objetiva hecha por un experto. El sitio de Jake estaba en la universidad. (En realidad, el doctor Hale parecía que recomendaba que Jake pasara directamente a la escuela de posgrado, pero no era momento de hilar tan fino). Tomé aire y me fui a enseñarle el informe a Michael.

—«**No** redundaría en beneficio de Jacob». Eso está subrayado *y* en negrita —leyó Michael en alto, con las cejas enarcadas. Yo asentí. Seguía meneando la cabeza, pero su expresión era de resignación, y supe que, gracias al doctor Hale, se había abierto un poco la puerta.

A raíz del informe, hablamos con Jake del ofrecimiento del doctor Russell. Como ya imaginábamos que ocurriría, se le iluminó la cara como si fuera un árbol de Navidad.

—¿Puedo ir a la universidad? ¡Por favor, mamá! ¿Puedo ir a la universidad?

Michael se mostraba dispuesto a hablar del tema, pero seguía sin estar convencido. Yo argüía que ir a la universidad antes de tiempo no perjudicaría las perspectivas de futuro de Jake, sino todo lo contrario. Estaba muy adelantado con respecto a su clase, incluso con respecto al programa de estudios para niños superdotados de primaria. Incluso en el caso de que Jake fuera a la universidad y fracasara, de que no aprendiera nada ni hiciera un solo amigo, siempre podría dar marcha atrás e ir al instituto como todo el mundo. Paradójicamente, el hecho de que Jake fuera tan joven inclinaba la balanza a su favor.

—Todo este asunto me supera con creces —gruñó Michael. Pero no protestó cuando Jake y yo presentamos la solicitud en la universidad a través de SPAN.

SALTARSE UN CURSO... O SIETE

A partir de aquel momento, todo se precipitó. Una vez que entendí realmente que Jake se aburría y que, sin darnos cuenta, estábamos encerrando su activo y brillante cerebro en una caja demasiado pequeña para que pudiera desarrollarse, la universidad aparecía como única opción.

Convencer a Michael había supuesto una dificultad considerable, pero también lo fue la misma solicitud. El doctor Russell quería saber si Jake era capaz de permanecer sentado durante toda una clase sin molestar. Jake llevaba dos años asistiendo a clases universitarias y nunca había habido ningún problema, pero normalmente yo estaba sentada a su lado. Ahora tendría que hacerlo solo.

Un docente de instituto de la zona había traído a sus hijos a la guardería cuando eran pequeños, así que conocía a los nuestros. Cuando le hablé del desafío al que nos enfrentábamos, me sugirió la posibilidad de que Jake asistiera a una clase de matemáticas, a una sesión de repaso para preparar a los estudiantes para el examen final de cálculo. No estaba segura de cómo resultaría. Jake era capaz de estarse quieto, pero la enseñanza académica que Jake había recibido en matemáticas no pasaba de las fracciones de quinto curso, y en esa clase cubrirían todo un semestre de trabajo del curso de matemáticas más difícil del sistema escolar público de Indiana.

La clase tendría lugar en dos semanas. Le expliqué la situación a Jake:

—No te preocupes; no hace falta que sepas cálculo. Lo que quieren ver es cómo te comportas. Lo único que tienes que hacer es estarte quietecito durante toda la clase.

Jake se me quedó mirando.

—No voy a quedarme allí sentado si no me entero de nada —dijo.

Suspiré. Claro que no.

Él quería libros de texto, así que se los compramos. Después se sentó en el porche delantero de la casa, al sol de primavera, y se aprendió el lenguaje formal de geometría, álgebra, álgebra II, trigonometría y cálculo. Lo hizo todo sin ayuda y en solo dos semanas. Como posteriormente descubrimos, Jake había desentrañado los principios fundamentales de las matemáticas por sí solo. De la misma forma que se puede entender el principio de la suma sin saber lo que es el signo más, Jake había desarrollado su propio sistema de cálculo. Sencillamente aún no sabía cómo escribirlo para que otros matemáticos pudieran entenderlo.

Jake hizo el examen final con los demás alumnos y lo bordó. De hecho, fue el único de la clase capaz de contestar la pregunta para nota extra, una pregunta tan difícil que el profesor le pidió que saliera y escribiera la explicación en la pizarra.

Cuando fui a recogerle, después del examen, le encontré rodeado de admiradores estudiantes de secundaria, todos mucho más altos que él.

Aun con ese escollo superado, había mucho que hacer para completar la solicitud para el programa SPAN.

Una noche, durante la cena, Jake me dijo que había encontrado la Universidad de Indiana a Distancia.

—Me gustaría matricularme en un curso de Historia de Estados Unidos —dijo. Nosotros le dimos permiso, y algunas semanas después nos vino con otra petición. Había un centro informatizado de exámenes en la universidad, donde podía hacer un examen CLEP (Programa de Exámenes de Nivel Universitario), diseñado para que los estudiantes universitarios superaran materias de las que ya tenían conocimientos, y así permitirles obtener créditos sin tener que malgastar tiempo y dinero en hacer los cursos. Jake quería hacer el examen del curso de Historia de Estados Unidos que había hecho online.

Al siguiente fin de semana, fuimos al campus universitario. La señora que estaba tras el mostrador del departamento de los CLEP nos preguntó qué deseábamos.

—Verá, nos gustaría hacer la prueba de Historia de Estados Unidos, por favor —respondí yo.

—¿Nos? —preguntó, confundida.

—Bueno, mi hijo, en realidad.

—Lo siento, señora, pero tiene que venir él a firmar la matrícula. Usted no puede hacerlo por él.

Nos miramos la una a la otra, ambas desconcertadas, y entonces se oyó una vocecita:

—¡Aquí abajo!

La mujer se levantó y se asomó por encima del mostrador, donde Jake estaba riendo y saludando con la mano.

—¡Ah! ¡Hola! —dijo ella.

Jake no tenía ninguna identificación con fotografía, como una tarjeta de estudiante o un carné de conducir («¿Sirve la tarjeta de la biblioteca?», preguntó él), así que la mujer tuvo que llamar a su superior para asignarle un número de identificación. Tardó un rato en conseguir que el sistema le permitiera presentarse al examen, pero era evidente que a ella le hacía gracia la idea de que aquel crío se presentara al examen con estudiantes mayores, y al final consiguió resolver el problema. Recuerdo levantar la vista para comprobar que todo iba bien y ver cómo balanceaba las piernas por debajo de la silla mientras iba respondiendo con un clic a las preguntas. El ordenador califica el examen mientras uno espera, y como era previsible, aquella mañana Jake superó el examen de nivel de Historia de Estados Unidos. Todo el personal del departamento le vitoreó como si le conocieran de toda la vida.

Aquello fue un acicate para él. Se conectó a Internet y empezó a hacer todos los cursos que encontraba. Y después, todos los fines de semana, quería ir a la universidad a hacer los exámenes de nivel. Al final, no tuve más remedio que hablar con él. Presentarse a un examen CLEP costaba unos 75 dólares. Eso era una mínima parte de lo que habría costado el curso, pero de ninguna manera podíamos permitirnos hacer un examen a la semana. Así que llegamos a un acuerdo: un examen cada dos semanas.

El examen de astronomía fue especialmente curioso. Solo empleó quince minutos de las dos horas que tenía para hacerlo y obtuvo casi la máxima puntuación. Esta vez, los miembros del departamento, amigos ya, se quedaron asombrados.

Cuando reunimos todos los requisitos de la lista del doctor Russell, presenté los informes de Jake —los test de inteligencia y la evaluación del doctor Hale, notas de los profesores a cuyas clases había asistido de oyente, y los resultados de todos los exámenes CLEP que había hecho—, así como una nota del profesor de cálculo del instituto, en la que aseguraba que sí, que Jake era capaz de comportarse en clase. Unas semanas más tarde, Jake recibió la carta de admisión. Se puso a dar saltos de alegría. Poco después, el doctor Russell nos citó para una breve entrevista de bienvenida.

El día de la entrevista, pedí a Jake que se ocupara de llevar cambio para el parquímetro (le gustaba meter las monedas en la máquina). Con la emoción, cogió demasiado dinero, así que llevaba los bolsillos repletos de monedas. Cuando se sentó en la silla frente a la mesa del doctor Russell, todas las monedas se le cayeron al suelo. Hasta que no las hubo recogido y guardado de nuevo en los bolsillos, Jake no pudo concentrarse. En cuanto volvió a sentarse, las monedas se le derramaron otra vez y rodaron por todas partes, haciendo un ruido espantoso. Sin perder el ánimo, Jake empezó a recolectar las monedas del suelo y a meterlas en su gorra de béisbol; pero, claro, inmediatamente se le salieron por el agujero de la parte posterior de la gorra.

El desastroso asunto de las monedas parecía no tener fin, como en un número de Los tres chiflados. Habría tenido gracia si no se hubiera tratado de la entrevista universitaria de mi hijo. El doctor Russell no cejaba en su intento de darle una gorra de béisbol y una mochila con el logotipo de SPAN, pero no lograba captar la atención de Jake, porque este andaba persiguiendo las monedas por todo el despacho. Finalmente, cuando Jake consiguió poner las monedas a buen recaudo, el doctor Russell le entregó la gorra y la mochila, así como un banderín triangular de los Jaguares de la UIPUI para la pared. Pendiente aún de las monedas, pero ahora con la gorra de SPAN puesta, Jake salió al pasillo.

La entrevista había sido un completo desastre. Cuando el doctor Russell me puso una mano en el brazo, se me cayó el alma a los pies.

—Teniendo en cuenta lo que acabamos de ver, creo que este primer semestre deberíamos empezar despacio, con un crédito de tres horas semanales —dijo—. Seamos justos con Jake y démosle la oportunidad de que adquiera habilidades sociales y crezca un poco.

La noticia de que Jake solo podría asistir a una clase en el primer semestre fue un mazazo, sobre todo porque le habíamos sacado del colegio. Me sentía culpable. Normalmente hacemos un ensayo de cada nueva situación, pero ¿quién podría haber previsto que se iban a caer las monedas para el parquímetro? Naturalmente, Jake estaba consternado. Tenía la tierra prometida a su alcance, pero no le dejaban entrar en ella. Aun admitiendo la falta de madurez de Jake, no estaba segura de que fuera justo frenarle. Todavía era un niño, y no había bordado la entrevista, precisamente, pero tres meses no supondrían una gran diferencia ni en su altura ni en ninguna otra cosa.

No obstante, se matriculó en el curso que le permitían hacer, una introducción a la matemática multidimensional. La primera vez que hojeé el libro de texto, me quedé atónita. Allí estaban las formas geométricas con las que Jake estaba obsesionado desde pequeño. Resulta extraño abrir un texto universitario y finalmente poder contextualizar las preocupaciones de tu hijo. Para mí, las figuras de Jake eran como Legos o Lincoln Logs (con los que a veces las construía): pequeños juguetes que atascaban la aspiradora y hacían daño si se pisaban con los pies descalzos.

Cuando iban por la tercera sesión, Jake ya había organizado un grupo de estudio y ayudaba a los otros alumnos de la clase. El profesor quería también que participara en un club de matemáticas para estudiantes de instituto del que se encargaba los sábados por la mañana, un campamento de preparación para las Olimpiadas Matemáticas. Llevé allí a Jake un sábado para que viese cómo era, pensando que se encontraría con otros chicos con los que se llevaría bien. Se me encendieron las alarmas cuando el profesor me mostró la cafetera y señaló el camino hacia la biblioteca de la universidad. Cinco horas después, me di cuenta de que ese club de matemáticas significaba que Jake tendría que pasarse todos los sábados sentado en una mal ventilada clase del sótano con un grupo de chavales haciendo ejercicios de matemáticas.

Me encantan nuestras costumbres familiares. Vamos todos juntos a alguna pequeña cafetería a por unas tortitas, y luego nos dirigimos al centro recreativo o a la laguna que hay enfrente de casa, o a una barbacoa en casa de nuestros vecinos. Cuando hace frío, nos gusta ir a la librería a comprar unos libros y tomar un chocolate caliente con nata en la cafetería, o hacer galletas en casa e invitar a unos amigos para jugar a algún juego de mesa. Ese tiempo me parecía especialmente importante una vez que Jake dejó el colegio. Para nosotros era fundamental que mantuviera las amistades que había hecho, y esos niños estaban libres los fines de semana.

Así que cuando fui a recoger a Jake, me armé de valor para decirle que probablemente no volvería a ese club, pero él se me adelantó.

—Ha estado guay, pero creo que no es necesario que repita. —Había encontrado en Internet una muestra de los problemas de dichas Olimpiadas la noche anterior y se había quedado levantado hasta las dos de la mañana resolviéndolos por pura diversión. No le había supuesto un desafío, y no quería quitarle el triunfo a ninguno de los chavales que llevaban tanto tiempo estudiando para entrar en la competición—. Todos se están esforzando mucho, mamá. No sería justo.

Me sentí muy orgullosa de él en aquel momento, más incluso que si hubiera ganado la Medalla Fields, el premio de matemáticas más prestigioso del mundo. Jake sabía que él tendría sus propias victorias, pero entendía que aquella no era para él.

UNA TEORÍA ORIGINAL

Como, aquel primer trimestre, estaba limitado a un curso de tres horas semanales y una clase introductoria de matemáticas, Jake se vio de repente con un montón de tiempo libre. Mike, que seguía sin estar convencido de que hubiéramos hecho lo mejor para nuestro hijo, nos encontraba sentados a la mesa del desayuno mientras Wesley, Ethan y todos los demás niños del vecindario estaban preparándose para ir al colegio. No podía resistir la tentación de pincharme un poco.

—Bonita disciplina la que estás imponiendo, Kris. —Luego se dirigía a Jake—: ¿No deberías tener la mochila y un cuaderno o algo?

—Michael, está desayunando. No le hace falta la mochila para tomarse el desayuno —replicaba yo.

—Ni se va en zapatillas al colegio —farfullaba Michael al salir de la habitación, meneando la cabeza.

—Bueno, ¿qué vas a hacer hoy? —preguntaba yo finalmente a Jake.

—Humm..., ¿agujeros negros supermasivos? —o algo parecido me respondía Jake.

No me preocupaba. Mike sabía perfectamente que la mente de Jake nunca dejaba de estar activa. Incluso cuando se relajaba con sus hermanos en la piscina, pensaba en la mecánica de los fluidos. Además, su educación se había visto reforzada gracias a iTunes U, una serie de podcasts de vídeo disponibles a través de iTunes. Estas clases gratuitas las impartían profesores de universidades tan prominentes como Stanford, Yale, Harvard, MIT, UC Berkeley y Oxford y versaban sobre infinidad de materias, desde los idiomas a la filosofía pasando por Shakespeare. Eran charlas sobre la relatividad, la relatividad especial, la teoría de cuerdas, la mecánica cuántica... y cualquier cosa que, en otras palabras, un desertor de primaria obsesionado con la astrofísica pudiera desear.

Jake estaba enganchado. En cuanto terminaba de desayunar, encendía el ordenador. Su actitud era: «¿Que no me dejan ir a la IUPUI? Vale, pues me voy al MIT».

La cuestión de cómo viaja la luz en el espacio, el concepto que había cautivado a Jake durante las clases del doctor Betancourt, había empezado a penetrar. Jake estaba familiarizado con la teoría de la relatividad y la de la relatividad especial, pero esas conferencias venían a complementar sus propias investigaciones y le permitían ahondar en esos temas como nunca lo había hecho. Su avidez de conocimientos era como un enorme motor que le llevaba a buscar y a memorizar con voracidad toda la información que encontraba. Era como si no soportara desperdiciar ni un solo segundo de su precioso tiempo. El problema no era cómo hacerle trabajar, sino cómo conseguir que dejara de hacerlo.

Más que nada en el mundo, deseaba compartir su tremendo entusiasmo por todas las cosas que estaba aprendiendo. Ya podía estar yo viendo *Ellen* y recogiendo la cocina mientras los niños de la guardería dormían la siesta, que Jake entraba, se adueñaba del televisor, conectaba su portátil y físicamente me arrastraba hasta el sofá para poder mostrarme la conferencia que él había visto por la mañana.

—¡Hora de matemáticas y ciencias con mami! —exclamaba.

—Ay, no, cariño —le suplicaba—. Química orgánica, no. ¿No podría ser cualquier otra cosa? —(Como si la teoría de cuerdas fuera mejor). En ocasiones, se quedaba tan absorto mirando que yo podía escabullirme a vaciar el lavavajillas, pero por lo general me quedaba allí con él, con el cerebro dolorido, mientras Jake garabateaba frenéticamente en su libreta.

Me gustaba tomarle el pelo diciéndole que me torturaba, pero la verdad es que significaban mucho para mí aquellas tardes que pasábamos juntos. Me admiraba la naturalidad con que asumía el papel de profesor. Nada le gustaba más a Jake que ponerse delante de su pequeña pizarra y enseñarme lo que estaba aprendiendo.

—Cuéntamelo como si fuera tonta —le decía yo, y lo hacía, explicándome ideas complicadísimas despacio y con claridad hasta que las entendía. Aunque yo tenía poco o ningún talento para los estudios, su paciencia para enseñarme era infinita. Saltaba a la vista lo mucho que disfrutaba haciéndolo.

Para Noah, uno de los niños que tenía en la guardería por aquella época, Jake era el centro del universo. Nada le gustaba más que tumbarse en el suelo a los pies de mi hijo, con las piernas en el aire, viendo cómo hacía ejercicios de matemáticas. Incluso cuando tenía que suplicar a Jake que se tomara un descanso para tomar un sándwich o una ducha, él siempre encontraba el momento para enseñar a Noah la diferencia entre un ángulo agudo y uno obtuso, o cómo calcular la circunferencia y el diámetro de un círculo. Ver a Jake con Noah me ayudaba a comprender qué motivo le impulsaba a enseñar. No era otra cosa que su pasión por el tema, lisa y llanamente.

A mucha gente le costará entenderlo, pero Jake realmente cree que las matemáticas y las ciencias son lo más maravilloso del mundo. De la misma forma que un melómano se emociona con un *crescendo*, o que un lector empedernido se recrea leyendo una frase perfectamente construida, Jake es un niño que sueña con teseractos e hipercubos. He llegado a comprender que los números y los conceptos numéricos son como amigos para Jake. La contraseña del iPad tiene veintisiete caracteres, que se compone de números y fórmulas que le gustan. Cada vez que la teclea es como si estuviera chocando los cinco con uno de sus amigos.

—Jake, tú no lo entiendes, pero las matemáticas asustan a la gente, y a mí también —le digo yo siempre. Creo que por eso está tan entregado a la tarea de acabar con lo que él llama la «fobia a las mates» allá donde se la encuentre. Piensa sinceramente que si me las hubieran enseñado de otra manera, las matemáticas me gustarían tanto como a él.

Cuando me cansaba de tantos números y la cabeza me daba vueltas, Jake hablaba con el perro. Puesto que no tenía ni idea de lo que iba a ser para Jake haber dejado el colegio, y como quería que supiera que siempre habría alguien a su lado (aparte de mí), le compré un cachorro, un San Bernardo a quién él puso de nombre *Igor.* Al elegir un San Bernardo me había embarcado en mucho más de lo que imaginaba. *Igor* comía como un triturador de basura y no dejó de crecer hasta hacerse más grande que Jake. Todos los días pasaba el aspirador y recogía una cantidad de pelo equivalente a un perro entero.

—¿Cómo es posible que esa criatura no esté calva? —preguntaba Mike, cambiando la bolsa del aspirador una vez más. En primavera, cuando llueve mucho en Indiana, fregaba el suelo de la cocina, y cinco minutos después tenía que volver a fregarlo.

Igor y Jake eran inseparables, y llegué a aceptar a aquel perro gigantesco como parte del mobiliario de la cocina, donde a Jake le gustaba estudiar matemáticas. *Igor* se sentaba allí observando, con la cabeza ladeada y una mirada inteligente en la cara, mientras las ecuaciones manaban de Jake. Me sentía tan agradecida por la lealtad y la atención del perro, que no me importaban las babas. A Narnie le encantaba la escena.

—En esta casa, hasta el perro estudia astrofísica —decía. Ambas creíamos que probablemente *Igor* estaba aprendiendo más que ninguna de nosotras.

A Narnie, con quien podíamos contar para que interrumpiera aquellas clases épicas con una buena cazuela de chocolate caliente, no le sorprendía la inclinación que Jake mostraba hacia la enseñanza.

—Lleva toda la vida intentando explicar a la gente cómo piensa —dijo en una ocasión—. ¿Qué diferencia hay entre eso y enseñar?

Como siempre, tenía razón. Pero yo creía también que el impulso que llevaba a Jake a enseñar estaba motivado por lo mismo que nos había llevado a la universidad en primer lugar: quería dialogar. Para la mayoría de la gente, las matemáticas son un idioma extranjero, y Jake estaba sediento de conversación. La solución que encontraba era intentar enseñar a la gente que le rodeaba a «hablar» matemáticas. Las conferencias que se descargaba puede que satisficieran su tremenda necesidad de aprender, pero si para los demás esos conceptos no eran comprensibles, nunca podría hablar de ellos.

Por desgracia, se pasaba el día con *Igor* y conmigo, y a medida que ahondaba más en la materia, se veía claramente que necesitaba más en términos de conversación de lo que nosotros podíamos ofrecerle. Una noche Michael y yo estábamos echando un vistazo a los distintos canales, y nos llamó la atención una película titulada *Yo soy Sam*. En ella, Sean Penn interpreta a un adulto discapacitado llamado Sam, que es padre de una niña de cinco años. En una conmovedora escena, la niña está leyendo *Huevos verdes con jamón*, del Dr. Seuss, a su padre, y ambos se dan cuenta de que ella le ha superado a él intelectualmente. Al final de la escena, descubrí que había estado agarrando la mano a Mike con tanta fuerza que le había dejado las marcas de las uñas en la palma. Me identificaba con lo que Sam sentía en esa escena: una extraña y agridulce mezcla de orgullo y abandono.

Estaba muy orgullosa de Jake y de sus logros, y nos habíamos divertido mucho juntos, pero ahora volvíamos a estar en una situación en la que él no podía hablar conmigo. Esta vez era, claro está, por una buena razón. Aunque no habría cambiado a mi brillante hijo por nadie en el mundo, en el fondo me sentía un poco engañada por la acelerada programación académica de Jake.

Todos esos pasos graduales que van dando los niños hacia la separación y la independencia —la primera noche fuera de casa, aprender a conducir, la primera cita— preparan también a los padres para la inevitable separación. Yo estaba experimentando algunos de esos pasos con Ethan y Wesley, pero no había pasado por ninguno con Jake. En cambio, habían ocurrido todos a la vez. Por eso era tan maravilloso sentarme con él en el sofá mientras escuchaba una conferencia de un profesor de Princenton o Harvard. Aunque no pudiera entender los conceptos más básicos de los que estaban hablando, podía frotarle la cabeza a mi hijo y pasar tiempo con él. Tal vez no pudiéramos dialogar, pero, al menos durante un rato, podía ser una madre para él.

Para Jake aquel semestre fue un periodo realmente asombroso desde el punto de vista intelectual. Tuvo tiempo para investigar todo lo que quiso, ampliamente, con su increíble curiosidad como única guía. Fue como si hubiéramos dejado en libertad a un caballo de carreras tras refrenarlo durante años.

—Tómatelo con calma, chaval, que te sale humo por las orejas —le tomaba el pelo Michael. A veces era como si pudiéramos oír las sinapsis que se producían en su cerebro cada vez que Jake aprendía algo nuevo, y cada idea daba forma a la siguiente. Ardía de entusiasmo, y todo lo que veía, leía o aprendía no hacía sino avivar la hoguera.

Muchas de las ideas de Jake eran ecuaciones que ya se habían desarrollado y demostrado. Algunas eran originales, aunque muchas tenían errores que él pondría de manifiesto dos o tres años más tarde. Esos pasos en falso no le causaban frustración ni irritación. De hecho, seguía adelante con tanta naturalidad que era como si esos contratiempos no se hubieran producido. Quizá seguía un camino que solo él veía, pero para él estaba perfectamente marcado.

Ese creativo estado de fuga era su realidad primaria, mientras que las cosas de la vida cotidiana eran algo adicional. Sin previo aviso, se tiraba del columpio del parque que había al otro lado de la calle y corría a casa todo lo deprisa que podía, casi incapaz de contener las ecuaciones que le desbordaban. Una noche, tras levantarse de la mesa sin decir una palabra, rayó una pizarra con un tenedor: no había tenido tiempo de cambiarlo por un rotulador. Las ideas le venían de manera tan repentina que le di un cuaderno para que lo llevara a todas partes, de manera que no perdiera el hilo, una estrategia que tuvo un éxito limitado. Cuando estaba anotando una idea, invariablemente se le ocurría otra, y enseguida discurría en dirección opuesta.

Aquel semestre, Jake estaba tan concentrado como siempre le había visto. Sin embargo, esa intensidad estaba teñida de gozo, de entusiasmo, de juego. Cuando las ecuaciones en las que estaba trabajando comenzaron a ser demasiado extensas para el papel, empezó a usar rotuladores de pizarras en las ventanas de casa. A menudo me quedaba en silencio a la puerta, viéndole trabajar. Las matemáticas fluían de él con tal facilidad, y tan deprisa, que parecía que estuviera escribiendo al dictado en lugar de pensando en lo que venía a continuación. El único límite parecía ser la velocidad a la que podía escribir.

Me recordaba a cuando veía cómo Christopher y él pasaban horas echando canastas, parando solo para tomar un refresco o un puñado de galletitas saladas. Algunos tiros entraban; otros, no. A veces hablaban; otras veces lo único que se oía, además de los rebotes de la pelota, era el chirrido de las zapatillas al rozar en el suelo. Sin embargo, cuando escribía sus fórmulas en las ventanas, se percibía una tranquilidad, una sensación de sereno placer, como no le había visto desde la muerte de Christopher.

—Se está divirtiendo —decía Narnie, mirándole con asombro.

Una mañana me encontraba tomando un café en la pequeña habitación soleada en la que a veces desayunábamos, cuando entró Jake, pasó del plato de fruta, cogió un cruasán de la mesa y se sentó con los pies en mi regazo.

—Mamá, necesito que me escuches un momento —dijo—. Es de matemáticas, pero si me escuchas atentamente, lo explicaré para que lo entiendas. He encontrado un patrón.

Jake siempre ha tenido una agudísima capacidad para detectar patrones, y, de entre todos sus dones, esa era la cualidad en la que, según los profesores con los que había estudiado, se basaba su éxito.

Lo que me contó era realmente fascinante. No tenía ni idea de en qué estaba trabajando Jake. Me daba cuenta de que se dirigía hacia algo importante; pero, para mí, «algo importante» significaba un curso intensivo de física universitaria, un logro nada desdeñable en un chico de once años. Sin embargo, resultó ser mucho más que eso.

La teoría de Jake, que se enmarcaba en el campo de la relatividad, era de una elegante sencillez —lo bastante clara como para que yo la entendiera— y, a la vez, de una complejidad extraordinaria. Si tenía razón, crearía un campo completamente nuevo dentro de la física, de la misma forma que Newton y Leibniz habían revolucionado las matemáticas al inventar el cálculo.

Las entrecortadas primeras palabras que salieron de mi boca me sorprendieron incluso a mí.

—Jakey, es *preciosa*.

La sonrisa que Jake me dedicó en aquel momento era preciosa también.

Jake había empezado la teoría con una imagen. Ahora necesitaba la notación matemática para describir lo que veía. He llegado a entender que las matemáticas realmente son un lenguaje, una forma de describir lo que las personas como Jake ven. Él ya tenía los rudimentos, pero un concepto de esa complejidad requería un vocabulario del que aún no disponía.

Creo que es justo decir que, en aquel momento, llegó a obsesionarse. Toda la jovialidad que mostraba antes, y que yo admiraba, desapareció en el empeño de poner aquella imagen que con tanta claridad veía mentalmente en el lenguaje matemático que otros científicos pudieran entender. Empezó a hacer modelos de espacio-tiempo y modelos dimensionales del espacio, y las ecuaciones de las ventanas de casa se hicieron cada vez más largas.

Dejó de dormir. Siempre había sido muy noctámbulo, pero esto era diferente. Ahora no dormía en absoluto. Michael entraba por la mañana en su habitación para despertarle, y se le encontraba erguido donde le había dejado ocho horas antes.

—¡Jake! ¿Otra vez te has olvidado de dormir? —le preguntaba Michael. Cabeceaba durante el desayuno y en el coche, pero por la noche se espabilaba completamente y se dedicaba a leer y estudiar matemáticas.

Le llevamos al pediatra, que compartía nuestra preocupación y señaló la conveniencia de hacerle un estudio del sueño. Jake pasó una noche en el hospital, erizado de cables, tubos y electrodos. El estudio confirmó lo que ya sospechábamos, que Jake no dormía. Pero no le pasaba nada. Lo único que le mantenía despierto eran las matemáticas.

Al final, estaba tan absorto en aquella enorme ecuación, que empecé a preocuparme. Enfrente de nuestra casa hay un parque con un columpio cerca de una pequeña laguna donde juegan muchos niños del vecindario. Me apoyaba en el marco de la puerta y observaba cómo Jake garabateaba frenéticamente en una ventana, llenando los paneles de unos símbolos matemáticos que yo no sabía ni por dónde coger. Al mismo tiempo, veía por la ventana a otros niños de su edad jugando en el parque, persiguiéndose entre ellos y colgándose bocabajo de los columpios.

Jake parecía perdido en la ecuación. Se me ocurrió que a lo mejor se había atascado, que carecía de la información necesaria para seguir avanzando. A lo mejor debía consultar con alguien que dominara aquella materia, alguien que pudiera ver dónde estaba el error. A mí la ecuación me daba igual, pero sabía que era desmesuradamente larga y que le estaba llevando demasiado tiempo. Me parecía que la mejor forma de arrancarle de la ventana y de que se fuera al parque era ayudándole a solucionar el problema.

—Jake, no podemos seguir así —le dije—. Vamos a buscar ayuda, de alguien que sea capaz de ver dónde te has atascado.

Él me miraba como queriendo entender de qué estaba hablando.

—Pero si no estoy atascado, mamá. Intento demostrar que estoy *equivocado.* —Eso era lo que había estado haciendo con la ecuación, revisando y volviendo a revisar su trabajo, buscando el error o el punto débil que demostrara que su teoría era una estupidez.

Yo insistí. Al menos debíamos averiguar si la teoría tenía alguna validez antes de dedicarle otros seis meses. Jake reconoció que quizá resultara útil hablar con alguien, y supo inmediatamente con quién quería ponerse en contacto: el doctor Scott Tremaine, un renombrado astrofísico del Instituto de Estudios Avanzados de Princeton, Nueva Jersey, donde Einstein había enseñado hasta su muerte. Así que llamé al doctor Tremaine, que escuchó atentamente cuando le hablé de un chico de once años fuera de lo común y su teoría. Lo último que quería era hacerle perder el tiempo, por lo que insistí en que lo más eficaz sería que echara un vistazo a la ecuación y le dijera a Jake en qué partes tenía que trabajar más. Recalqué que la razón de mi llamada no estaba relacionada con la ciencia, sino con el autismo de mi hijo: tenía que apartarle de aquella ventana.

El doctor Tremaine accedió a ver un vídeo corto que podíamos enviarle por correo electrónico. Antes de colgar, me dejó muy claro que las teorías originales eran muy raras en un campo tan atestado de investigadores como la física. Sinceramente, me quedé más tranquila. Si se trataba de un tema que ya estaba muy estudiado, pensé que al doctor Tremaine le resultaría relativamente fácil ver en qué estaba fallando Jake.

Habíamos estado tan absortos en el trabajo de Jake que casi nos pilló por sorpresa recibir los resultados de su primer curso universitario oficial. Como estaba previsto, Jake había obtenido la nota más alta en matemáticas multidimensionales. En el examen final había sacado una puntuación de 103. Nadie, salvo su padre, se sorprendió.

—Ha sacado un sobresaliente en matemáticas, Kristine, en la universidad —me decía Michael con un tono de absoluto asombro, agitando la papeleta—. ¡Es increíble!

Hice lo posible por no reírme.

—Cariño, eso no es nuevo. ¿Qué crees que hemos estado haciendo allí? Te dije que respondía a preguntas a las que nadie era capaz de responder, que organizaba grupos de estudio y que sacaba las mejores notas en todas las pruebas.

—Pero un sobresaliente, Kris... ¡Un sobresaliente! En matemáticas universitarias.

Michael estaba tan orgulloso que se lo comunicó por correo electrónico a todos sus conocidos. Incluso colgó los resultados en Facebook. Ahora, cuando bajaba por la mañana y nos encontraba a Jake y a mí a la mesa de la cocina, batía palmas y preguntaba: «¿Cómo va todo en la afamada Academia Barnett, hogar de Fighting Moose?» (No puedo creer que esté revelándolo, pero el nombre completo de *Igor* es Igor von Moosenflüfen. Con diéresis).

La sorpresa de Michael contribuyó a valorar aún más el tira y afloja que nos habíamos traído hasta llegar a la decisión de permitir que Jake dejara el colegio. Éramos dos personas testarudas, unidas por un único principio: no hay nada más importante que hacer lo correcto para nuestros hijos. Habíamos tirado el uno del otro, en nuestro empeño por entender qué era lo mejor para Jake, y lo habíamos conseguido. Me sentía casi tan orgullosa de nosotros dos como de Jake.

Aunque los resultados de Jake en su primer curso de universidad no podrían haber sido mejores, los del programa SPAN nos informaron de que Jake solo podría matricularse en seis créditos en el siguiente semestre, y era una condición sine qua non. Eso dejaba fuera la materia de física moderna, que tantas ganas tenía Jake de cursar. Cuando recibimos la noticia, Jake no dijo nada, pero vi cómo se le ensombrecía la expresión, y Mike y yo nos le quedamos mirando cuando subió lentamente las escaleras y a continuación cerró la puerta de su habitación sin hacer ruido.

—Esto es ridículo —le dije a Michael—. Nos las vemos negras para cumplir con todos los requisitos de la solicitud, saca unas notas excelentes, y ¿ahora no le dejan continuar? No estamos haciendo esto para que nos den una pegatina. ¿Qué sentido tiene si no puede asistir a las clases?

Rabié un poco más, y entonces vi la luz.

—Si va a hacer estudios universitarios, quizá deberíamos dar un paso más y matricularle en la universidad.

Bien pensado, era la solución más sencilla. Y, además, tenía una ventaja. Si Jake solicitaba la admisión en la IUPUI siguiendo las vías normales, tendría derecho a una beca. Para el programa SPAN no se ofrecía ninguna ayuda económica, y los alumnos de este programa no tenían derecho a la ayuda estatal a la que los estudiantes universitarios tenían acceso. Habíamos tenido que hacer algunos sacrificios con el fin de reunir el dinero necesario para las clases y los libros del curso de matemáticas multidimensionales, y solo se trataba de un curso. Me sentía mal por no estar en mejor situación económica, pero, seamos realistas, ¿quién tiene ahorros para mandar a la universidad a un hijo de once años?

Así pues, empecé a prepararlo todo para solicitar la admisión de Jake en la universidad. Ya había reunido una buena documentación para el doctor Russell, pero ahora me tomé el proyecto muy en serio. Quería dejar bien claro —puede que incluso a mí misma— que no se trataba de mi opinión, de la opinión de una madre orgullosa que dice: «¡Fíjate qué genio de hijo tengo!». No, iba a recabar pruebas irrefutables de lo que entendía que era verdad: que el sitio de Jake era la universidad y que nunca estaría bien a menos que le procurásemos esa oportunidad.

Ignoraba lo que me pedirían en el registro de admisiones universitarias, así que me llevé la casa a cuestas. Si me paraba a pensarlo, ya lo habíamos hecho, que es por lo que Jake se unió a Mensa, la asociación internacional de superdotados. (A Narnie le encantaba echar un vistazo al correo de Jake, pues recibía los boletines informativos de Mensa y de otra sociedad de superdotados aún más exclusiva llamada Intertel. «Realmente este crío recibe la propaganda más interesante que he visto en mi vida», decía).

Algunas veces Jake, con el inseparable de Wesley, se reunía los fines de semana con la sección local de Mensa y participaba en sus proyectos. En una ocasión, al grupo se le pidió que ayudara a una pareja a decidir si un árbol caído se encontraba en su propiedad o en la de la junta medioambiental colindante. Por lo general, la junta solicitaba un informe pericial de un titulado en ingeniería, pero se había avenido a aceptar lo que dijera el grupo de Mensa. Así pues, ese fin de semana, Jake, Wes y unos cuantos «mensanos», valiéndose de una brújula casera y un transportador, se dirigieron a inspeccionar la propiedad, que incluía un barranco muy boscoso. (Wesley, que no comprendía por qué la gente andaba cuando podía saltar, trepar, descender en rappel o hacer parapente, estaba en su elemento).

Jake tomó la iniciativa. Desarrolló una fórmula en su libreta y se puso al frente. Bajo su dirección los mensanos delimitaron la zona con cuerda y resolvieron la disputa. La pareja tenía razón, y el árbol caído era responsabilidad de la junta medioambiental. Fue interesante ver que la junta aceptó la opinión de un grupo liderado por un chaval de diez años y su hermano de ocho sin rechistar.

Unos días después, mientras llevaba a Wesley y un amigo suyo a tomar un helado, no pude evitar oír a Wesley describir cómo había pasado el fin de semana. «Es este grupo que a veces necesita que mi hermano y yo le echemos una mano». Me giré para que no me vieran sonreír. Cuando dicha sección de Mensa me preguntó si podía escribir un artículo para su boletín de noticias, los miembros de la asociación se sorprendieron bastante al ver que ya había escrito un trabajo sobre lo importante que es jugar.

El doctor Tremaine se puso en contacto con nosotros. Había revisado la ecuación de Jake, y le había enviado una lista de libros para leer y temas en los que pensar, todo lo cual me superaba por completo. Pero también me escribió a mí un correo. En él, me confirmaba que Jake estaba, en efecto, trabajando en una teoría original, y me aseguró que si la teoría era cierta, le propondrían para el Premio Nobel. Terminaba la carta animándome a apoyar a Jake en todo lo que pudiera, porque creía que el trabajo que Jake estaba haciendo sería importante para la ciencia.

Uno de los más ilustres astrofísicos del mundo no solo había revisado la teoría de mi hijo, sino que también la había validado.

Poco después de nuestra correspondencia con el doctor Tremaine, recibimos otra buena noticia. Jake había sido aceptado formalmente en la IUPUI. Además, le habían concedido una beca de estudios.

Jake iba a ir a la universidad, esta vez de verdad.

UN HOGAR LEJOS DEL HOGAR

—Esto no va a funcionar.

Jake estaba en el cuarto de estar junto a la mochila que le habíamos comprado por la mañana. Llevaba en ella todos los libros de matemáticas y ciencias que necesitaría en su primer día de clase. Me preocupaba que no cupieran todos, sobre todo cuando vi que el de física era como dos guías telefónicas juntas, pero Jake lo había guardado todo. Ahora solo le hacía falta que alguien se la llevara.

Jake, siendo como era, estaba intentando calcular el tipo de fulcro que necesitaría para conseguir cargarse la mochila a la espalda, pero lo más que podía hacer sin ayuda era arrastrarla por las cintas. No servía de mucho, así que llamé a Mike para que ayudara a Jake a ponérsela en la espalda. Mike y yo nos quedamos allí mirando cómo el pobre Jake —con sus treinta y ocho kilos de peso— se tambaleó ligeramente bajo aquella carga hasta que perdió la batalla y el equilibrio, y se cayó de lado en el sofá.

Mike y yo mirábamos a nuestro hijo, con la cabeza hundida en los cojines mientras pugnaba en vano por enderezarse. (Jake, todo hay que decirlo, era muy capaz de estar sobreactuando un poco).

—Creo que tiene razón. Habrá que hacer otra cosa —dijo Mike pensativo, cuando todos aquellos exagerados pataleos y gritos sofocados se hicieron aún más teatrales. Wesley, que nunca deja escapar una oportunidad, rodeó el rincón a toda mecha y ejecutó un salto en el aire para aterrizar encima de la mochila que ya estaba aplastando a su hermano mayor.

Ethan, que leía no muy lejos de allí, no les hacía ni caso. Decidí hacer otro tanto y le planté a mi marido un beso en la cara.

—¿Otra cosa? —pregunté—. ¡Ya estamos otra vez!

Y así fue como Jake se convirtió en el único alumno del campus universitario en usar una maleta con ruedas para transportar sus libros de una clase a otra. Con el tiempo, será capaz de llevar una mochila. Por desgracia, estamos seguros de que eso no sucederá antes de que se gradúe.

Resolver un problemilla como encontrar la maleta adecuada para que Jake llevara los libros fue un juego de niños, teniendo en cuenta que me había pasado el verano pensando con preocupación cómo se las arreglaría un crío de once años moviéndose solo por un campus universitario del centro de la ciudad.

A Jake le gusta decir que él vino al mundo sin sentido común, pero lo cierto es que el autismo que padece puede interferir en su capacidad para cuidar de sí mismo. (Mientras escribo esto, hace un día gris y cae aguanieve en Indiana. Esta mañana he tenido que mandar a Jake a su habitación para que se quitara los pantalones cortos y las chancletas y se pusiera otra ropa antes de salir de casa). Puede que los libros se le den muy bien, pero aún no ocurre lo mismo con la calle. Donde vivimos, nunca le ha hecho falta. Sin embargo, mucho antes de que los medios de comunicación se interesaran por él, Jake ya despertaba muchas miradas curiosas y conversaciones espontáneas, y yo sabía que el escrutinio sería aún más intenso cuando estuviera solo. Lógicamente, me preocupaba su seguridad.

Habíamos recurrido a la tecnología para solucionar el problema. Jake tendría su propio teléfono, de manera que pudiera llamarme cuando saliera de clase, lo que significaba que podríamos «caminar» juntos mientras cruzaba el campus él solo. Nos acostumbramos a usar iChat, y así podía verle realmente y sentirme en contacto con él (y recordarle que se tomara el sándwich). Pero desde mi punto de vista, el verdadero problema era que Jake no tendría adónde ir cuando mediara tiempo entre las clases.

Cuando solo tenía una clase, Mike o yo podíamos llevarle hasta el campus, acompañarle hasta la clase, y quedarnos por allí respondiendo correos o leyendo hasta que salía. Pero sabíamos que, si iba a ir a la universidad la jornada completa, eso no sería realista. Tendría horas libres entre las clases y sesiones de estudio, y ningún lugar adónde ir. Por más que intentaba desterrarlos de mi pensamiento, aquellos indigentes peleándose en la calle no dejaban de venírseme a la cabeza, y, despierta en la cama por la noche, se me ocurrían cosas mucho peores.

—La universidad no es para «menores acompañados» —le repetía a Mike, una y otra vez.

Cuando Jake tenga diecinueve años, seguro que participará en todo tipo de jaranas. No soy tan ingenua; sé que en algún momento de su vida habrá *Girls Gone Wild,* tanto si me gusta como si no. Pero Jake tenía once años, y no quería que se expusiera a nada para lo que no estuviera preparado emocionalmente. Mi mayor temor era que alguien le hiciera novatadas o le gastara alguna broma. ¿Y si alguien encontraba gracioso ver qué pasaría si le daban al chaval de la biblioteca una caja de seis cervezas?

Una noche, dando vueltas por la casa con los nervios de punta, me di cuenta de que el asunto de la seguridad podría ser un escollo insalvable. Si no encontraba un lugar adonde Jake pudiera ir cuando no tuviera clase, tendría que estudiar en casa.

Así pues, me puse a buscar algún lugar en el campus —un rincón confortable, una pequeña sala, una zona común...— donde Jake pudiera estar sin peligro, un lugar donde pudiera trabajar, estudiar o relajarse. Pero ese refugio me era esquivo, y hacia finales de verano me encontraba muy intranquila. Estaba a punto de darme por vencida cuando, en mi última misión de reconocimiento, una de las mujeres que trabajaban en la biblioteca entabló conversación conmigo.

—La he visto por aquí varias veces —dijo—. ¿Qué es lo que busca?

Se lo expliqué, y ella me habló del Honors College, un *college* de la universidad, totalmente nuevo, que priorizaba la investigación independiente y el trabajo de campo a los estudiantes más brillantes. Parecía perfecto para Jake; pero es que, además, el lugar contaba con una residencia y una serie de estudios en el sótano de la biblioteca, accesible solo a los estudiantes destacados mediante una tarjeta-llave especial.

Parecía demasiado bueno para ser verdad, pero el que existiera ese *college* me dejó anonadada. Los estudiantes ven desde dentro de esos estudios lo que pasa en el pasillo, y los administradores y docentes ven desde el pasillo lo que pasa en los estudios. Hay lugares en los que los chavales pueden trabajar, estudiar y pasarlo bien juntos, y otros en los que pueden estar solos y a sus anchas. Hay pizarras digitales de último modelo en las salas y chocolate caliente sin límite en la cocina. Es un centro de estudios, una sociedad de alumnos y un hogar lejos del hogar, todo en uno. A la cabeza de este increíble lugar está la doctora Jane Luzar, la decana fundadora del Honors College y su gurú y ángel residente, que se dedica a hacer el mejor plan de estudios posible. Los chavales no la llaman decana Luzar, sino Jane..., y a menudo mamá Jane.

Encontrar a Jane y el maravilloso lugar que había creado para aquellos estudiantes me supuso, como madre que soy, tal alivio que ya no nos planteamos la posibilidad de que Jake fuera a ningún otro sitio. Supe que habíamos tomado la decisión correcta desde el primer día que Jake estuvo allí. Jane me llamó por teléfono.

—Va para allá —me informó. Jake había salido del Honors College.

Jane me dijo que estaría pendiente de él, y lo está. Y no porque sea tan joven. La he visto reñir a un chaval de veinte años por saltarse el almuerzo.

Jane también cuida de Jake desde el punto de vista académico. Para graduarse, Jake tiene que matricularse de una serie de asignaturas que pueden resultarle aburridas. No estaba muy entusiasmado con la asignatura de física basada en álgebra que tenían en el primer curso, por ejemplo. En lugar de hacer los problemas usando la física newtoniana clásica, más fácil y menos precisa, Jake utilizaba el enfoque cuántico, que requiere varias páginas de ecuaciones y proporciona un resultado mucho más exacto..., al menos hasta que el profesor le pidió, a efectos de la clase, que se atuviera al método sencillo. Jane sabe que está inquieto en esas clases, así que hace hincapié, preguntándole cómo podría aplicar fuera de clase la materia que está aprendiendo.

Jane comprende también que la trayectoria de Jake no es normal. No hay reglas ni directrices sobre cómo proceder. Nos las vamos inventando sobre la marcha. Así, cuando Jake dijo que estaba interesado en un curso de física de posgrado, Jane hizo todo lo posible para que asistiera de oyente a una clase de nivel-600. Sí, era insólito para un estudiante de primero de universidad, pero ella cree en él, como cree en todos los chicos.

Otras universidades, incluidas algunas de las más prestigiosas, han intentado ganarse a Jake. Pero no hemos podido encontrar un entorno que funcionara igual de bien para toda la familia. Los administradores de un centro de la Ivy League de la Costa Este me dijeron que estarían encantados de tenerle, y la oferta era tentadora. La ayuda económica que ofrecían era extraordinaria, y, por descontado, las instalaciones y los profesores con los que contaría serían incomparables. Es una de las mejores universidades del mundo, pero había un escollo, y para mí era suficiente para dar por terminada la conversación. Para asistir a ese centro, Jake tendría que vivir en una residencia de estudiantes.

Aquello me parecía tan absurdo, que no me cabía en la cabeza. Puede que se debiera a mis orígenes: los Amish ni siquiera tienen residencias de ancianos. Crías a tus hijos, y después ayudas a criar a los hijos de tus hijos, y cuando eres mayor, tus hijos (y los hijos de estos) cuidan de ti. Yo no vivo ni con mi madre ni con mi hermana, pero hablamos varias veces al día. Así que no me sentía en absoluto cómoda con la idea de enviar a mi hijo de once años a la Costa Este a vivir en una residencia de estudiantes por su cuenta.

—Forma parte de una familia —protesté. El empleado de la oficina de admisiones siguió impertérrito. Nuestra familia podría buscar un apartamento cerca del campus, me dijo, pero Jake tendría que dormir en la residencia con los demás estudiantes de primero. Miré a Jake, que en ese momento se estaba llevando un buen trozo de chocolate del helado de Ethan, y le di las gracias al empleado de admisiones por las molestias que se había tomado. Era una oferta estupenda, pero no era para nosotros.

Puede que más adelante tengamos que irnos a otro sitio; pero, de momento, nuestra casa está aquí.

El doctor Pehl siempre decía que sus alumnos estaban en clase para cumplir con su deber, pero Jake estaba allí para aprender. Lo absorbe todo como una esponja, ávido de más matemáticas, más astrofísica, más conceptos. Muchas veces tenemos que frenarle. «Afloja un poco, colega. Vamos a cenar». Pero nunca pongo en duda que esté haciendo lo que tiene que hacer, ni que nosotros hayamos hecho lo que teníamos que hacer por él.

Aún me produce cierta inquietud el que Jake esté solo en el campus; pero, a estas alturas, le conoce tanta gente que ya no tengo la impresión de que esté completamente solo. Yo voy a menudo por allí, en parte porque a Ethan y a Wesley también les han admitido en el programa SPAN. Jake tiene que matricularse en química para poder graduarse, esta es requisito esencial en los estudios de microbiología que Ethan quiere hacer, y es obligatoria en los de meteorología que tienen fascinado a Wes. Así puede que los tres coincidan en la clase de química, lo que sería gracioso de ver. Si no estoy allí con sus hermanos, Jake me llama cuando anda por el campus.

Por lo demás, Jake lleva una vida normal de estudiante. Normal para Jake, claro está. El año pasado fue a por un sándwich de pollo a la asociación de estudiantes, donde se encontró con que estaban celebrando el Día de Pi (14 de marzo, ¿lo pillan? 3/14*) con un concurso. El estudiante que fuera capaz de recitar el mayor número de dígitos ganaría una camiseta Pi.

Jake me llamó por teléfono.

—Voy a intentarlo —dijo—. Me sé los cuarenta primeros dígitos de Pi.

—¿De veras? —Una sorpresa más—. Vale. Buena suerte, y no te olvides de almorzar.

Volvió a llamar cuando había terminado.

—¿Qué tal ha ido? —pregunté—. ¿Compraste el sándwich?

—Lo hice hacia delante y hacia atrás, así que lo contaron como ochenta dígitos.

En ese momento tenía que colgar. Se había dedicado a recitar el número pi cuando tendría que haber estado almorzando, así que iba a comerse el sándwich (sin pepinillos, gracias) de camino a clase.

Esa noche, Narnie vino a casa a tomar un té. Se sentó junto a la encimera con Jake, y este le contó que había ganado una camiseta por recitar los cuarenta primeros dígitos del número pi de principio a fin y viceversa.

—Ahora me sé hasta el doscientos —interrumpió Jake.

Me sobresalté.

—¿Qué? ¿Desde cuándo?

Al parecer, los organizadores del concurso del Día de Pi habían dado a todos los participantes una tarjetita con doscientos dígitos del número pi impresos en un cuerpo de letra diminuto. Preocupado por que ochenta dígitos no bastaran para quedarse con la camiseta, Jake había memorizado todos los demás en el camino de vuelta a clase. Con cuatrocientos dígitos —hacia delante y hacia atrás— sería suficiente, estaba seguro.

---

* Así se escribe 14 de marzo en el mundo anglosajón.

Narnie y yo nos reímos al imaginarnos a Jake por el campus, memorizando cuatrocientos dígitos de pi, mientras arrastraba su maleta con una mano y comía el sándwich de pollo con la otra.

Al día siguiente, nos topamos con Narnie al salir de casa.

—Hola, Jake, ¿qué tal va pi? —preguntó.

—Bien, pero ya no he memorizado más dígitos. Mamá dice que es una pérdida de tiempo.

Lo hice, porque lo era. Jake podía seguir y seguir hasta el fin de los tiempos, pero ¿para qué? El *savant* y autista sinestésico Daniel Tammet memorizó hasta cincuenta mil dígitos de pi y los recitó con el fin de recaudar dinero para un fin benéfico relacionado con el autismo, lo cual es fantástico. (Tardó en hacerlo más de cinco horas, y tomó chocolate para mantenerse. Al menos con esto sí puedo identificarme). No obstante, incluso Daniel Tammet hablaba más en su libro sobre los desafíos de controlar la angustia social y sobre las dificultades físicas de la recitación que sobre cualquier desafío intelectual en concreto.

Narnie se volvió hacia Jake, con la expresión más inocente del mundo.

—¿Qué? —dijo—. No, tonto. Me refería a la tarta de cerezas.*

Jake soltó una carcajada, meneando la cabeza al entrar en el coche. Con Narnie no hay peligro de que Jake se nos ponga gallito.

Yo también me reí, pero había algo que no dejaba de rondarme la cabeza. Cuando estábamos a medio camino de la universidad, miré a Jake por el retrovisor. Iba entretenido con el videojuego de *Angry Birds* en su iPad.

—Oye, Jake. ¿Por qué memorizaste los cuarenta primeros dígitos de pi?

—No memoricé los cuarenta primeros, sino los doscientos primeros.

---

* Tarta de cerezas; en inglés, *cherry pie*. «Pie» y «pi» se pronuncian de forma parecida.

—Ya, pero antes. ¿Por qué te detuviste en el cuarenta?

—Eran cuarenta incluido el tres. Treinta y nueve dígitos decimales, en realidad.

—Vale, pero ¿por qué te paraste ahí?

—Porque con treinta y nueve decimales puedes calcular la circunferencia del universo observable hasta el átomo de hidrógeno. Pensé que no me hacía falta nada más.

EL PENIQUE DE LA SUERTE

Una de las primeras cosas del Honors College en que me fijé fue en la expectativa de Jane de que sus estudiantes sean ciudadanos valiosos para la sociedad. De ellos se espera que dediquen tiempo y trabajo a ayudar a los demás.

Jake empezó a ayudar en cuanto llegó al campus, dando clases particulares en el laboratorio de matemáticas. Por lo general los chavales a los que enseña hacen una broma respecto a su edad y a continuación van al grano de lo que sea que no entienden. Ese talento para enseñar que tanto me había llamado la atención en el cuarto de estar de casa había florecido, algo que puede verse cada vez que ayuda a alguien a entender un nuevo concepto y ese alguien se ilumina al caer en la cuenta.

Cuando veo a Jake, no puedo por menos de pensar en el abuelo John. Las matemáticas y las ciencias son tan energizantes, tan vibrantes y hermosas, que él quiere que a todo el mundo le apasionen tanto como a él. Cuando una de las estudiantes con quien más tuvo que trabajar (un caso desesperado, según ella misma reconocía) aprobó cálculo II, los dos saltaron de alegría. Jake también parece haber heredado la paciencia de mi abuelo. «Ya lo entenderás; date tiempo», les dice a los chavales para animarles. Y a continuación él se echa para atrás y observa, comiéndose unos

Cheetos picantes, mientras ellos se esfuerzan en resolver otro problema. También organiza grupos de estudio, en algunos de los cuales no hay ni sitio para sentarse. También, como mi abuelo, tiene un don especial para crear comunidades de personas que pueden ayudarse unas a otras. Sabe mejor que nadie que uno no puede hacerlo solo.

Jane ha señalado que la facilidad de Jake para enseñar nos permite asomarnos a cómo ve él las matemáticas. Si cuando explica un problema ve que el enfoque que le está dando no parece funcionar con esa persona, entonces piensa en otro, y en otro, y en otro, hasta que por fin esta lo entiende. Su destreza es evidente. Mientras que a alguien dotado para las matemáticas, por lo general, se le ocurren como máximo dos formas de llegar a la solución correcta de un problema, Jake ve instantáneamente todos los diferentes caminos que pueden tomarse para llegar a dicha solución. Viéndole enseñar, uno se da cuenta de que se lo está pasando de maravilla. A cambio, los estudiantes a los que ayuda le han enseñado a él cosas como comer mantequilla de cacahuete con una cuchara directamente del tarro. (Gracias, chicos).

He de confesar que cuando estábamos pensando en la universidad, no se nos ocurrió que Jake fuera a hacer verdaderas amistades allí. Pero Jane cuenta con que todos los estudiantes del Honors College formen una comunidad y cuiden unos de otros académica y emocionalmente, y Jake se ha convertido en una parte importante de ella. La diferencia de edad no es tan acusada como esperábamos. Esa forma de tratarle como si fuera el «hermano pequeño» por parte de los demás estudiantes me parece entrañable, y a él le gusta también. Es una nueva experiencia para él, dado que es el mayor de la familia. Jane me ha contado hace poco que un día, al entrar en la cocina, oyó a un grupo de estudiantes hablando de Jake. Habían calculado que Jake no podría sacarse el carné de conducir antes de la graduación y se estaban peleando por quién le llevaría a la ceremonia.

Tal como Jane imaginaba, la relación con estudiantes de diferentes disciplinas puede ser beneficiosa para un obsesionado por las matemáticas y la física como mi hijo. Una joven estudiante de literatura del Honors College le habló de la maravillosa novela juvenil de Madeleine L'Engle *Una arruga en el tiempo*, e incluso le enseñó cómo sacarla de la biblioteca. Está por ver que consiga que la lea. Como a muchas personas con autismo, a Jake le resulta difícil leer ficción. Dice que, para él, leer una historia inventada es como convertir un documento de Word en una hoja de cálculo de Excel.

Lo más importante para mí es que en Honors College hemos visto a Jake sacar a relucir su sentido del humor. Tengo tres hijos y dirijo una guardería, y si no tuviera sentido del humor, no llegaría a la hora del almuerzo. No creo que los guionistas de Jimmy Fallon tengan de qué preocuparse con respecto a estos chicos a menos que haya una demanda urgente de chistes sobre matemáticas. Pero me reconforta ver a uno de los nuevos amigos de Jake quitarle de la cabeza la gorra de béisbol para ponérsela «al revés» —que para Jake significa de frente— mientras los dos se ríen de por qué el pollo cruzó la cinta de Moebius. (Para llegar al mismo lado, por supuesto).

El cambio más importante radica en que por fin Jake es capaz de conversar. Ahora, cuando le pregunto qué tal le ha ido ese día, ya no solo me refiere su horario con pelos y señales, sino que me cuenta la broma que su amigo Nathaniel le ha gastado a su amiga Tracy, o lo que hizo su compañero Owen cuando cateó el examen sorpresa de cálculo y lo que Owen cree que harán sus padres cuando se enteren. Me pregunta por la guardería y me cuenta chistes de rubias tontas porque sabe que me dejará boquiabierta. Como Jake participa en los debates de clase, él y yo tenemos por fin la clase de conversación que siempre he deseado.

Sus hermanos también se benefician. Una tarde encendimos la tele y nos encontramos con que una cadena estaba retransmitiendo en directo desde la subasta de coches Mecum. Por una vez,

Wesley se quedó quieto, y yo casi oía música celestial. Allí estaban todos los coches con los que siempre había soñado: Corvettes, Camaros, coleccionables como el coche de *El coche fantástico* y, por supuesto, una selección de sus queridos Maseratis. En cuanto se enteró de que la subasta se estaba celebrando en Indianápolis, salimos por la puerta. Los chicos se ataron los zapatos en el asiento trasero del coche.

Para entrar, tuvimos que inscribirnos como «postores». ¡Qué gracia!, dado que solo teníamos 5.200 dólares en el banco. Pero los chicos entendían que no podíamos comprar nada; solo habíamos ido allí a mirar. A los tres se les iluminó la cara de emoción cuando entramos. Hasta yo tuve que admitir que era un espectáculo impresionante. En la subasta figuraban todos los coches de los que siempre había oído hablar y muchos de los que nunca. Wes encabezaba la marcha, paseándose alrededor de cada uno de los coches y mirando todos los detalles, hasta los tapacubos. Muchos de los participantes incluso le dejaban mirar debajo del capó. Jake se pasó el rato indagando en su memoria enciclopédica, sacando a la luz multitud de datos sobre los coches.

Nunca pensé que me echaría a llorar en una subasta de coches, pero me resultaba conmovedor ver a mis tres chicos caminando juntos, charlando alegremente sobre lo que veían. En concreto, parecía que Jake y Wes habían descubierto que tenían cosas en común.

Volvimos al día siguiente, y al siguiente. Por fin, el subastador llegó a los últimos coches del lote. Presenciamos la venta de un Oldsmobile por 3.000 dólares y un Volkswagen por 2.500. A continuación, un Nissan Z gris azulado, lo bastante viejo como para ser un clásico, cruzó petardeando el suelo de moqueta roja. La puja empezó en 500 dólares y fue subiendo en incrementos de 100 dólares hasta los 1.000. Miré de reojo a Wes: se había prendado de él completamente. Cruzando la mirada con Mike, me di cuenta de que él también lo había visto.

En los 1.500 dólares, el subastador se disponía a cerrar la puja: «A la una..., a las dos...». Sin decir una palabra, Mike subió a Wesley a hombros y le ayudó a levantar nuestra tarjeta. Cayó el mazo, y el Nissan era nuestro. Mike y yo nos sonreímos. Como si fuéramos unos «potentados», acabábamos de comprar un coche a nuestro segundo hijo.

¿Habíamos perdido el juicio? Probablemente. Todos los tratantes que había entre el público se volvieron a sonreír al pequeño que estaba a hombros de su padre. Estoy segura de que todos recordaban lo que era enamorarse de un coche por primera vez, aunque dudo que ¡muchos supieran lo que era conseguirlo! Pero lo único que le importaba a Wes era lo que Jake pensara, y este sonreía de oreja a oreja. Jake tuvo a Wes agarrado de la mano durante todo el tiempo que duró el papeleo.

Cuando llegamos a casa, Wesley subió corriendo las escaleras y sacó su colección de monedas.

—¿Qué haces? —le pregunté, deteniéndome a la puerta de su habitación.

—Buscar mi penique de la suerte —respondió, hurgando entre aquellas.

Sonreí. Mi abuelo siempre tenía una reluciente moneda de veinticinco centavos por cada uno de sus trece nietos, y siempre nos avisaba cuando veía un penique de la suerte en el suelo. (Entonces nunca sospeché nada, pero, ahora que lo pienso, ¿qué *hacían* todos aquellos peniques de la suerte en el campo de Indiana?). Cada vez que pasábamos por una fuente, el abuelo John nos daba un penique para que lo arrojáramos, no sin antes recordarnos que pidiéramos un deseo.

Yo siempre les daba a mis hijos peniques para que los arrojaran. A Jake nunca le ha interesado, ni tampoco a Ethan. Pero desde el principio, Wesley se había tomado el asunto muy en serio. Había una fuente en el hospital adonde él iba a hacer terapia cuando era pequeño, y a menudo se paraba delante de ella, formulando cuidadosamente un deseo antes de arrojar la moneda. Incluso ya de mayor, siempre que pasábamos por una fuente le deslizaba una moneda para que la arrojara.

Rebuscando entre las monedas en el suelo de su dormitorio, Wes encontró su penique de la suerte. Le sacó brillo, lo miró y volvió a sacarle brillo.

—Mamá, no me lo puedo creer. ¡Hoy es el día en que mi deseo se ha hecho realidad!

Pensando que lo que había estado deseando era un bólido, no pude evitar tomarle un poco el pelo.

—¿En serio? —pregunté—. ¿Querías tener un Nissan Z?

—No, nunca he querido un Nissan. Nunca he querido ningún coche. Lo que siempre he deseado era que Jake jugara a los coches conmigo.

ACCIÓN DE GRACIAS

Michael me rodeó con un brazo y los dos miramos por la pequeña ventana interior que había en el segundo piso de Jacob's Place. En el piso de abajo veíamos el gimnasio, donde cuarenta niños autistas y sus familias estaban jugando y relajándose.

—¿Es como tú te lo imaginabas? —le pregunté.

—Mejor.

—También para mí. No puedo expresarlo con palabras. ¿Qué sensación te produce?

—La misma que el Día de Acción de Gracias. Exactamente igual.

En enero de 2011 recibí una llamada del ayuntamiento de Kirklin. Querían hacer una ceremonia de inauguración de Jacob's Place al cabo de dos días.

El centro no estaba terminado ni por asomo y no teníamos mobiliario en absoluto. Me pasé los dos días siguientes yendo de acá para allá con el coche para recoger cualquier mueble que les sobrara a nuestros amigos. Y compré un sofá grandísimo, de color rojo, que pagué con la tarjeta de crédito.

Nos emocionaba que la ciudad quisiera organizar un acto, cuando pocos años antes me había resultado imposible convencer a nadie para que me alquilara un local porque nuestro programa de deportes era para niños autistas. Ahora contábamos con un lugar propio.

La inauguración tuvo lugar por la mañana. Se presentaron allí muchas familias de Little Light y Youth Sports for Autism. El alcalde pronunció un discurso y las autoridades religiosas de la ciudad se unieron para decir una oración. Unos veinte niños me ayudaron a cortar la cinta, y después Mike y yo nos cogimos de las manos viendo cómo nuestro sueño de diez años se había hecho realidad.

Aquella tarde, nos hicimos una idea de lo que serían los fines de semana en Jacob's Place. La habitación delantera es un salón inundado de luz que entra por los ventanales de la fachada. Una pared está ocupada por un viejo bar de caoba que nos han donado y un espejo antiguo de Coca-Cola. Con el tiempo, venderemos allí golosinas para costear algunas actividades. Hay también una anticuada máquina de hacer palomitas que encendemos las noches de juegos. A propósito del proyecto de las golosinas, encargamos a un artista un mural elaborado con gominolas de diferentes colores, como el que habíamos hecho los niños y yo en la guardería. Junto a la pared de enfrente está el enorme sofá rojo de terciopelo.

Hay ventanas interiores por todas partes, de modo que los padres puedan controlar a sus hijos (y viceversa) sin tener que estar pegados los unos a los otros. El salón da a un cuarto donde los niños pueden ver vídeos y jugar, y en el piso de arriba hay un estudio abuhardillado donde pueden leer o recibir clases. Además, hay otra habitación, pequeña y tranquila, llena de cojines blandos y *puffs* muy grandes donde pueden acurrucarse cómodamente. La luz es graduable. Si los niños se sienten sobreestimulados pueden refugiarse allí y disfrutar de unos minutos de alivio sensorial.

Una vez al mes quitamos de en medio todas las cosas de baloncesto y usamos nuestro aparato de vídeo para proyectar una película sobre la gran pared del fondo. (Resulta caro comprar los derechos de las películas, así que no lo hacemos tan a menudo como quisiéramos, pero sí que adquirimos la película de la HBO sobre la doctora Temple Grandin, promotora de la concienciación acerca del autismo, y todas las madres presentes lloraron). Todavía no disponemos de los recursos necesarios y nos quedan un montón de cosas por hacer. Un tabique del hueco de las escaleras estuvo un tiempo con una mitad de color verde apio y la otra solo con la imprimación; y algunos muebles, todos los cuales son donados, no se encuentran en las mejores condiciones, Pero un par de veces al mes un grupo de madres se reúne alrededor del sofá rojo solo para charlar, mientras se oye el zumbido de la máquina haciendo palomitas y los niños se dedican a las artes marciales en la habitación de atrás. Este ha sido siempre mi objetivo: contar con un lugar donde no se le diga a los niños lo que no pueden hacer ni se intente corregirles. Jake tiene la esperanza de que haya por todo el país espacios seguros de este tipo para niños autistas, porque todos necesitamos ayuda de otras personas y otras familias, es decir, de una comunidad.

Aquel primer día yo vi las cosas tal como iban a ser: las madres tomando té y charlando de visitas al médico y manías con la comida, mientras los críos exploraban hasta el último rincón del edificio para terminar divirtiéndose en el gimnasio con el corre-que-te-pillo. Los padres, jugando a la pelota con sus hijos, usando los balones suaves y blanditos que habíamos comprado.

Un reportero de un pequeño periódico local, el *Times* de Frankfort, estuvo allí y habló con Michael y conmigo, y también con Jake. La prensa local ya había publicado algunas reseñas sobre Little Light, y esa publicidad siempre era de agradecer. Queríamos que la gente de la zona supiera que la organización estaba allí para todos. En el artículo, cuando apareció, se hacía una breve descripción del edificio y de los servicios que esperábamos ofrecer.

Luego, recibimos una llamada del *Indianapolis Star*. Todavía no sé cómo se habrán enterado de la historia de Jake, si había sido a través del *Times* de Frankfort, del ayuntamiento de Kirklin o de alguna otra manera, pero nos preguntaron si podían venir a hablar con nosotros. Dijimos que sí, naturalmente. El interés por parte del *Star* nos entusiasmó, aunque solo fuese para que saliera una notita en alguna sección poco importante. Cuando el reportero se presentó en nuestra casa, Michael y yo estábamos reunidos con nuestro contable viendo el modo de refinanciar la vivienda. Después de unas cuantas preguntas rápidas, dejé la entrevista en manos de Jake, con la seguridad de que representaría bien a la organización. Él estaba al corriente de todo, y pensé que sería interesante para el periodista oír de primera mano lo que hacían los niños allí con sus amigos.

«No dejes de contarle lo de las noches de juegos en familia», le recordé a Jake, y volví a incorporarme a la reunión. Diez o quince minutos más tarde, oí cerrarse la puerta principal. Cuando le pregunté después a Jake, me dijo que la conversación había ido bien. No se me ocurrió averiguar de qué habían hablado.

Posteriormente, pero aquella misma semana, justo cuando empezaba el horario de guardería, se presentó otra vez en nuestra casa el reportero del *Star*. Me pidió unas fotos de Jake para un artículo que saldría en el periódico del domingo. Esa noche, el doctor Darold Treffert llamó solicitándonos permiso para hablar sobre Jake con el reportero del *Star*. El doctor Treffert vive y trabaja en Wisconsin, así que yo estaba impresionada por el riguroso reportaje que habían hecho para un pequeño artículo sobre una organización benéfica de ayuda a los autistas situada en Kirklin (Indiana), que tiene una población menor de ochocientos habitantes.

El domingo por la mañana nos despertamos temprano para comprar el periódico. Yo estaba realmente emocionada. Aun en el caso de que el artículo apareciera medio escondido entre anuncios de ventas varias y gatitos para regalar, significaría mucho para nosotros. Nos metimos todos en el coche y fuimos a Kroger, una tienda de alimentación que se encuentra a kilómetro y medio de nuestra casa, yendo por carretera. Cuando paramos en el aparcamiento y bajamos del coche, empezamos a oír a la gente diciendo: «¡Ahí está! ¡Ahí está!».

Mike y yo mirábamos alrededor, confusos. A nuestra ciudad no suelen llegar personas famosas; solo de vez en cuando pasa un piloto de carreras de la NASCAR y se organiza un alboroto. Pero no había ningún piloto en el aparcamiento de Kroger. ¡Toda aquella gente miraba y señalaba a Jake! Él estaba subiéndose los pantalones y metiéndose con Ethan a propósito de una canción de Katy Perry que le gustaba mucho. Antes de que nos diéramos cuenta, una multitud se apiñó en torno a nuestro hijo y le pedía que recitase el número pi.

Al ver la cara de Jake en primera plana del *Indianapolis Star,* me quedé asombrada.

—¿Por qué? —le preguntaba yo a Michael una y otra vez, verdaderamente desconcertada—. ¿Por qué les interesa Jake?

No es que yo no pensara que él era especial, pero soy su madre; se supone que yo tengo que pensar eso. Comprendía que Jake era poco corriente, pero no tanto como para ocupar la primera página del *Indianapolis Star.* Todos nuestros amigos sabían lo que estaba haciendo y ninguno lo había considerado de mucha trascendencia. Ponerle en primera página me resultaba un poco exagerado.

Cuando llegamos a casa, el teléfono sonaba sin parar. Hablé con todos los profesores de la escuela de primaria a la que Jake había asistido y con padres de niños que él apenas conocía, así como con nuestros amigos. Todo el mundo quería ponerse en contacto con nosotros. Llevábamos mucho tiempo sin relacionarnos con aquellas personas, así que no tenían ni idea de lo que había estado haciendo Jake. Una de sus antiguas profesoras creía que habíamos dejado su escuela porque nos habíamos trasladado. Hablando con ellos, empecé a comprender lo rara que debía de haberle parecido la historia de Jake a los extraños. La reacción más corriente era la incredulidad: «¿De verdad hace esas cosas?».

A primera hora de la tarde, yo estaba agotada. Daba la sensación de que nos habíamos puesto al día con toda la gente que conocíamos, y eso inmediatamente después de la satisfactoria primera jornada de funcionamiento de la organización, que supuso un gran acontecimiento en sí misma. Unas horas después, la historia había sido recogida por la Associated Press y, en consecuencia, por casi todos los medios de comunicación más importantes del mundo. Cuando nos despertamos a la mañana siguiente, estaba por todas partes.

Sinceramente, nunca mi vida había experimentado nada semejante a lo de los días siguientes. En todos los programas matinales de los que yo tenía noticia, en todos los periódicos y en todas las cadenas de televisión se hablaba de nosotros. Cogíamos el teléfono y oíamos a algún locutor de radio diciendo: «¡Estamos en el aire!». Nuestro barrio es muy silencioso normalmente. Aparte de los pájaros y el grito esporádico de un chico a otro cuando ambos pasan con las bicicletas, nunca se oye *nada* en la calle. Por eso resultaba tan inusual que nos despertara el bullicio.

—Debéis de estar de broma —oí decir a Mike desde abajo. Había periodistas acampados en el césped de la casa.

Llamaban desde Hollywood. Desde todas las partes del mundo le ofrecían a Jake empleos y becas. Se interesaban por él empresas y gabinetes de investigación, además de Stephen Wolfram, el hombre que creó el programa Mathematica y desarrolló WolframAlpha, un buscador especial de respuestas online. Un amigo me envió un periódico chino. Lo único que podía leer era «Jacob Barnett, de 12 años», flotando en un mar de caracteres orientales.

Casi no podíamos salir de casa. Fuera había chicas con letreros que decían: «¡Te queremos, Jacob!». Dondequiera que fuéramos (a Dunkin' Donuts, al restaurante donde solíamos tomar *brunchs*, a la tienda de alimentación...), se nos acercaba gente que pedía autógrafos a Jake o permiso para hacerse fotos con él. (Dicho sea en su honor, Wes solo hizo un intento de aprovecharse de la reciente fama de su hermano: «Quizá ahora nos puedan presentar a Tony Hawk», dijo, esperanzado).

Una terapeuta que había estado tratando a un niño de mi guardería durante todo un año se puso a gritar como una adolescente cuando Jake abrió la puerta. Fue lo más ridículo que he visto en mi vida.

—Estuviste aquí la semana pasada. No ha cambiado nada entre entonces y ahora —le dije.

Teníamos previsto asistir a una boda el fin de semana siguiente, pero lo cancelamos. En esos momentos, Jake habría eclipsado a los novios.

Ser el centro de atención resultaba abrumador y, francamente, bastante desagradable. Los periodistas pueden ser muy insistentes cuando andan a la caza de una historia, y algunos, fastidiosos. Gran parte del trabajo de beneficencia que hace nuestra familia es anónimo, porque yo creo que así es más cristiano, de modo que aquella avalancha de interés era, cuando menos, molesta. Y yo estaba asustada. La gente se comportaba de un modo insensato. Una vez pillé a dos reporteros de periódicos sensacionalistas de Londres intentando entrar en el sótano. Aquella noche le hice la cama a Jake en la chaise-longue de nuestro dormitorio y estuvo durmiendo allí durante un mes.

Además, cada vez era más difícil protegerle de los comentarios que hacían de él algunas personas, como cuando en un tabloide británico se decía que haría muy bien el papel de granuja, y eso le hirió en sus sentimientos.

—¿Por qué dicen cosas así sin conocerme? —nos preguntaba siempre—. Vosotros sabéis que yo jamás le haría daño a nadie, ¿verdad?

Con el tiempo, los medios de comunicación se retiraron, pero la experiencia nos hizo cambiar a Michael y a mí. Durante muchos años, nos habíamos visto a nosotros mismos viviendo supeditados al diagnóstico de autismo de Jake. Ahora tenemos una perspectiva distinta. Jake sigue siendo autista. Su autismo no es algo que haya superado ya, es algo que va superando día a día. Todavía es sumamente sensible a un montón de cosas que pasan inadvertidas para el resto de nosotros: unas luces brillantes, la vibración de una bombilla incandescente, el paso de un suelo de cemento a otro de baldosas. Está orgulloso del modo en que él es diferente, y habiendo podido librarse del cartel, ha preferido quedarse con él. Pero los medios de comunicación nos ayudaron a Michael y a mí a darnos cuenta de que el autismo ya no es el tema dominante en nuestra andadura con Jake.

Al principio y durante mucho tiempo después, se me escapaban las razones por las que la gente reaccionaba así con Jake. Creo que ahora lo entiendo mejor. Haber crecido junto a mi hermana, Stephanie, una artista prodigiosa, casarme con Michael y mimar a mis hijos puede que hayan sesgado mi percepción respecto a lo inusual que es el talento. En cuanto salió el artículo en el *Indianapolis Star,* hablé con el doctor Treffert, quien me explicó que la escala de niños superdotados abarca diversos niveles: ligero, moderado, alto, excepcional, extremado... Jake pertenece al grupo de los extremadamente superdotados. Miraca Gross, en su libro *Exceptionally Gifted Children,* afirma que la proporción de personas extremadamente superdotadas es menor de una por millón. Las personas como Jake son escasísimas.

Por último, los comentarios de quienes estaban al corriente de la historia de Jake contribuyeron a esclarecer los motivos por los que esta cautivaba a tanta gente. Narnie lo expresó muy bien: «Jake es una buena noticia». La gente enseguida hizo hincapié en el hecho de que Jake estaba decidido a hacer algo bueno con su talento. En una época en la que los periódicos están cargados de pesimismo respecto a los niños norteamericanos, las malas notas que sacan en lectura, los crecientes índices de obesidad, las armas en las escuelas y el programa de televisión *Teen Mom**, ahí está Jake. Los colegios públicos de Indiana pasan tantos apuros con los presupuestos que algunos han tenido que hacer recortes en el servicio de transporte. No hay muchas noticias buenas sobre los niños en este país, pero Jake sí que supone una buena noticia.

---

* Madres adolescentes.

La historia de Jake es, además, una historia norteamericana. Siempre que algún artículo trata de las pésimas calificaciones de los exámenes, termina diciendo que China, India o cualquier otro país va a dominar el mundo porque los niños de allí saben matemáticas y los nuestros son un caso perdido. Por supuesto, eso no es cierto, pero muchas personas de las que se pusieron en contacto con nosotros dijeron que ahí estaba la razón de que les reconfortara tanto conocer el caso de Jake. Y aunque me alegro de que estén aumentando vertiginosamente los niños de todo el mundo a los que les gustan las matemáticas, confieso que ver la página de Wikipedia dedicada a Jake, que comienza «Jacob Barnett, matemático norteamericano», me llenó de satisfacción.

Es muy importante para Michael y para mí manifestar que no hay nada sobrenatural ni místico en Jake. Algunos adeptos del curandero y parapsicólogo Edgar Cayce creen que Jake es la reencarnación de aquel, predicha por el propio Cayce. Un sábado normal para mí es así: contesto al teléfono y mantengo una conversación con alguien que considera a mi hijo la realización de alguna predicción mística.

Pero Jake no es sobrenatural. Ni siquiera ha asistido a un colegio privado de Manhattan. Vive en un maizal de Indiana. Su aspecto no es diferente al de otros chicos de su edad ni tampoco se comporta de un modo distinto, al menos la mayor parte del tiempo. Sencillamente, es un niño tontorrón y adorable, con una gorra de béisbol puesta hacia atrás, que puede hacer cosas increíbles. Dentro de una envoltura común y corriente, está su mente extraordinaria.

Michael y yo aceptamos tomar parte en el programa de la CBS *60 Minutes*, en parte para disipar cualquier idea de mito sobrenatural. La primera vez que llamó el productor, sinceramente nos dio la sensación de haber entrado en *The Twilight Zone*. «En cualquier momento vamos a oír la voz en off de Rod Serling», escribió Mike en la agenda de teléfonos, y me hizo reír. Pero después de hablar con el productor, nos pareció que el programa se había comprometido a hacer un trabajo serio y podíamos confiar en que no harían sentirse a Jake como un fenómeno de la naturaleza. Y yo sabía que si transmitíamos esperanza, aunque solo fuera a una madre a quien los expertos hubieran dicho todas las cosas que su hijo autista no podría hacer, ya merecía la pena.

Saber que *60 Minutes* se va a grabar en tu casa es un excelente incentivo para que tu marido se ocupe de todos esas pequeñas y tediosas tareas que va posponiendo. Si me hubieran dicho hace diez años que yo iba a gritar desde el piso de arriba: «Jacob Barnett, más vale que te asegures bien de que ese generador Van de Graaff tuyo no electrocute a Morley Safer», bueno, pues, la verdad es que no sé cómo habría reaccionado.

UN VIAJE EN LA MONTAÑA RUSA

Después de que apareciera el artículo en el *Indianapolis Star,* nos llovieron peticiones de entrevistas. Muchas de ellas procedían de personal académico interesado en hablar con Jake. Nos llamó la atención en particular un correo electrónico enviado por una doctora de la Universidad de Ohio cuyo objeto de estudio son los niños prodigio.

Seré completamente sincera. Miré el e-mail casi con horror. Había algo un tanto impropio en la idea de permitir que usaran a mi hijo para la investigación científica, y no me interesaba en absoluto. Mike no pudo resistirse y empezó a tomarle el pelo a Jake:

—¡Vamos a donarte a la ciencia!

—Que me estudien cuando me muera —respondió Jake secamente.

Pero en cuanto abrí el mensaje de la doctora Joanne Ruthsatz, me di cuenta de que la había juzgado con precipitación. Para empezar, la investigación que llevaba a cabo era atractiva en sí misma. La doctora Ruthsatz está especializada en los elementos genéticos que tienen en común las personas autistas y las superdotadas. A Jake le interesaba mucho el tema, en particular porque puede ayudar a un montón de gente que está sufriendo realmente.

Además, la doctora Ruthsatz parecía una persona normal que trataría a Jake como a una persona normal, no como a una rata en un laberinto. Su optimista energía y su pasión por lo que estaba investigando eran contagiosas. Nos invitó a ir a Ohio.

En aquel momento, Michael y yo estábamos pensando que no sería mala idea marcharnos una temporada. La tormenta mediática ya se había calmado un poco, pero todavía recibíamos muchas llamadas al día y se nos acercaba gente siempre que salíamos. El factor decisivo fue que la doctora Ruthsatz podía conseguirnos pases para Cedar Point, un gigantesco parque de atracciones que hay en Sandusky (Ohio), con más de setenta y cinco aparatos, entre ellos dieciséis montañas rusas.

Nos dirigimos a Ohio, y la doctora Ruthsatz vino a nuestro hotel a la mañana siguiente para hacer una nueva evaluación del coeficiente intelectual de Jake. El modo en que organizó el test confirmó la buena impresión que ya me había dado antes. Mientras Mike se llevó a Ethan y Wes a la piscina. Jake se quedó cómodamente instalado en un porche acristalado con vistas a un precioso jardincito. Sentado en un sillón de orejas junto a la ventana, y con una bandeja de bollos dulces delante de él, empezó la prueba.

El test de inteligencia Stanford-Binet está diseñado de tal manera que mientras se vayan respondiendo correctamente las preguntas dentro de cada categoría, el aparato sigue adelante. Las preguntas van haciéndose progresivamente más difíciles hasta que se llega a un límite dentro de cada área cognoscitiva. Dos respuestas incorrectas consecutivas marcan ese límite, la segunda de las cuales actúa como un timbre silencioso que hace pasar a la siguiente categoría. Muy pocas personas llegan al nivel más alto de una categoría y menos aún de más de una.

Al observar a Jake, me daba cuenta de que cuanto más difíciles iban haciéndose las pruebas, mejor parecía que se lo pasaba él. Por poner un ejemplo, la Dra. Ruthsatz leyó a Jake una lista de sesenta animales en un orden completamente aleatorio. Él la reprodujo exactamente en el mismo orden. Luego, le mostró una lista de los animales, también organizada al azar, esta vez por colores asignados arbitrariamente (cebra = verde, tigre = morado, perro = azul). De nuevo los repitió todos correctamente. Unos veinte minutos después, y tras varias cuestiones que no guardaban relación con lo anterior, la doctora Ruthsatz le pidió que volviera a enumerarlos. Lo hizo perfectamente, en el orden correspondiente, según los grupos de colores y con una espléndida sonrisa. Entonces fue cuando ella se volvió hacia mí y dijo:

—Nadie había hecho esto antes. Nunca jamás.

Era evidente que Jake se lo estaba pasando bomba, pero mirarles me hacía sentir cada vez más incómoda. Cuanto más subía el nivel de dificultad (y al final resultaba casi cómico), más abrumada estaba yo. ¿Cómo era posible que alguien, y mucho menos mi propio hijo, respondiera aquellas preguntas? Me daba la sensación de estar volando demasiado cerca del sol, impresionante y aterrador al mismo tiempo. Por supuesto que yo sabía que el CI de Jake era alto, y que la mayoría de los chicos de doce años no estudiaban física cuántica. Pero quizá porque yo estaba al otro lado de la mesa, testigo de semejantes proezas por primera vez, lo que vi aquella mañana me afectó de un modo desconocido. Y al final del test, cuando la doctora Ruthsatz cerró suavemente el librito y se volvió hacia mí con lágrimas en los ojos, me sentí mareada.

Jake había superado el test. Llegar al final de una categoría es sumamente raro. La doctora Ruthsatz lo había visto pocas veces a lo largo de su carrera. Pero no había visto nunca a nadie hacer lo que había hecho Jake: superar el test en tantas áreas cognoscitivas.

Uno no se encuentra con frecuencia a alguien que pueda decirte algo que no sepas acerca de tu propio hijo, pero aquel fin de semana la doctora Ruthsatz me ayudó a entender mejor la increíble mente de Jake y cómo funciona. Me explicó, por ejemplo, que Jake había superado los niveles del test en memoria operativa, la parte del cerebro que usamos cuando buscamos un número de teléfono y le obligamos a recordarlo el tiempo suficiente para marcarlo. La mayoría de nosotros tiene que decirlo una y otra vez para que se nos quede en la cabeza, incluso por un lapso pequeño de tiempo. En el caso de Jake es diferente, y no solo cuando se trata de un número de teléfono de diez dígitos, sino de ecuaciones de veinte páginas. Y mientras cualquiera de nosotros probablemente olvidamos ese número de teléfono unos segundos después de haberlo marcado, para Jake no desaparece nunca. No es tanto que recuerde un dato como que revive el momento de haberlo aprendido, razón por la cual no necesita esforzarse para recuperarlo una semana, un mes o hasta un año después. Una vez que lo ha visto, leído y aprendido, el material estará ahí a su disposición siempre que lo necesite.

Por eso puede aprenderse doscientos dígitos del número pi y recitarlos hacia delante y hacia atrás con la misma facilidad. Él ve esa secuencia de doscientos números en su mente y puede retenerla igual que los demás retenemos dos o tres dígitos.

Esta memoria operativa «turbo» es corriente en los niños prodigio, y es uno de los factores que les capacita para hacer lo que hacen. La doctora Ruthsatz cree que en realidad usan para la memoria operativa una parte del cerebro diferente a la del resto de nosotros: esa parte donde nosotros almacenamos las cosas que nunca se olvidan, como montar en bicicleta, por ejemplo. Eso, opina ella, es lo que les permite recordar información de alto nivel tan estable y asentada. Para Jake, recordar esa ecuación es lo mismo que recordar cómo se nada para cualquiera de nosotros.

Dicho de otro modo, sería imposible para la mayoría de la gente recitar de memoria un número de doscientos dígitos, pero si alguien lo escribe en un trozo de papel, cualquiera sería capaz de recitarlo hacia delante y hacia atrás, porque está *leyéndolo*. Eso es precisamente lo que experimenta Jake cuando recuerda una serie larga de números, una lista de sesenta animales, un gráfico complejo, etcétera, etcétera. Como me explicó la doctora Ruthsatz, en vez de una simple hoja que contiene ese número de doscientos dígitos, la memoria operativa de Jake es un trozo de papel del tamaño de un campo de fútbol.

La verdad es que no tenemos idea del poder de la memoria operativa de Jake, ya que excedió los indicadores del test. Lo que sí es cierto es que recuerda todo lo que aprende y que tiene la información inmediatamente disponible cada vez que la quiere. Todo el mundo, incluso profesores universitarios de física, usa fichas con las fórmulas. Se pueden encontrar a cientos en Internet, y en las librerías de las facultades las venden plastificadas. Se anima a los estudiantes a que las lleven con ellos a todas partes, incluidos los exámenes. No se le puede pedir a nadie que memorice todas las fórmulas que puede necesitar para resolver problemas de matemáticas superiores y otras ciencias. Pero Jake no ha usado jamás ni una sola ficha.

Aunque la memoria operativa de Jake es extraordinaria en ciertas áreas, no es tan buena en otras. Respecto a los sabores, por ejemplo, es muy precisa, porque en realidad él revive las comidas. Puede recordar instantáneamente las características físicas de algo, especialmente si hay implicado un diseño, que es por lo fue capaz de dibujar todos y cada uno de los tapacubos que vio en el aparcamiento de Best Buy. Al mismo tiempo, le cuesta mucho recordar olores, que son, para la mayoría de la gente, potentes estimuladores de la memoria, y, lo mismo que muchos autistas, tiene problemas para recordar conversaciones y lo que han dicho otras personas.

La doctora Ruthsatz también estaba impresionada por el sistema visual-espacial increíblemente avanzado de Jake, algo que es sumamente raro en los niños prodigio. Si su memoria operativa explica por qué puede tocar una pieza de música clásica después de oírla una sola vez, sus aptitudes visual-espaciales son las que le permitían a los cuatro años de edad mirar un mapa durante uno o dos minutos y después trazar un itinerario perfecto por el centro de Chicago para mí. Más recientemente, Wesley insistía mucho en que Jake jugase con él una tarde en que este tenía trabajo que hacer. Les había traído una caja de palitos de polos y estaban construyendo fuertes y ciudades para sus soldados de juguete.

—No necesitas a Jake para eso —le dije a Wes.

Wes hizo un gesto de fastidio con los ojos y dijo:

—Mamá, yo no puedo construir Washington.

Por lo visto, cuando volvimos del viaje a Nueva York, Jake le había hecho a Wes una réplica impecable de la ciudad, con los principales edificios, redes de carreteras y el lugar donde nos habíamos alojado. Después del viaje a Washington, también había hecho una reproducción de aquella ciudad, con una diminuta y perfecta cúpula del Capitolio a base de palitos de polo traslapados. Asimismo, le había construido a Wes una maqueta de Oahu, porque uno de los videojuegos de Mike contenía un mapa detallado de la isla.

—Con Google Maps —explicaba Wesley— no hay ninguna ciudad que Jake no pueda hacer. Será capaz de construirme cualquier sitio adonde yo quiera ir —decía.

Aparte de las ciudades hechas con palitos, el avanzado sistema visual-espacial es un elemento clave en las aptitudes de Jake para las matemáticas y física de alto nivel. La doctora Ruthsatz me aclaró que ahí está la clave de lo que Jake quiere decir cuando habla de que él emplea las matemáticas en muchas, muchas dimensiones.

Los matemáticos sabían que la tierra no era plana mucho antes de que lo comprobara la flota de Fernando de Magallanes. De igual modo, muchos matemáticos plantean como hipótesis que hay más dimensiones de las tres que percibimos, aunque todavía no puedan probarlo. La mayoría de la gente encuentra relativamente sencillo pensar en tres dimensiones. No resulta difícil para nosotros evocar la figura de una manzana o imaginarla boca abajo y girando en el espacio. Una hormiga andando por la superficie de esa manzana nunca podría hacerlo. Para la hormiga, el mundo de esa manzana es plano, pero nosotros podemos alejarnos y ver que es redonda.

Jake está de acuerdo en la probabilidad de que haya más de tres dimensiones, mas, a diferencia de muchos científicos que trabajan en este campo, él es capaz de conceptualizar objetos tal como podrían aparecer en esas otras dimensiones. Él no las ve, per se, pero puede hacer las complejas matemáticas que se lo permitirían para otras dimensiones, y sus facultades visual-espaciales le permiten procesar lo que eso significa. Así como nosotros conocemos las reglas aplicables a la manzana que tenemos en mente (podemos visualizarla cortada a la mitad, ladeada o arrojada contra una pared y hecha pedacitos), Jake es igualmente ágil con las propiedades y leyes correspondientes a formas multidimensionales muchísimo más complejas.

Esta excepcional asociación entre una memoria operativa «turbo», unas facultades superiores de cognición visual-espacial y una extraordinaria atención a los detalles físicos posibilitan que Jake explore matemáticas y física a un nivel al que muy pocas personas pueden llegar. Como decía la doctora Ruthsatz: «Él ve más allá de lo que la mayoría de nosotros puede abarcar cognitivamente».

La doctora Ruthsatz también dio respuesta a una serie de cuestiones que habían supuesto un misterio para nosotros. Nos explicó que cuando Jake, de bebé, no fijaba la mirada en sus terapeutas, probablemente no es que mirase al vacío, sino que estuviera totalmente concentrado en el juego de la luz proyectada en la pared. Cuando ordenaba la gran caja de lápices de colores o se echaba a dormir junto a su reloj imaginario, Jake ya se sentía atraído por las pasiones que siguen animándole hoy en día: la luz, las leyes que rigen el movimiento de los objetos en el espacio, las diferentes dimensiones de este y el papel que desempeña el tiempo. Del mismo modo en que observamos los primeros trabajos de un artista y vemos el germen de los temas y preocupaciones que más adelante caracterizarán sus obras maestras, Jake ha estado enfrascado desde su primera infancia en las mismas cosas que le interesan en la actualidad.

La doctora Ruthsatz me ayudó a ver cuán variados son los intereses de Jake y lo especial que eso le hace. A ella le hizo gracia saber que Jake tiene ocho pizarras electrónicas en su habitación, destinadas a sus investigaciones en áreas completamente distintas de matemáticas y física. La mayoría de los científicos elige una faceta específica de su campo y se dedica a investigar durante toda su carrera. En contraste con eso, en un día cualquiera Jake cambia con facilidad de un tema a otro, tales como relatividad general, materia oscura, teoría de cuerdas, teoría de campo cuántica, biofísica, el efecto Hall y destellos de rayos gamma.

¿Cómo es posible, puede que se pregunte el lector, que estas dotes extraordinarias hayan sido una sorpresa para mí? Después de todo, yo recogía lapiceros ordenados por Jake siguiendo el espectro de colores cuando tenía tres años, le veía tocar perfectamente una pieza de música que solo había oído una vez cuando tenía siete, y llamé a uno de los físicos más destacados del mundo para que diera validez a una teoría original suya de astrofísica cuando tenía nueve.

Yo misma me he enfrentado a esta pregunta. Hay, naturalmente, una serie de explicaciones, pero creo que la respuesta más atinada radica en mi relación con Jake. Sí, yo soy la persona que le llevaba en coche a la universidad cuando tenía diez años y le veía contestar preguntas que dejaban perplejos a sus profesores. Pero también era la persona que le hacía recoger los calcetines sucios esparcidos por el suelo de su dormitorio cuando tocaba lavar la ropa, y quien encargaba los zuecos que le gustaban cuando se hizo evidente que, por mucha física que supiera, nunca se acordaba de atarse los zapatos. Si me hubiera parado a disfrutar de las asombrosas aptitudes de Jake..., si me hubiera parado a pensar en lo fuera de lo corriente que es..., no creo que hubiera sido una buena madre para él.

La única pauta que he seguido ha sido dejar que Jake haga las cosas que le gustan y asegurarme de que no se vea privado de su infancia. Por muy nerviosa que aquel fin de semana con la doctora Ruthsatz me hiciera sentir, sabía que era hora de volver a ser la madre de Jake.

Así que nos fuimos los cinco a Cedar Point, y yo sostuve las salchichas empanadas y los refrescos mientras mis hijos se montaban en las dieciséis montañas rusas con su padre.

EL PRIMER EMPLEO DE VERANO

Ya sea como monitor de campamento o sirviendo bolas de helado, las experiencias laborales a edades tempranas ayudan a los jóvenes a asumir las responsabilidades que conlleva hacerse adulto. Así que yo sabía que mis hijos con el tiempo tendrían empleos de verano. Por lo que a Jake se refiere, su primer trabajo remunerado fue como investigador de física cuántica en la IUPUI.

La primera mención de las investigaciones de Jake apareció en el *Indianapolis Star*. Un mes después, le llegó un paquete por correo y le invitaron formalmente a tomar parte en un programa de investigación para estudiantes universitarios en el departamento de física de la IUPUI. Yo me quedé pasmada al saber que iban a pagarle.

Era una oportunidad increíble, y aun así yo no estaba segura de querer que Jake lo hiciera. Más que nada, parecía un paso demasiado grande. Él estaba terminando el primer curso. La universidad insistía en que estaba preparado para tareas más importantes, y sus profesores opinaban que sería una negligencia no procurárselas.

—Ya está bien de lecturas. Estás aquí para hacer ciencia —le dijo su profesor de física, el doctor John Ross. Pero yo me preguntaba si no les impulsaría también el hecho de que muchas instituciones académicas de élite andaban cortejando afanosamente a Jake.

No podía evitar preocuparme por si íbamos demasiado deprisa y sometíamos a una presión excesiva a un chico de doce años. Yo tampoco quería que Jake se pasara todo el verano atado a la pantalla de un ordenador. Quería que montara en bicicleta, que jugara al *paintball* con sus amigos y fuese a la piscina hasta que las pecas de la nariz se le juntasen todas. Estaba obsesionada con todos los niños superdotados que había visto a lo largo de los años estudiando para los concursos de matemáticas mientras otros de la misma edad se dedicaban a pasarlo bien en actividades veraniegas.

Jake, por supuesto, no compartía ninguna de mis preocupaciones por el volumen de trabajo.

«Es lo que yo he querido siempre, mamá», decía continuamente, y yo me daba cuenta de que era verdad. Él colaboraría con el doctor Yogesh Joglekar, investigando la materia física en su relación con la transmisión por fibra óptica, lo cual tiene que ver con la continua pasión de Jake: cómo viaja la luz a través del espacio. Yo conocía al doctor Joglekar y confiaba en él, y Jake estaba tan entusiasmado con aquella posibilidad que al final del día no pudimos decir que no. Tal como señaló Mike, Jake en el fondo había sido siempre investigador. Mientras que lo normal es dar por sentado que hay cosas que nunca entenderemos, Jake jamás ha podido quedarse satisfecho aceptando algo así, y, cuando una explicación se le escapa, se vuelve loco.

Al principio del verano, todos los estudiantes elegidos para el programa de investigación fueron invitados a una reunión celebrada en la facultad de Derecho. Es un edificio precioso con paneles de madera muy bien barnizada, mármol y esculturas griegas por todas partes. Lo primero que noté fue lo profesionales que parecían todos. Los compañeros de clase de Jake, aunque muchos le sacaban veinticinco centímetros y cincuenta kilos, eran alumnos universitarios. Llevaban pantalones vaqueros y gorras de béisbol, y tenían caras aniñadas, problemas de piel y su higiene era dudosa. En definitiva, parecían críos. Los universitarios investigadores, por contraste, portaban maletines de cuero y vestían trajes y vestidos serios y oscuros. Yo le había llevado directamente de estar jugando al frisbee con sus hermanos, así que Jake llevaba lo que llamábamos su uniforme: gorra de béisbol hacia atrás, camiseta, shorts y chanclas, mientras que yo iba con un vestido de tirantes rosa fuerte con un lazo delante, en la cintura. Teniendo en cuenta nuestra ropa, me alarmé al ver a la directora del programa dirigiéndose a nosotros.

—Usted es la madre de Jake —dijo, estrechándome la mano—. Nos alegramos mucho de que participe en el programa. Esperamos grandes cosas de él. —Supongo que ella sabía (yo no) que con la designación de Jake se estaba batiendo un record mundial. Aquel día, Jake se convertiría en el investigador de astrofísica más joven del planeta.

Cuando nos sentamos y mientras esperábamos a que los oradores comenzaran, no pude evitar acordarme de mi primer empleo de verano en una granja. Con un grupo de inmigrantes mejicanos, yo recorría hilera tras hilera de maíz, entresacando, descopando y, finalmente, polinizando. Era un trabajo agotador con un calor agobiante. El sudor se acumulaba en el fondo de las enormes botas de pescador que llevábamos. A la hora del almuerzo, nos sentábamos en cubos volcados en la parte de atrás de un camión articulado, notando cómo subía el aire caliente en oleadas. Como broma, los granjeros nos ponían ratones muertos en las taquillas. Yo me acostumbré a no gritar porque eso les hacía reír más.

Yo le tenía pánico a los perros de la granja que andaban vigilando entre los tallos de maíz, y mi madre me envió un aparato electrónico diseñado para repelerlos. Lo había visto anunciado en la contraportada de una revista, pero sospecho que no leyó el anuncio detenidamente, porque hacía el efecto contrario y atraía a los perros en masa, desenfrenados y hostiles. Así fue como me vi encaramada a una camioneta, temblando de miedo, hasta que uno de los granjeros me quitó el aparato y lo aplastó con el tacón de una bota.

El verano siguiente trabajé en Wendy's, donde el olor a encurtidos, mostaza, kétchup y carne chorreando grasa me impregnaba tanto la ropa y el pelo que me daba la sensación de que me brotaba de los poros. Olí así durante meses. No había ducha que me hiciera sentir limpia. Cuando dejé aquel empleo para trabajar en una pizzería, fui sincera con el jefe respecto a las razones para irme: «Sencillamente, necesito oler a cualquier otra cosa, para variar».

Aquellos fueron mis primeros empleos de verano, y ese era el de Jake. La esperanza de todos los padres es que a sus hijos les vaya mejor y progresen más que ellos, y ahí estábamos nosotros. Lo único que podía hacer yo era reír y mover la cabeza.

La mujer que dirige el programa nos dio la bienvenida contándonos la emotiva historia de sus comienzos en la investigación académica. Cuando llegó la carta invitándola a ser una investigadora en su *college*, en ella se mencionaba un estipendio. Su padre, que era obrero, no podía imaginar que alguien remunerase a su hija por estudiar, pensar o escribir. Estaba convencido de que los números de aquel papel se referían a la cantidad de dinero que tendrían que pagar para que ella participase, y por poco no la deja ir. Hasta el día en que cobró el primer cheque, siguió pensando que aquello era una especie de chanchullo. Ella contó la historia con compasión y yo noté que la cara se me enrojecía. Sentada allí con el vestido de tirantes, comprendía perfectamente a su padre.

Luego pasó a hablar del programa de *mentoring*. A cada investigador sin graduar de la sala le pondrían con un especialista mayor, alguien con más experiencia, que pudiera facilitarle los medios necesarios para tener éxito en el campo elegido. Se esperaba de ambas partes que se tomasen esa vinculación muy en serio. El mentor de Jake sería el doctor Joglekar. No solamente se reunirían vis a vis con sus mentores todas las semanas, sino que también asistirían a un almuerzo semanal vestidos con ropa formal y a una conferencia sobre un tema más amplio relacionado con el desarrollo profesional o la ética científica.

Yo estaba convencida de que iba a aburrirme durante la ceremonia, pero la verdad es que me eché a llorar. Al asignarle un mentor a Jake, era como si la universidad asumiera un compromiso con él: «Vamos a apoyarte y a proporcionarte la dirección y orientación que necesites». Para mí había llegado la hora de compartirle y permitir que recibiera la ayuda que merecía.

Jake estaba menos emocionado. «¿En serio? ¿Voy a tener que ponerme traje?».

No tenía ninguno. En las raras ocasiones en que habíamos tenido que ponernos elegantes, Jake siempre había salido del paso con unos pantalones oscuros y un jersey bonito. De modo que fuimos a Macy's, en el centro comercial. Cuando el sastre se arrodilló, con los alfileres en la boca, para arreglar los bajos de los pantalones, Jake se quitó las chanclas y dejó a la vista sus polvorientos pies.

«Estaba jugando al frisbee en el patio», me vi obligada a contarle al hombre. (Ese día se ganó el sueldo de verdad. También tuvo que enseñarme a hacer el nudo de la corbata). Al preguntarnos por qué comprábamos el traje, Jake y yo nos miramos el uno al otro. «Tenemos que ir a una boda un poco más adelante este verano», dije, lo cual era verdad y mucho menos complicado de explicar.

Cuando tuvo la corbata puesta y el traje prendido con alfileres, retrocedí un poco y miré a mi muchachito. Estaba sensacional..., casi.

—Jake, tienes que quitarte la gorra.

No le hizo mucha gracia, pero se la quitó. Tenía el pelo largo y alborotado.

—Creo que vas a necesitar un corte de pelo también.

—¡No, mamá! ¡Un corte de pelo, no! ¡Este es mi pelo de científico!

Me eché a reír. Con mentor o sin mentor, todavía era mi niño.

Cuando estás enseñando a tu hijo a montar en bicicleta, vas a su lado calle arriba, calle abajo. Necesita que le sujetes hasta que aprende a sostenerse por sí mismo. A veces se cae, pero la destreza aparece de pronto y, aunque sigas con la mano en el mismo sitio, ocurre una cosa sorprendente: mantiene el equilibrio y sigue en marcha.

Aquel día, yo veía a un niño montando en bici solo por primera vez. Me había asustado la idea de quedarme allí plantada viéndole marcharse hacia el horizonte, pero lo fantástico de Jake es que él no nos dejó atrás. Y nunca lo hará. No le importa esperarnos en la esquina o dar la vuelta para recogernos. Vuelve a por mí después de las clases en la universidad y comparte conmigo comentarios divertidos que ha hecho la gente, errores que ha encontrado en el libro de texto e ideas nuevas que él secunda o refuta. Vuelve a los chicos a los que ayuda o da clase. En estos momentos, está escribiendo un libro para alentar a los niños que le tienen manía a las matemáticas. Así de motivado está para contribuir a que otras personas, en especial otros niños, descubran la belleza de las matemáticas y la ciencia. Quiere que todos compartamos lo que siente él. Esas cosas hacen a Jake maravilloso.

Yo tendría que aprender a confiar en la gente con él. Más que nada, tendría que aprender a compartir. Para mí, este libro es eso en realidad, la oportunidad de compartir a Jake y sus dotes con el mundo.

UNA CELEBRACIÓN

Aparte de los reparos que tenía respecto a vestirse formalmente, a Jake le encantó dedicarse a investigar aquel verano. Y, curiosamente, también tuvo un montón de tiempo libre. Parecía que andaba siempre en la calle con la bici y sus amigos del barrio o yendo con sus hermanos a echar unas canastas. No daba la impresión de estar trabajando mucho, y yo empecé a sentirme un poco preocupada.

Cuando le pregunté, me explicó que el doctor Joglekar había estado dándole tareas todas las semanas y que él las terminaba. Yo no le veía hincando los codos porque él era capaz de resolver los problemas en su cabeza durante los cuarenta y cinco minutos que duraba el trayecto en coche desde la universidad a casa. Esa semana, me dijo, sería la excepción, porque no se creía capaz de resolver a tiempo el último problema que le habían dado para la reunión del martes.

Empecé a echarle un sermón sobre la importancia de una sólida ética del trabajo.

—Ahora tienes un empleo, Jake. Te pagan y confían en que hagas lo que te piden. Estos deberes no son optativos. Espero que te quedes en casa y hagas este fin de semana lo que tengas que hacer para tener terminado tu trabajo el martes.

—No estoy seguro de poder hacerlo —dijo. Aquello me chocó un poco, ya que nunca había visto a Jake ni remotamente preocupado por algo que tuviese que ver con las matemáticas.

—En ese caso, haz el mayor esfuerzo posible; inténtalo por todos los medios. Y recuerda que no tiene que darte vergüenza pedir ayuda.

—No creo que haya nadie a quien preguntar, mamá.

Un par de horas después, le oí reírse con Wes, cuando salían de casa y se dirigían al parque. Abrí la ventana de arriba y le pregunté:

—Jake, ¿has terminado tu tarea?

—Sí, mamá, creo que tengo algo presentable.

—Muy bien. Me alegro de que hayas terminado, cariño. Estoy orgullosa de ti.

Pero en aquel momento no podía imaginarme todo lo orgullosa que podría haberme sentido.

Jake me llamó el martes siguiente, como siempre hacía, para decirme cuándo terminaba la reunión con el doctor Joglekar. Estaba tan excitado como no le había oído nunca.

—¡Lo hice, mamá! ¡Lo hice!

—Calma, cariño. ¿Qué es lo que hiciste?

—¡Lo resolví! ¡Resolví el problema!

—¡Eso es magnífico! Estoy muy contenta de que fueras persistente.

—No, mamá, no lo entiendes. Era un problema abierto, un problema de matemáticas que nadie había podido resolver. ¡Y yo lo hice!

Lo había interpretado mal. Aquella no había sido una tarea de las habituales, sino uno de esos problemas que los matemáticos profesionales tardan meses, años y hasta décadas en desentrañar. Sin embargo, en dos horas, entre sus tiros a canasta en suspensión y jugar con la Xbox, Jake lo había resuelto. Mirando hacia atrás, me alegro de que cuando le di el sermón sobre la importancia de una sólida ética del trabajo yo no tuviera ni idea de lo que le estaba pidiendo.

Con la realización de aquella tarea, la investigación de verano de Jake había terminado oficialmente. Resolver el problema abierto supuso un inmenso avance, con implicaciones muy significativas no solamente para la investigación de su asesor, sino también para las matemáticas y la tecnología de transmisión por fibra óptica. Jake elaboró una presentación sobre el progreso conseguido para un simposio que tendría lugar en la universidad, y él y el doctor Joglekar empezaron a preparar un artículo para entregarlo a los periódicos más importantes.

Era una nueva experiencia para Jake, y estaba entusiasmado. Le estimulaba mucho saber cómo era el formato correcto para un artículo sobre investigación y hacerlo bien. Yo no comprendía del todo por qué estaba tan entusiasmado hasta que me di cuenta de que el artículo era un medio para comunicarse con otros científicos y tal vez propiciar una conversación con ellos. Una vez más, Jake estaba aprendiendo un nuevo lenguaje que le permitiría hablar de todas las cosas que tanto le gustaban.

El artículo, *Origin of Maximal Symmetry Breaking in Even PT-Symmetric Lattices,* fue aceptado por la publicación *Physical Review A.* (Y no, no sé decir lo que significa ese título). El nombre de Jake aparecería en el artículo con el del doctor Joglekar, un honor poco frecuente para cualquier estudiante, mucho menos para un universitario y menos aún para alguien tan joven como Jake.

La tarde anterior a la presentación del trabajo de Jake, entró desde el patio, donde había estado jugando. Yo no tenía un buen día y él lo sabía. Con una sonrisa, me entregó un ramo de treinta y ocho tréboles de cuatro hojas. Saqué a los niños de la guardería para buscar más, pensando que quizá él había dado con alguna zona llena de ellos. Pero estuvimos allí casi una hora y solo encontramos tres.

Aquello me hizo reír. Algunas veces estar con Jake es como ver a alguien que anda sobre el agua y no sabe que está haciendo algo sorprendente. Puede que suene cursi, pero es un honor ser su madre, tener una idea de lo que ve y piensa y de cómo funciona su mente extraordinaria. Lo verdaderamente fantástico para mí es que mi hijo autista sabe cómo animarme con un ramo de tréboles que solo él puede encontrar.

La gente me pregunta a menudo por el futuro de Jake. De momento, vamos sobre la marcha. Yo estoy segura de que él hará aportaciones científicas muy importantes al mundo, principalmente porque eso es lo que él dice que quiere hacer, y yo no he visto nunca que Jake abandone un objetivo. Ha pasado la mayor parte de su vida intentando comprender las ecuaciones que rigen el universo.

Me sentí aliviada cuando supe por la doctora Ruthsatz que los niños prodigio no se queman tan pronto como erróneamente se cree. Ella lleva trabajando con superdotados durante catorce años, y todos ellos han seguido teniendo éxitos en el campo de su elección. Aunque Jake tiene todo el potencial para ser un buen hombre de negocios, parece haber heredado la falta de interés de toda la familia por el dinero como motivación. Por ejemplo, se mostró completamente indiferente cuando empezó a llamar gente de Silicon Valley. Le atrae más la idea de explicarles a otros cómo funciona el mundo. En última instancia, Jake quiere ayudar a encontrar soluciones a problemas prácticos de la vida. En ese sentido, me recuerda al abuelo John.

Al final del verano, Jake presentó su investigación. Todos se apiñaban a su alrededor y le hacían preguntas. Los empresarios más destacados de la comunidad se acercaban a estrecharle la mano. Mientras observábamos a nuestro hijo, Mike me cogió de la mano. Miré nuestros dedos entrelazados y no pude evitar acordarme de cómo me aferré a él durante aquella primera y demoledora evaluación con Stephanie Westcott, el día que le diagnosticaron autismo a Jake. Hemos recorrido un largo camino desde aquel día.

Jake posó para los fotógrafos en grupo con los otros investigadores y sus profesores. El programa *60 Minutes* estaba allí filmando. Y como colofón, hubo una ceremonia en una ruidosa sala de mármol y cristal en el IUPUI Campus Center. Pero yo me guardaba una sorpresa para Jake. Íbamos a contrarrestar toda aquella sofisticación con un poco de diversión típica de Indiana.

Una noche anterior de aquel verano había llegado Narnie mientras veíamos la película *Pasado de vueltas*, una de nuestras favoritas. En el filme, el piloto de carreras Ricky Bobby (interpretado por Will Ferrell, para que se hagan una idea) es físicamente expulsado de un restaurante Applebee's. Al ver esa escena, me acordé de que Heather, mi ayudante de la guardería, le había dicho a Jake que algún día ganaría un gran premio y que yo iba a gritar tanto que nos echarían del restaurante. Cuando se lo contaba a Narnie, nos miramos la una a la otra y se nos encendió una bombilla.

Era perfecto. Un chico normal no celebra un éxito (por muy ilustre que sea) con champán en un restaurante lujoso con manteles blancos. Un chico normal choca los cinco con sus amigos y come tantas alitas de pollo como le sea posible. Así que nosotros saldríamos con nuestros amigos a pasárnoslo bien, y si la gente quería brindar por Jake, podría levantar sus refrescos.

Fui al Applebee's más cercano y hablé con el gerente. Le conté toda la historia, y se nos ocurrió un plan que yo estaba segura de que le haría reír mucho a Jake.

Mientras Mike y yo asistíamos a la presentación de Jake, Narnie me sustituyó en la guardería. A su lado, tenía a Ethan y Wesley vestidos tipo NASCAR, al estilo del autódromo de Talladega. Les cubrió de tatuajes lavables, y se rasgaron unas camisetas en las que ponía: «Jake, tú sí que molas». Incluso les puso unos pañuelos bandana.

Cuando entramos en el Applebee's con Jake, todo el mundo estaba allí ya, preparado para celebrarlo al estilo Barnett. Había amigos de Little Light, amigos que habían estado en la guardería cuando él era pequeño, y todos sus amigos de la escuela primaria. Yo quería que Jake supiera que independientemente de las conjeturas que resuelva, habrá siempre un grupo de personas que recordarán el aspecto que tenía el día que le disfracé a él y a todos los niños de la guardería de renos de Santa Claus.

Fue una noche increíble. Alzamos el póster que había hecho Jake para exponer su investigación, y nos contó (en terminos muy generales) lo que había aprendido. Se comió una hamburguesa gigante y, de postre, una copa de helado.

Nos quedamos hasta tarde porque todos tenían algo que contar sobre Jake.

Al final de la noche, todos gritamos, aplaudimos y gritamos en su honor, a la manera de Ricky Bobby. Y cuando llegó la hora de que nos pusieran de patitas en la calle, las camareras levantaron a Jake, lo cargaron sobre sus hombros y lo sacaron de aquel Applebee's; él sonreía de oreja a oreja.

EPÍLOGO

—Puede hacer cualquier cosa que se proponga.

Eso dijo el catedrático de física de Jake, el doctor Ross, cuando el reportero del *Indianapolis Star* le preguntó qué pensaba él que haría Jake con su talento. Al leer esas palabras, sentí un estremecimiento por toda la médula. Ahí estaba la distancia que habíamos recorrido: desde los profesores de educación especial que no creían que Jacob aprendiese nunca a leer hasta un catedrático de universidad que veía su ilimitado potencial. Esa es la cota que quiero que los profesores le pongan a mi hijo. Y, más importante aún, es la cota que quiero que ellos y los padres les pongan a todos los niños, y que tenemos que ponernos nosotros mismos.

He escrito este libro porque considero la historia de Jake emblemática para todos los niños. Aunque sus dotes sean especiales, este testimonio pone de relieve la posibilidad que tenemos todos de realizar algo extraordinario, y quizá ayude a pensar que el genio no es algo tan raro. No es que yo diga que todos los niños autistas sean superdotados, ni tampoco los otros, en realidad. Pero si avivamos la chispa innata en un niño, esta nos señalará el camino para llegar mucho más lejos de lo que podemos imaginar.

Resulta difícil confiar en que nuestros hijos encuentren su propio camino cuando oímos siempre decir a los profesionales que los niños han de encajar en rígidas cuadrículas. Todos queremos darles las mejores oportunidades posibles y parece que les perjudicamos si no les guiamos en la dirección correcta. Estimular las pasiones de los niños en vez de desviarles de ellas, especialmente cuando esas pasiones no se ajustan exactamente a los patrones convencionales para tener éxito en el futuro, puede dar la sensación de que es como arrojarse por un acantilado. Así me pareció a mí, pero ese salto de fe es necesario para que nuestros hijos vuelen.

Si un niño del que no se espera que hable ni lea puede alcanzar logros tan insólitos, imagínese lo que podrán conseguir niños que no tienen tales obstáculos y lo alto que pueden llegar si les animamos a desplegar las alas: más allá de cualquier horizonte, más allá de lo que jamás hubiéramos podido soñar. Compartiendo esta historia, espero que eso sea lo que ocurra.

THE QUEENS LIBRARY
SALE OF THIS ITEM
SUPPORTED THE LIBRARY